"十三五"职业教育国家规划教材

21世纪高等职业教育文秘类精品教材——任务驱动与项目导向系列

文书与档案管理

（第3版）

刘　萌　主编

徐明友　吴志凌　副主编

电子工业出版社

Publishing House of Electronics Industry

北京·BEIJING

内 容 简 介

  本书立足于高等职业教育，以培养高素质的应用型文秘人才为宗旨，遵循高等职业教育的特点与规律进行编写。主要内容包括：文书与文书工作，文书的种类与形成，文书的体式与稿本，文书处理，文书整理归档，档案与档案工作，档案收集与整理，档案鉴定、保管与统计，档案检索、利用与编研，特殊载体档案的管理。每小节设有模拟情景、任务驱动、任务分解、任务解析、任务实训五个环节，每章设有学习目标、知识梳理、分析思考、目标检测和阅读材料五个环节，文中穿插相关链接，充分体现了"任务驱动、项目导向"的教学理念，重点培养学生的专业应用能力。

  本书既可作为高职高专、成人教育、应用型本科等院校文秘专业及相关管理专业的教材，也可作为相关专业人员的参考用书。

未经许可，不得以任何方式复制或抄袭本书之部分或全部内容。

版权所有，侵权必究。

图书在版编目（CIP）数据

文书与档案管理 / 刘萌主编. —3 版. —北京：电子工业出版社，2020.7

ISBN 978-7-121-37741-9

Ⅰ. ①文… Ⅱ. ①刘… Ⅲ. ①文书工作－高等职业教育－教材②档案管理－高等职业教育－教材

Ⅳ.①C931.46②G271

中国版本图书馆 CIP 数据核字（2019）第 240153 号

责任编辑：贾瑞敏   文字编辑：王 花

印   刷：三河市华成印务有限公司

装   订：三河市华成印务有限公司

出版发行：电子工业出版社

    北京市海淀区万寿路 173 信箱   邮编：100036

开   本：787×1 092   1/16   印张：15.25   字数：390.4 千字

版   次：2009 年 12 月第 1 版

    2020 年 7 月第 3 版

印   次：2024 年 12 月第 12 次印刷

定   价：49.80 元

  凡所购买电子工业出版社图书有缺损问题，请向购买书店调换。若书店售缺，请与本社发行部联系，联系及邮购电话：（010）88254888，88258888。

  质量投诉请发邮件至 zlts@phei.com.cn，盗版侵权举报请发邮件至 dbqq@phei.com.cn。

  本书咨询联系方式：（010）88254019，jrm@phei.com.cn。

前　言

我们处在一个不断变革和创新的时代，信息技术的发展使文书与档案管理工作面临着挑战和机遇；同时，文书与档案管理工作的理念、环境、模式和方法也悄然发生着变化，对文书与档案管理课程的教学及其教材都提出了更高的要求。这就需要我们立足于时代背景，转变观念，探索文书与档案管理工作的新情况、新问题，探讨文秘教育的新特点，建设新形态、新体例的文书与档案管理教材。

本书立足于高等职业教育，以就业为导向，以培养高素质的应用型文秘人才为宗旨，针对当前我国文书与档案管理工作的实际状况，结合国内外文书与档案管理研究的最新成果，以职业标准为准则，本着科学、系统、实用的原则，对文书与档案管理课程进行了充分的理论与实践的阐述，讲述了数字化、智能化的新型管理模式，增加了元数据、社交、媒体文件等的归档知识，更新了电子档案的备份、转换迁移等内容。

本书的特色主要体现在以下五个方面。

一是面向实际。内容贴近文秘活动、贴近文书与档案管理工作、贴近秘书职业技能要求。

二是突出操作技能的培养。秘书在工作活动中起着参谋和助手的作用，必须具备一定的知识修养、技能修养。本书设置了知识目标和能力目标，尤其，能力目标的内容是根据每项技能的工作程序按步骤描述的，而且能力目标均有对应的任务实训，将课堂教学与工作实际相结合，营造开放的学习环境和氛围，便于学习者掌握操作技能。

三是体例新颖。为了适应职业教育改革的需要，达到教材改革的目的，本书的编排独具匠心。按节设置模拟情景、任务驱动、任务分解、任务解析、任务实训，并在每章开始设置学习目标，最后设置知识梳理、分析思考、目标检测、阅读材料，使读者在明确目标的基础上，从学习者角色进入工作者角色，从了解工作任务到能够完成工作任务，从学习知识到自我检测，从归纳总结到拓展思维。内容编排呈递进关系，由文书与档案管理职业基础、专业技术技能和综合业务能力三个层面构成。

四是凸显任务驱动、项目导向特色。本书按照从工作行为向基础知识渗透的思路，结合文书与档案管理工作的实际需要，设计模拟工作情景，布置与规划工作任务，将工作任务与理论知识有机结合起来，用知识指导工作任务的完成，通过专业技术能力的训练提高学生岗位职业能力和运用理论解决实际问题的能力。

五是编写形式生动、活泼。全书文字简练、通俗易读，正文中插入了相关链接、表格和图片，使全书图文并茂。用流程图说明工作步骤，既有利于阅读，又便于学生掌握技能。

本书由刘萌教授担任主编并对全书进行统稿，徐明友、吴志凌老师担任副主编。参加本书编写的院校有中华女子学院、安徽商贸职业技术学院、湖南城市学院及华北科技学院。各章编写人员如下：郑晓明，第一章、第二章；徐明友，第三章、第五章；刘萌，第四章、第六章、第七章、第八章；郭灵云，第九章；吴志凌，第十章。

由于编者水平有限，书中难免有疏漏和不当之处，祈请读者不吝指正。

刘 萌

目　　录

第一章 文书与文书工作

学习目标

知 识 点	能 力 点
● 文书与文书工作的历史沿革	● 认知文书的含义
● 公文的特点与作用	● 建立文书工作岗位责任制度
● 文书工作的特点与原则	● 建立文书工作目标管理制度

第一节 文书与文书工作的基础

模拟情景

广通集团公司办公室新来了一位秘书乔梅，公司决定将文书工作交给她，以解决长期以来文书工作没有专人负责的难题。乔梅没有学过文书知识，工作中没少挨领导批评，她非常苦恼，于是去请教以前兼管文书工作的老郑。老郑说："要做好文书工作，首先要多了解一些理论知识。"乔梅说："可是我是一穷二白呀，该从哪儿着手呢？"老郑笑笑说："比如，文书有哪些特点？文书工作有哪些基本原则？这个你知道吗？"乔梅想了想，摇摇头。老郑说："那你就从这些地方开始给自己补课吧！"

任务驱动

1. 乔梅要做好文书工作，需要了解哪些知识？
2. 乔梅应从哪几个方面来适应文书工作的要求？

任务分解

➢ 认知文书的含义
➢ 了解文书工作的含义

➢ 掌握公文的特点与作用

➢ 掌握文书工作的特点与原则

🖳 任务解析

文书是伴随文字的产生而出现的，它是人们记录信息和表达思想的一种文字材料。自从人类社会出现阶级和国家之后，统治阶级就利用文书发号施令、指挥国事、记录信息，于是产生了公务文书，并逐渐形成一套文书拟制和处理的程序及办理手续，这就是现在所称的文书工作。

（一）认知文书与文书工作

做好文书工作，应正确认知文书和文书工作，认知的基本步骤如下所述。

— — — — — ◯ 步 骤 ◯ — — — — —

| 步骤一 | 梳理"文书"概念的历史 |

要了解什么是文书，首先应对"文书"这一概念的历史进行梳理。

最早出现"文书"一词，是在西汉初期贾谊所著的《新书·过秦下》中"禁文书而酷刑法，先诈力而后仁义"之句。司马迁的《史记》中，也多次提到"文书"一词。东汉，班固在其所著的《汉书·刑法志》中，又有"文书盈于几阁，典者不能遍睹"之句，意思是说，当时的司法部门，审理犯人的材料堆满公案和阁架，以至于执法官都看不过来。这里的"文书"泛指古代的文籍典册。在我国先秦时期，"文"与"史"是不分的，如《尚书》即上古之书，既是历史的记载，又是政治文件的汇编。大约唐宋以后，"文书"概念的含义相对狭窄一些，主要是指实用性强的文字材料，而且有了公用和私用之分。

| 步骤二 | "文书"概念的现实判定 |

我们现在研究的文书，不再是古代意义上的文字材料。古代有史料价值的文字材料或者应用性的文字材料都可以叫作文书，而现今文字材料的划分越来越细，诸如文学作品、图书情报、档案材料等，如果都称为文书，则不利于对不同文字材料的研究，同时也不符合现代人对"文书"一词的理解。

现在文书的定义是行为主体在社会实践活动中为了凭证、记载、公布和传递信息的需要，在一定书写材料上形成的具有应用性和特定格式的文字材料。

| 步骤三 | "文书"含义的正确理解 |

对文书的含义，具体来说，可以从以下几个方面来理解。

① 文书首先是一种文字材料，即书面材料，然而，它并不同于别的书面材料，如文学作品、图书情报等。随着科学技术的发展，出现了声像材料，如处理公务或者私事的录音带、录像带等。这些材料虽然具有文书的功用，但从文书这个特定的概念来说，不具有文字的属性，因而

不能称为文书，但我们可以把它理解为一种特殊的文书。

② 文书有特定的格式。文书是社会交际的工具，这就需要有统一且通用的格式要求，以便实现社会交际的功用。在内容上，一般而言，要能表达一个较为完整的思想和意图。

③ 文书具有应用性。文书的功用主要是应用，它是处理公、私事务和进行社会交际活动的工具。而且除个别情况外，所涉及的事项都是现行的，即正在进行或要进行的工作和事务。

④ 文书具有很强的目的性、针对性。文书作为处理事务的一种工具，有明确的目的，根据社会交际活动的需要而形成。同时，它定向、定范围地传达意图、记载活动、推动工作，具有很强的针对性。

⑤ 文书的形成和使用有特定的主体，即党政机关、企事业单位、群众团体等社会组织和具体的个人或家庭。

步骤四	"文书工作"含义的正确理解

文书工作，主要指公务文书的形成、处理和管理的程序、手续等，是机关内部和机关之间，按照统一制度进行正常工作与活动的联系纽带。不同时期，不同的机关单位，文书工作的内容是不一样的。不同类型的公文，也有不同的处理程序和手续。例如，制发一个文件，从思想酝酿、材料收集、调查核实、起草讨论、审核定稿、缮印校对到用印发出，需经过一系列程序并遵循一定的制度，处理完毕后有保存价值的文件还要整理立卷，这些都属于文书工作。概括起来，文书工作的内容包括文件材料的拟稿、审核、签发、缮印、校对、用印、收发、登记、分送、拟办、批办、承办、催办、立卷、归档等。

对于文书工作者来说，要掌握公文的形成和处理过程，了解公文的形成与处理程序对公文的结构和作用的影响，还需要了解文书工作的历史及其发展，研究和掌握文书工作的原则和方法，以便更好地为机关、企事业单位的工作和科学研究服务。

（二）公文的特点与作用

1. 公文的特点

（1）法定的权威性

公文的权威性是由于它传达了公文制发机关的决策与意图，体现出制发机关的意志与权力，此外，公文具有其他文献无法替代的凭证功能，也保证了其权威性。在权威性的要求下，公文在法定的时间与空间范围内能对受文者产生强制性影响，强制贯彻执行，强制予以阅读与办理，要求予以回复等。

（2）鲜明的政治性

公文具有传达贯彻方针政策、处理行政公务、党务的重要职能，其内容具有鲜明的政治性。有些公文直接代表了党和国家的政治立场和原则，而所有公文都不能背离党和国家的法律规定。

（3）程序的严格性

《党政机关公文处理工作条例》对发文的撰写、审核、签发、复核、缮印、用印、登记、分发和收文的签收、审核、拟办、批办、承办、催办等公文处理程序有严格明确规定，任何机关单位都必须严格遵照执行。

（4）体式的规范性

公文的体式，是公文文体、格式、用纸、装订及各种标记等内容的统称，这些内容都有原则性的规定。

（5）作者的法定性

公文由法定作者制成并发布，所谓法定作者，是指依据宪法和其他法律、章程、规定成立的，能以自己的名义行使法定的权力并担负一定的职能和义务的机关、组织或代表某个团体的个人。公文必须以法定作者或其代表人的名义制发，其他人无权制发。在公文上载有凭证取信生效的标志以证明法定作者的职能地位并赋予公文以法定的效力。

2. 公文的作用

公文的使用极为广泛，涉及社会生活的各个领域，具有各个方面的实用功用。作为社会管理的工具，它主要有三个方面的功用：一是管理功用；二是交际功用；三是反映客观现实的功用。作为国家行政机关的公文，其作用主要在于它可以作为传达和贯彻执行党和国家的各项路线方针政策、管理政务、处理事务、机关或单位之间联系的一种工具。具体来说有以下几个方面的作用。

（1）领导、指导作用

机关单位可以通过制发文件来部署各项工作，传达党和国家的路线、方针、政策，传达各级领导机关及本机关的意见和决策，对下级机关单位的工作进行具体的领导与指导。领导的方式有两种：一是书面领导，即利用公文来实现；二是实行面对面的领导。一般来说，对于重大问题的处理、决策等适宜采用书面领导的方式，这样就能避免面对面领导存在的随意性。另外，一个机关、单位，无论如何都不可能实行完全面对面的领导，领导者不可能同下级的每一个组织及成员直接接触，这就需要通过公文来贯彻有关方针、政策，进行具体的领导与指导。

（2）行为规范作用

党和国家的各种法规都是以文件的形式制定和发布的，这些法规性文件一经发布，便成为人们的行为规范，必须坚决遵照执行，不得违反。它对于维护正常的社会秩序，安定社会生活及保障人民的合法权益有着极其重要的作用。有些单位虽然无权制定法规，但可以根据本单位的实际情况，制定一些规定、办法等，这些规定、办法同样具有规范作用。

（3）联系知照作用

各机关单位在处理日常事务工作时，经常要与上下级及平级的一些机关单位进行公务联系，公文往来则是机关单位之间协商和联系工作的一种方式。这种公务联系作用是公文最常见、最普遍的作用。同时，公文在机关单位之间互相知照意图、协调关系及协调机关内部关系等方面起着重要的作用。

（4）凭证记载作用

公文是机关单位职能和公务活动的文字记录。一般来说，绝大多数公文在传达意图、联系公务的同时，也具有一定的凭证作用。这是因为，既然每一份公文都反映了发文者的意图，那么，对于受文者来说，就可以将公文作为安排工作、处理问题的依据。有些公文，本身就具有凭证作用，如经当事人双方共同签订的协议书、合同等。可以说，形成这类文书的目的就是作文字凭证的。还有一些公文本身就是凭证，如会计文书中的会计凭证、借据等。另外，还有一些公文具有明显的记载作用，如会议记录、谈话记录、会议纪要、大事记等，它们都是机关工作活动的真实记录，可以供日后利用和查考。

（5）宣传教育作用

公文有很强的政策性，有些公文还蕴含着丰富的知识，对于各机关单位都是良好的宣传教育材料。当文书传播开后，对接触到的干部、群众来说也是非常好的教育读本。党政领导机关制发的方针政策性的、领导性的重要文件，不仅是进行各种宣传教育工作的重要依据，也是很好的教材，具有重要的宣传教育作用。会议期间，常印发一些重要文件作为会议的学习材料。许多重要文件也可以通过报刊、广播、电视加以公布，或者通过印发到各级机关单位进行有组织的传达、宣讲和学习。

相关链接

文书、公文、文件的关系

一般情况下，文书、公文、文件的基本含义是一致的，都是指公务文书。例如，我们通常说机关文书工作，就是指机关单位的公文处理工作；说制发文件，就是指制作和发送公文。但文书、公文、文件也有一些区别。

文书是所有公文材料的总称，它是一个集合概念，如"文书材料""文书工作""文书处理"等；文书除作为文字材料的含义外，也可以指一种职业或职务的名称；另外，文书还可以指私人文书，私人文书不能与公文通用，只有在公文范围内的文书才可以同公文通用。

公文在古代又称官书或公牍。官，指官府，即通公，也就是公务文书。牍，《说文》释：片部为书版，以其字从片，片为半木，书之于版者为牍。汉代诏书称诏牍，奏疏曰奏牍。公牍的概念一直延续到清代，新中国成立以后不再使用。现在一般认为所有在公务活动中形成的文字材料都可以称作公文，如介绍信、会议记录等，但这些不能称作文件，只有在泛指的时候，才可以包括在文件之内。

文件一词，大约在清末才出现，当时是在外交文书中提到"寻常往来文件"。中国共产党建立初期，在有关文书、秘书工作条例、办法中，主要沿用文书、文件两个词；新中国成立以后党和国家发布的几个公文处理办法多用"公文"一词；但1989年4月25日中央办公厅发布的《中国共产党各级领导机关文件处理条例（试行）》却使用"文件"一词；目前国务院办公厅印发的《党政机关公文处理条例》《国家行政机关公文处理办法》（已停止执行）都使用"公文"一词。一般来说，文件包括的范围比较狭窄，主要指上级机关单位下发的具有重要执行作用的文件，但目前企业使用的"文件"一词的范围则相对宽泛。

（三）文书工作的特点

文书工作是一个机关单位的组织或办事机构管理活动的重要组成部分。要有效地开展并做好文书工作，必须熟悉、把握好文书工作的特点，具体来说，可以总结为以下几点。

1. 政治性

文书工作作为管理活动的一部分，体现了管理者的意志，必然会表现出强烈的政治性。在社会主义制度下，文书工作要为社会主义现代化建设服务，全面体现并传达党和国家的路线、方针、政策，违背了这一点，其他方面工作做得再好，也只能起反面作用。

文书工作是使整个国家机器得以正常运转的重要保证。国家是个统一体，在这个统一体中，文书工作是通过信息传递进行有机联系和协调一切活动，从而使全国上下按照统一的意志、统一的目标进行有效地运转。如果文书工作不能正常运转，势必影响到整个国家机器的正常运转。

文书工作还是提高机关单位工作效率的重要环节。机关单位的一切工作，从总体上说，都是为社会主义现代化建设服务的，机关单位工作效率如何，与社会主义现代化建设速度有着一定的直接关系；而机关单位的工作效率同文书工作的效率又密切相关。文书工作如果准确、及时、高速、高效地运转，就能促进机关单位提高工作效率，也就能相应地促进社会主义现代化建设的速度；反之，则会阻碍社会主义现代化建设的进程。

2．机要性

文书工作的机要性主要体现在以下两个方面。

① 文书工作的机密性。这是由它所涉及的物质对象——文件所决定的。党政机关、各企事业单位，都要制发具有不同程度机密性的文件，尤其是高层领导机关单位制发的文件，许多都是涉及国家政治、经济、军事、高科技、高技术等核心机密的，而这些机密性文件的形成、处理和管理都离不开文书及文书工作。如果文书工作中的某一环节出现问题，失密、泄密或误时、误事，都将会给政治、经济、军事、科技等方面造成严重损失。

② 文书工作的重要性。这是指文书工作岗位的重要性。文书工作中，有一部分工作就其性质而言，并不那么机密，但确实又很重要，如各机关的印章、介绍信等。

3．有序性

文书工作的有序性，是指处理文书的每一个工作环节都是紧密衔接的，不允许随意割裂、颠倒。从收发阶段来看，如果没有外收发的第一次验收，就不可能进行内收发的第二次审核；如果没有文秘部门的拟办意见和机关负责人的批办，就不可能有承办等后续文书处理工作。所以，文书工作的各个环节紧密相连、前后有序，不能随意减省或颠倒。

4．规范性

文书工作的规范性，主要是通过以下几个方面体现的：一是体现在文书的形成上，文书的形成除在行文方面有必须遵循的规则外，在公文的文面格式、印装格式等方面，都有规范的要求；二是体现在文书的处理上，包括文书的办理、整理、归档等方面，也都有规范性的操作要求，只有坚持文书处理工作的规范性，才能使文书工作科学、有序、高效地运行；三是体现在文书的管理上，包括文书的管理利用、清退、销毁等方面，都分别有规范的要求。只有按规范操作去做，才能对文书工作进行统一管理，才有利于文书工作的自动化处理。

（四）文书工作的原则

根据《党政机关公文处理工作条例》等文件的精神，文书工作应遵循以下几个基本原则。

1．准确周密

准确周密是对文书工作的质量要求。文书工作关系到党和国家事务管理，关系到机关、企事业单位领导、指挥、组织和管理社会主义建设的工作效率问题。"准确周密"这四个字，包含了对文书工作在政治上、文字上、运转处理上的全面质量要求。机关、企事业单位拟制和发出一份文件，或是对于方针政策的制定、宣传与贯彻，或是对具体工作的组织、计划与安排，或是汇报情况、请示与答复问题、商讨具体措施、联系办理具体工作问题等，都要求准确周密。如若粗枝大叶，不仅会使机关办事效率降低，甚至还会造成严重的损失。

一个领导机关制发的文件，如果内容空洞或词句含糊笼统、表述不清，或者前后发文互相矛盾，收文单位就很难贯彻；又如发出的指示、决定，若是主观武断、机械死板，也会使下属单位难以贯彻执行。

下级向上级报告工作，要抓住主要问题，文件内容不能空泛，要如实、准确地反映情况，否则会给工作带来一定的影响。

缮写、印刷、校对文件工作需要细致、认真。文字上错漏颠倒，会造成误解、费解，从而误时误事。文件的登记、装封、分发、送批等发生差错，也会造成错发、漏送、延误或泄密等。文书的立卷，如不注重质量，收集不齐全、整理不系统、鉴定不准确，必然会影响机关现行工作的查考和日后档案的利用。

"准确周密"是提高效率的基础，也是反对官僚主义、文牍主义作风的一种保证。要做到"准确周密"这四个字，必须加强责任心，科学地组织文书工作，严格执行制度，完备手续，明确责任。

2. 及时迅速

文书工作者必须有紧迫的时间观念，力求解决问题及时、处理工作迅速，反对拖拖拉拉、公文旅行、迂缓停滞、积压不动。

紧急的文件，有明显的时间要求，超过时限必然会给工作造成损失。文书工作的每个程序，都应当分清轻重缓急。首先应保证紧急文件的及时处理，对没有十分明确时间要求的文件，如那些未限定必须某月某日下达、上报或答复的，也不可任意延缓拖拉。机关正常的收发文件，都有一定的时间要求，必须尽可能地及时处理。缩短文件在机关、企事业单位的运转办理周期，有益于提高工作效率，从而促进事业的发展。

为了实现文书处理的及时、迅速，还必须健全制度，简化手续和层次。为了加速文件运转，提高处理工作效率，要尽可能地在文书工作中运用现代化的技术手段。

3. 精简实用

一切从实际出发、力求简捷、讲究实效。精简文件，控制发文数量，不该发的文不发，可发可不发的文少发；语言贴近实际，简明扼要，表述内容具体，不玩弄虚文；克服文书工作中存在的文件多、种类繁、内容重复、文字冗长、层层转阅、费时颇多、效率极低的现象。

4. 保守机密

文书是党政机关传达方针政策的重要工具，尤其是高级领导机关制发的文书，涉及党和国家的重大决策，以及政治、经济、军事等重要机密；因此，文书工作必须严格执行保密制度，不得疏忽大意。一切尚未公布的机密文书，经手办理的文书工作人员，都要注意保密，不能随便给无关人员阅看或跟他人谈论。文书的运转交接应当严格登记，履行签收手续，明确责任。绝密文书应有专人负责且有安全的设备进行保管，不得擅自携带外出或带回家中，以免造成失密、泄密。

🎬 相关链接

文书与档案的关系

文书与档案是密不可分的有机整体，文书是档案的前身，档案是文书的延续，两者具有同一性，又各有其特殊性。

历史上曾出现过文书与档案不分的现象，一方面说明文书档案工作的不成熟，另一方面也说明文书与档案的"亲缘"关系。两者之间的联系主要表现在：一是两者记录和反映人们社会实践活动的功用相同。文书记录的是现实的活动，档案是保存起来的历史活动记录，而且两者记录具有基本相同的物质载体。历史上文书和档案的主要载体有龟甲、兽骨、羊皮、竹木、绢帛、纸张等。二是两者在内容和格式上完全一致。档案直接来源于文书，今天的档案就是昨天的文书，今天的文书就是明天的档案，两者的内容和形式完全相同，可以说，文书是分散的档案，档案是集中保存的文书。三是两者互为因果。文书是档案的前身，档案是文书的归结，有了文书才有档案，没有文书也就没有档案，文书是因，档案是果。有些情况下，文书的形成又需要查考档案，档案又为文书的形成提供了依据和参考。

文书和档案也有着明显的差别，表现在三个方面：一是两者的性质和形式不同。文书是具有现行效用的信息，在处理公务及社会交际活动中具有针对性、指导性、现实执行性的特点；档案是保存起来的历史信息，在需要查考利用时才具有凭据性、见证性、借鉴性的特点。文书是为了现行应用而产生的；档案是为了今后的应用而按照一定的规律组成和保存的。文书是零散的、单份的；档案是组合的、集中的、多份的。二是两者的目的和作用不同。形成文书的目的在于处理现实工作事务，如发布政令、传达指示、解决事项、汇报情况、商洽工作等，发挥着工具的作用；形成档案的目的在于将处理完毕的文书有规律地组合起来，以备利用，发挥历史的价值。三是两者存在和发挥效用的时间不同。文书由于是现行应用的，因而当它处理完毕以后，就失去了效用，文书存在的使命也就基本完结；档案是以备将来利用的，因而具有长期性、永久性的特点，而且在通常情况下，存在得越久，也就越珍贵，它的价值也就越大。

任务实训

- 到所在学校的办公室，找一些废弃的文书材料，对照文书的含义，指出它们与一般文章的不同之处。
- 找一篇散文作品和一则公务文书，比较二者在主题、材料、结构、语言、表达方式及写作技巧等方面的区别。
- 假设你是第一节模拟情景中的老郑，请用最简短的语言写一张便条，将文书工作中的注意事项告诉乔梅。

第二节　文书工作的历史沿革

模拟情景

乔梅在老郑的帮助下，激起了对文书工作的兴趣。经过一段时间的充电，乔梅由一个门外汉变成了小专家，但对文书工作的历史还是知之甚少。经过阅读，她知道中国文书发展就像中华文明一样源远流长，也知道了一些古代的文书学知识，如甲库、驿传制度等。老郑为乔梅的进步感到高兴，鼓励她对中国的文书发展历程做一个鸟瞰式的系统研究，从中寻找更多的宝贵经验，从而更好地为公司的文书工作服务。可这又难倒乔梅了，她虽然零敲碎打地学了不少，但是怎么才能做到系统呢？

任务驱动

1. 乔梅该分几个阶段去研究中国文书的历史？
2. 文书发展史中最值得乔梅借鉴的有哪些？

任务分解

➢ 了解先秦时期的文书与文书工作
➢ 了解封建社会的文书与文书工作
➢ 了解民国以后的文书与文书工作
➢ 了解新中国成立后的文书与文书工作

任务解析

（一）先秦时期的文书与文书工作

原始社会没有文字，但因社会需要，出现了口头及各种物象文书。如传说中神农氏"耕而作陶"，当时出于实际需要，在陶器上刻出了最原始的符号文字。生产方面，人们互相协同工作、传递信息，需要有一种交流的工具；政治、军事方面，人们也需要有统一号令、集体行动的手段。在一次次权力更替中，必然要创造出一种大家都能明白的符号以满足统一行动的强烈需求，这是文书面世的背景，也可以说是文书的孕育期。在这个孕育期，虽然还没有成熟的文字及文体出现，但是以各种物象为标志的原始形式，已经在发挥作用了。

文书一经产生，便成为社会组织的领导部门颁布命令、实施管理、制定制度、记录事项等的重要工具。据考古学家的发掘与考证，我国最早的公务文书是殷商时期的"甲骨文书"。那些被刻在龟甲和兽骨上的文字，在当时实际上就是一种官方文书。从事甲骨文书写作的人被称为"贞人"，是替国王进行问卜的"史官"，掌管王室活动的记录，并要在刻写的甲骨文上签名，以示负责。殷商时期的甲骨文内容已经相当丰富，涉及政治、经济、战争等情况。不仅如此，从发掘出的完整的甲骨卜辞来看，殷商时期的文书已有一定的格式。

西周至春秋战国时期，文书及文书工作有了进一步的发展，成书于春秋战国时期、被后人列为"六经"之一的《尚书》，实际上是一部上古时期国家文献的汇编。至西周后期，不仅文书的种类有所增加，应用也更加广泛，而且在文书的草拟方面也有了较为严格的要求，并讲究一定的程序，这一切显示着文书在管理国家事务方面的作用越来越明显。春秋时期的文书，与商朝和西周时期相比，不仅文种增多，而且在文书的篇章和用语方面也表现出了多样化的特点，文书工作成为各诸侯国重要的工作内容。

先秦时期文书及文书工作的发展，使我们认识到：首先，文书的出现有赖于社会生产的发展，有赖于文字的出现，有赖于国家的产生；其次，文书从其产生开始，在国家和社会管理中的基本职能便已出现；再次，早期的文书种类随着国家事务的日趋频繁而趋于增多，文书的作用日益增强；最后，在文种的使用上，虽已有一定的区分，但仍未形成专门的文体，在使用范围上缺乏严格的规定。

相关链接

《尚书》中的文书

《尚书》是我国最早的一部记言体的文章总集，其中收录的文书类别繁多。

典：法也。典用于记述典章制度。先秦的法律公文称典，因而《尚书》有《尧典》《舜典》篇。

谟：为臣下谋议之词，是议政的策论。《尚书》有《皋陶谟》，后世公文无此名称。

训：是进行教诲，凡君主教训其民或以上戒下的言词为训。训，见于《尚书》盘庚篇，后世公文无此名称。

诰：告知性的公文，但古代告上称告，告下称诰。诰，始见于《尚书·汤诰》，秦废不用。汉唐时偶然用之，宋臣下授官多用诰，后世诰敕并用，到民国废除。

誓：古代告诫将士的言辞，一般用于军旅。《尚书·甘誓序》：启与有扈氏战于甘之野，作《甘誓》。秦汉将帅誓师时，有时用之。

命：古者王言谓之命。命始于《尚书·尧典》之命官。秦改命为制，命之名遂废。直到民国时期，1942年国民党政府公布新的公文程式条例，开始出现命令公文文种。新中国成立以后，仍延续了命令这个公文文种。

令：始见于《尚书·冏命篇》：发号施令。秦孝公下令国中，出现令。秦时，王后、太子言称令。汉时，诸侯王言亦称令。民国以后，出现大总统令、院令、部令、委任令、训令、指令等。

贡：献功之意，是表彰功绩的公文。《尚书》有《禹贡》篇。秦以后不用。

教：始见于《尚书·尧典》：敬服五教。韦昭《国语》注："五教，谓父义、母慈、兄友、弟恭、子孝"。秦制，王后言曰教。汉时，诸侯言曰教。隋制，公侯封郡县者言曰教。1927年8月废除。

（二）封建社会的文书与文书工作

1. 秦汉时期的文书与文书工作

秦代创设了一整套中央集权的国家行政机构，促进了文书与文书工作的进一步规范与发展。首先是对文种的使用有了较为固定的规范。当时的主要文种有：制，是专门用来记载和发布帝王的言论和国家典章制度的文件；诏，是帝王向臣下发布命令的文告；奏，则是臣下给帝王的一种上行文书。其次是文书工作已经具备一定的规模，由尚书负责皇帝的文书工作，所有的诏、令须经尚书转达丞相府颁布施行，所有的章、奏也要由尚书转呈皇帝。秦时已建立了一系列文书撰制和处理制度，主要有行文制度方面的规定及公文书写格式上的严格要求，此外，秦代还建立了避讳制度、文书校勘制度、文书传递制度和用印制度等。

汉代的文书及文书工作，上承秦制，并加以发展和补充。汉代负责文书工作的，除尚书外还有中书官，专用宦官做中常侍，掌管皇帝的文书。到了东汉后期，尚书台发展成为国家的政务中枢，取代了丞相府负责皇帝的文书工作。此外，汉代文书种类进一步增加，使用范围进一步明确。例如，臣下上行皇帝的文书，除使用奏，还增加了章、表、驳议；皇帝的下行公文，除使用制和诏外，还增加了策书和戒书。

2．魏晋南北朝时期的文书与文书工作

魏晋南北朝时期的文书与文书工作在秦汉旧制的基础上继续发展，已显得比较成熟，取得了较大的进步，主要表现在文书工作机构已经比较健全，随着文书工作的发展，产生了许多撰写文书的专门人才，而且统治阶级在思想上对文书工作也给予了很大的重视。

魏晋南北朝时期使用的文书，除制、诏、章、表、奏、议仍沿用前朝惯用体式外，其他新文种，如启、符、笺等一般都规定了新体式。

3．隋唐时期的文书与文书工作

为适应社会发展的需要，隋朝建立了以三省六部为核心的中央政府机构，由内史、门下、尚书三省共同负责文书工作。三省制是以内史省为中心，由内史省负责以皇帝名义拟制各种文书，门下省负责对文书进行审核和封驳，如文书是否符合要求，然后再由内史省送皇帝批准，最后送交尚书省转发有关部门执行。

唐代的三省制更加完善，同时，门下省的职权趋于加强，专门负责对文书进行审议和封驳。唐代在文种的使用上又有了新的规定。据《唐六典》记载，唐朝的文书有着一套较为严格的行文规范，公文分为上行、下行、平行三种不同的行文方向，不同的行文关系使用不同的文种。下行文主要有制、敕、册、令、教、符；上行文主要有表、状、笺、启、辞、牒；平行文主要有关、移、咨。此外，还增设了新的文种，比如，批答（皇帝对臣下所上奏章的批示答复）、堂案（记载对各类事务的裁决和处理的法律文书）、堂帖（宰相处分百司的行政文书）、奏弹（弹劾百官的文书）。

唐代的文书制度也十分严密，诸如避讳制度、收发制度、封驳制度、用印制度、登记制度、传递催办制度、一事一文制度、誊写审查制度、移交制度、保密制度等。同时，唐代还设有甲库，设置了甲库令史，专司文书的管理工作。总的来说，隋唐时期为中国封建社会文书制度的建立和健全奠定了基础，在中国文书发展史上具有承上启下的重要作用。

4．宋元时期的文书与文书工作

宋元时期，文书种类进一步完善，文书制度进一步规范化。虽然承袭了隋唐时期的文书制度，但三省制已徒具虚名；三省只负责行政公文，由枢密院掌管军国机务。宋代，在门下省内专设了一个机构——"通进银台司"（因司署位于银台门内而得名），是中央政府公文处理的总枢纽机构。

宋代在文书程式方面，开了文书摘要之先河，实行"引黄"之制，即在文书的封皮上标明文书的主要内容和递送的日期，这对文书程式的变革起了重要的推进作用。同时，宋代还设有进奏院、开拆房、催驱房，负责文书的收发、登记、传递和催办。

元代撤销了门下省、尚书省，由中书省总揽一切政务，文书的承办工作也由中书省负责管理。

5．明清时期的文书与文书工作

明代朱元璋彻底废除了三省制，自任宰相，设立了庞大的秘书机构内阁。明代内阁中设有中书科、制敕房、诰敕房三个具体承办文书业务的二级机构；清代内阁更设有典籍厅、满本房、汉本房、蒙古房、诰敕房、副本库、批本处等十余个处理文书的二级机构。明代中央政府还设有"掌受内外章疏敷奏封驳之事"的官署——通政使司，依朱元璋意，政犹水也，欲其常通，故以"通政"为名；清沿明制，也设有通政使司，雍正皇帝即位后大兴密奏之风，于通政司外又设立了一个专门收受密奏的机构——奏事处，此后通政司主要收受例行公文，而涉及机要的密奏则由奏事处受理。明代还建立了一套完整的文书工作制度，例如，文书行移制，即规定了从中央到地方所使用的文书种类，并确定了公文的文体；票拟制，是内阁代皇帝对朝廷内外臣子的题奏本章提出"拟办"意见。此外，明代在对文书的检查催办、监督处理、文书保密等方面，都较之前的朝代更加严格和规范。清朝的统治阶级十分重视文书工作，不仅确定了名目繁多的文书种类，而且建立了系统的文书工作机构和严密细致的文书工作制度。

相关链接

古代文书行文避讳制度

文书行文避讳制度始于秦始皇。他规定所有的书面文字或口头语言中，均不得写出或说出他的名字。秦始皇名为政，古代"政"通"正"，他称帝以后，便规定任何场合不准用"正"字，凡需要表达"正"的意义时，一律用"端"字代替，如"正月"要改为"端月"。

行文避讳制度为我国历代袭用，唐朝以后还以法律的形式加以明确规定。《唐律疏义·职制》第115条规定："诸上书若奏事，误犯家庙讳者，杖八十；口误及余文书误犯者，笞五十。"唐太宗名叫李世民，文书中就要讳"民"字，而"民"是一个常用字，凡行文中用"民"字者一律以"人"字代之，否则就要治罪。宋代规定需避讳的字竟达50字之多，如为了避宋太祖赵匡胤名字之讳，将"匡"字改成"正""辅""规""纠""光""康""王"等字，全国吏民如有姓"匡"者，一律改姓为"王"。

文书行文避讳制度是一种极不合理的制度，其目的是维护、显示帝王至高无上的特权地位，它给秘书工作者及全国官民造成了许多麻烦。更加严重的是，历代有无数秘书人员和其他官员因不小心"犯讳"而受到惩罚。清代大兴文字狱，因此而铸成的文字狱大案就有几十起，许多无辜者蒙遭严刑乃至残杀。由此可见文书避讳制度之危害。

（三）民国以后的文书与文书工作

鸦片战争以后，由于社会性质的改变，文书制度也发生了相应的变化。行文关系及文书体式均有变化，还新增了许多文种。这些文种主要是为了外交需要，如照会、国书、条约、全权证书、出使报告、护照等。

辛亥革命后，临时政府很快明确宣布废止封建王朝的旧式文书制度，废除封建社会沿袭了几千年的制、诏、诰、敕、奏、议、疏、题等旧式文书种类，公布了体现资产阶级民主精神的新文种，如令、咨、呈、示、状、批、公函、布告等，同时对封建王朝的公文处理程序进行了彻底的改革。临时政府各部均设有承政厅，设置秘书长1名；总理厅务，掌管机要文书；承政厅分纂辑处、文牍处、收发处、监印处、庶务处、会计处，各处设置秘书1名，分掌各处文书及其他事务。政府各部的公文运转，通常由收发处送达秘书长、次长、总长依次审核，然后再分送各主办单位拟稿，由监印处印制，最后由收发室封发。

至南京国民政府时期，政府机关的文书工作趋于健全，对文书档案的机构及相关制度予以进一步完善，中央各部以机关为单位在文书的收集、整理、鉴定、保管和利用等方面都有了具体实践，并制定了较为详细的规定。国民党自上而下建立了一支庞大的文书工作队伍，但由于机构的混乱，官僚主义、文牍主义的泛滥，政府机构的办文效率低下，公文缺乏权威。为改变这一局面，国民党政府曾先后多次进行文书改革。

首先，国民党政府多次颁布有关文书和文书工作的条例，详细规定了文书的名称、用法、格式、撰写要求等。种类方面，国民党政府于 1928 年 11 月公布了《公文程式条例》，规定使用的文种主要有令、训令、指令、布告、任命状、呈、咨、公函、批，实际上基本恢复了南京临时政府首倡的公文程式。撰写方面，提倡用白话文，文书分段落，使用标点符号，文书的格式包括标题、文种、文号、发文时间、收文机关、正文、签署、用印等。文书处理程序方面，收文程序大致包括收文、审阅、分送、拟办、检查、归档等；发文程序包括拟稿、核签、撰稿、核判、缮校、用印、封发等。

其次，国民党政府又开展了以减少发文数量、简化运转手续为宗旨的一系列"改革"运动。1933 年推行了《文书档案连锁法》；1938 年颁布了《公文改良办法》，其间，行政院设立了"行政效率研究会"机构，以期改变政令难以施行的困难局面；1940 年又颁布了《行政三联制大纲》；1945 年颁发了《公文手续简化办法》；1947 年开展了"文书处理竞赛运动"。这些措施虽不能从根本上改变局面，但对文书工作的发展客观上起到了一定的推动作用。

在此期间，中国共产党及其领导下的革命政权，积极推行公文程式、公文用语的改革，坚决反对文牍主义和形式主义，取得了很大的成绩。

1931 年由瞿秋白起草，周恩来批示试行的《文件处置办法》，是目前发现的我党最早的关于文书档案工作的文件，其中明确规定了文件的形成、处理，档案的分类、保管、销毁等具体办法。

（四）新中国成立后的文书与文书工作

新中国成立后，标志着我国的文书与文书工作进入了一个崭新的阶段，国家制定并出台了一系列的政策、措施、办法和规定。

新中国成立后不久，中央人民政府政务院于 1951 年 9 月颁布了《公文处理暂行办法》。1955 年 11 月，经中共中央批准，颁布了《中国共产党中央和省（市）级机关文书处理工作和档案工作暂行条例》。1956 年 4 月，国务院做出了"全面推行文书处理部门立卷，以建立统一的归档制度"的决定。

就"公文处理办法"而言，自 1951 年 9 月第一次颁布以后，又于 1957 年 10 月、1981 年 2 月、1987 年 2 月、1993 年 11 月、2000 年 8 月先后六次分别以国务院秘书厅、国务院办公厅、国务院的名义，对其进行修订并发布实施。

在"公文处理办法"不断修订的过程中，党的机关、军队机关及国家的相关职能部门，也出台了一系列的条例、规定。例如，1990 年国家保密局以命令形式发布的《国家秘密保密期限的规定》，以及同年国家保密局、国家质量技术监督局联合以命令形式发布的《国家秘密文件资料和其他物品标志的规定》；1992 年 3 月中央军委办公厅发布、并于 1992 年 7 月 1 日起实施的《中国人民解放军机关公文处理条例》；1995 年国家质量技术监督局发布的《中华人民共和国国家标准出版物上数字用法的规定》（GB/T 15835—1995）；1996 年 5 月中共中央办公厅印发并开始实施的《中国共产党机关公文处理条例》；1999 年 12 月由中国标准研究中心和国务院秘书局共同起草、国家质量技术监督局发布、自 2000 年 1 月 1 日起正式实施的作为中华人民共和国国家标准的《国家行政机关公文格式》（GB/T 9704—1999），更是前所未有的最为全面、具体、细致、科学的公文格式标准；2000 年 12 月由国家档案局发布、于 2001 年 1 月 1 日起实施的《归档文件整理规则》等。

这些办法、条例、标准、规定的制定、建立、颁布、使用，既奠定了我国机关文书工作的基础，又强有力地推动了文书及文书工作的进步和发展。特别是 20 世纪 80 年代以来，在学科建设、理论研究、专业教育方面都有了根本性的突破，标志着具有中国特色的文书学开始形成，并显示出其强劲的发展势头，开始了我国文书学研究的新阶段。

但由于长期以来，党、政公文两种标准，给基层工作者带来了很大的困扰，或者行文混乱；或者在确定文种、版头、发文名义时无所适从，或者在选择用纸、设定文头、排列段落、安排字数行数、标注页码等时自行其是。为实现公文处理工作标准化，2012 年 4 月 16 日，《党政机关公文处理工作条例》（中办发〔2012〕14 号）（俗称新《条例》）由中国共产党中央办公厅和国务院办公厅正式发布，原有的《中国共产党机关公文处理条例》和《国家行政机关公文处理办法》随之废止。新《条例》是公文学界和广大公文工作者期盼已久的一个重要法规；是将党政两大系统公文处理工作合二为一；是推动党政机关公文处理工作实现标准化、现代化的一个具有里程碑意义的重要法规。

相关链接

清代的奏折

清初文书制度的弊端引发了文书工作的改革，出现了奏折。例如，清初的通本上达时，由通政使司收交到内阁进行通览、票签（即处理意见）、贴黄等手续后才可送到皇帝面前。这样文件运转程序复杂、时间长，且过目人也多，造成了行文迟缓，不易保密。久而久之，行政效率低下，不利于清王朝的统治。因此当奏折这一文书形式出现后，立即以其保密、迅捷、灵活的特点逐渐取代了题本、奏本而成为清朝独有的一种官方文书。

奏折初始称密折，密折之密体现在三个方面：

第一，密折必须由具折人亲自缮写，不得假手他人。为此康熙帝屡谕臣工。例如，康熙四十八年七月，江南织造李煦上的请安折后朱批，"近日闻得南方有许多闲言无中作有，议论大小事朕不可以托人打听，尔等受恩深重，但有所奏闻，可以亲手书折奏闻才好。此话断不可叫人知道，若有人知，尔即招祸矣！"又朱批，"凡有奏帖万不可与人知道。""近日造言生事之徒比先如何？南方安静否？尔亲手写奏帖来。"雍正继位后，对大学士等官下了一道谕旨要求臣僚上奏时，"必须亲手写，不可假手子弟，词但达意不在文理字画之工拙"。

第二，表现在奏折的传递程序上。当具折人缮写完毕，用封套封好（雍正朝时已有特制奏匣，每人 2～8 个不等）由亲信或家丁送到宫门口，交给皇帝指派的官员。当奏折送达御前时，皇帝亲自拆封。

第三，表现在皇帝批阅奏折时，决不假手于人。无论有多少奏折，都亲自批奏。即便身体不适也不例外。康熙帝曾说：所批朱批谕旨，皆出朕手，无代书之人。此番出巡，朕以右手病不能写字，用左手执笔批旨，断不假手于人，故凡所奏事件，惟朕及原奏人知之。雍正帝继位后更是如此，对于奏折随来随批。常常夜间还在阅折，以至于"堕泪批览"。密折的这些特点是当时的题奏本章所不能比拟的，它在封建专制政治生活中发挥了特有的优势，为皇帝的"乾纲独揽"提供了畅通的渠道。

任务实训

● 到当地的历史博物馆去，找一些有关中国古代文书和文书工作的实物材料，结合所学知识，写下心得体会。

● 找一些中国古代的优秀文书作品，如《出师表》《论积贮疏》《谏逐客书》等，分析它们与现代文书的相同点与不同点。

第三节　文书工作的组织

模拟情景

上级即将对广通集团公司的文书工作进行年检，以前这项工作是由老郑负责的，现在既然常规工作都交到了乔梅手上，当然迎接检查也应由乔梅负责。乔梅虽然工作很卖力，但对文书工作的组织情况还是一知半解，于是她只得再去找老郑寻求帮助。老郑叹了口气说："我们公司实行的是分散式的文书工作组织形式，文书管理人多手杂，一检查好多问题就都来了。"乔梅一听很紧张地说："什么是分散式的文书工作组织形式啊？既然问题那么多，为什么还要采用这种形式呢？怎么改变呢？"老郑苦笑了一下说："你还真是十万个为什么！这么多问题，我一口气怎么答得上来！"

任务驱动

1. 乔梅的公司为什么要采取分散式的文书工作组织形式？
2. 要应付好文书工作检查，乔梅应做好哪些工作？

任务分解

➢ 了解文书工作的组织形式与机构设置
➢ 了解文书工作的组织领导与责任制度
➢ 建立文书工作岗位责任制度
➢ 建立文书工作目标管理制度

任务解析

（一）文书工作的组织形式与机构设置

1. 文书工作组织形式的类别

从我国目前党政机关现行的文书工作来看，文书工作的组织形式大体分为集中和分散两种类型。

（1）集中形式

集中形式，就是把文书工作中除文件承办外的其他环节的工作，都集中由文书部门来处理。换言之，在一个机关内，除了文件承办，文书处理的其他各个环节都集中在机关的中心机构进行。其他业务部门不再设置文书工作机构或专（兼）职文书人员。

这种集中形式适用于小机关和一部分中等机关。这些机关的规模不大，业务不太复杂，内部组织机构不多，有的甚至只有人员的分工，没有设内部组织机构，收发文件也比较少，办公驻地当然也是集中的。所以这类机关的文书处理工作适宜集中进行。

采取集中形式进行文书处理工作，其优点在于：一是简化文书工作手续；二是节省人力；三是提高文书工作效率。

（2）分散形式

分散形式，是指将一个机关的文书处理工作分别由机关的中心机构［各机关的办公室（厅）］和各业务机构的文书部门和文书工作人员，各负责一部分文书处理工作。这种形式一般适用于比较大的机关或部分中等机关。分散形式的工作形式又可分为以下两种情况。

① 把文书处理的不同工作环节，一部分集中在中心机构，另一部分放在各业务部门。例如，文件的收发、催办、打印等环节，可以根据本机关的各种条件，集中或者分散进行；文件的打印，可以集中由一个打印室负责；催办、查办、整理、归档工作，可以集中或分散由各部门的文书人员负责。

② 按文书的内容和各部门的业务进行分工。一般而言，可以将属于方针政策性、全局性、综合性、重大问题的文件及以机关名义收发的文件，放在中心机构处理；而将属于业务方面的文件，放在有关业务机构的文书部门或交给专（兼）职文书工作人员处理。

相关链接

文书工作人员的职责

文书工作人员是文书工作的主体，《党政机关公文处理工作条例》规定："各级党政机关应当高度重视公文处理工作，加强组织领导，强化队伍建设，设立文秘部门或者由专人负责公文处理工作。"文书作为信息记载与交流的工具已经得到全社会的认可，文书机构已经成为机构中的重要部门，文书管理岗是机构中不可或缺的重要岗位。

按照职位性质划分，可以将文书工作者分为专职文书工作者和兼职文书工作者。专职文书工作者，是指专门从事文书工作的人员，主要负责文件从制发到保管整个过程中的监控与管理。一般大中型的政府机关团体、企事业单位均设有专职的文书工作者。兼职文书工作者，是指除文书工作外，同时负责其他管理事务的工作人员。对于兼职文书工作者来说，文件管理是其所负责事务中的一项。一般基层组织、小型的团体、企事业单位设有文秘一职，文书工作是其工作职能中的一项。

按照管理层级划分，可以将文书工作者分为领导层、主管层、管理层和执行层。领导层处于文件组织管理的最高层，主要指文书机构所在的机关领导者或负责人。作为最高层的文件管理者，其职责主要包括全面规划本机关文书工作发展思路的基本脉络，制定本机关文书工作的制度、规范，组织建立一支完整的文书工作队伍，对文书工作中的政策、方针等重大原则性问题进行决策。主管层处于文书工作人员层级的中间层，主要指机关中对文书工作承担责任的领导者和机关文书管理机构的负责人。管理层是指机关中从事文书工作具体任务的工作人员。其职责主要包括贯彻和领会领导者的意图；组织开展行之有效的文书工作流程；具体负责并参与文书工作各个环节的处理与监控，保证文书工作稳定有效的开展。执行层是指机关中在各个岗位上从事文件承办和执行的工作人员，以及与文书工作相关的其他岗位上的业务员。其职责主要包括准确贯彻和实施文件的内容，积极配合文书机构开展文书处理工作。

2. 文书工作组织形式的选择

一个机关的文书工作组织究竟是该选择集中形式还是分散形式，应视具体情况区别对待。

（1）选择文书工作组织形式的原则

① 要有利于机关工作。选择文书工作的组织形式，目的是保证和推动机关工作的有效进行。因此，需要从本机关的实际出发，以便更好地完成文书工作任务，提高机关工作效率。

② 要保持相对的稳定。一般来说，一个机关的组织机构是较为稳定的，这就要求为其服务的文书工作的组织形式也要相对稳定。因此，一旦选择了某种组织形式，就不应轻易变换，而应相对稳定一个时期。时而采取集中形式，时而采取分散形式，势必会造成文书工作的混乱。

（2）选择文书工作组织形式的依据

明确文书工作组织形式的选择原则，只是在选择时有了总的遵循规则；在具体选择时，还要考虑与文书工作组织形式密切相关的各种情况，以此作为选择的主要依据。

总的来说，工作任务重，职权范围大的机关，其内部机构设置的层次和数量就多，收发文件的数量自然也就多，就有必要采用分散形式；而工作任务少，职权范围小的机关，内部机构层次设置和数量相对较少，收发文件的数量也较少，就有必要采用集中形式。同时还应考虑，机关所属部门是否集中、距离远近、有无相对独立性等。

通过对上述不同情况的比较可以看出，究竟依据哪些因素，确定采取哪种文书工作组织形式，应根据起主要作用的那些因素，灵活判定。

3. 文书工作的机构设置

文书工作是机关日常工作的一个重要组成部分，是直接为机关的领导工作、业务工作服务的，但不是机关的一项专门业务。从文书工作的活动程序划分，文书的撰稿、核稿、签发与承办，即与文书内容直接相关的文书撰制与处理工作，通常是由社会组织的领导者和业务人员承担；而文书的缮印、登记、分送、清退、归档，即与文书的形式直接相关的传递与管理工作，通常是由文书人员承担。

从文书工作的活动程序在社会组织内部的分布状况划分，文书的工作机构可以分为三种类型。

（1）中心机构

中心机构主要是指各级各类办公机构，它是社会组织内部文书工作的总枢纽。其主要职责有：领导与组织全部文书工作；领导与指导下属机构的文书工作。具体负责以本组织或办公厅（室）的名义发文的撰制、核稿、签发、缮印、校对、用印、登记、发文、归档，以及收文的签收、登记、分办、拟办、批办、承办、催办、归档等工作。

（2）专门机构

专门机构是指在社会组织内部专门从事文书工作的部门。其职责是完成文书的制发和管理。文书工作的专门机构通常有文印室、收发室、保密室、秘书处等。这些机构分别承担文书的撰制、传递、办理和处置等工作。

（3）分支机构

分支机构是相对中心机构和专门机构而言，主要是指社会组织内部的各职能部门。它们一般都根据自身的工作需要，配备专（兼）职文书人员或设立文书工作机构，负责本部门的文书处理工作。

（二）文书工作的组织领导与责任制度

1. 文书工作的组织领导

文书工作主要是对本机关负责、为本机关服务，因此不可能有一个全国性的领导机构对全国各地、各系统、各机关的文书工作进行领导。文书部门主要接受本机关的领导，也不排除上级文书部门对其文书工作的指导。一般来说，对文书工作的领导、指导关系可以从以下几个方面分析。

① 从全国来说，中共中央办公厅、国务院办公厅分别负责领导和指导党和政府系统的文书工作。这种领导和指导主要是通过制定和发布有关的条例、制度和办法，做有关的指示和决策，召开有关的会议等形式或途径对文书工作进行业务上的指导。

② 从一个机关个体来说，文书工作由本机关的秘书长或办公厅（室）主任负责领导。其主要职责是：对本机关文书工作的任务和组织工作，提出全面的工作计划和实施方案；总结本机关及其所属单位文书工作的经验，推广先进典型，发现问题，及时纠正，并提出改进的意见和办法；根据《党政机关公文处理工作条例》设计文书规格，制定机关文书工作规范，促使文书工作科学化、规范化和制度化；组织购置文书工作设备，促进文书工作的办公自动化；指导、帮助机关各部门专（兼）职文书工作人员提高业务水平。

③ 从上下级机关的关系来说，上级领导机关的办公厅（室）有责任对其所属的机关单位的文书工作进行业务上的指导。如省人民政府办公厅有责任指导省的各厅、局和下属的各地、市、县的办公部门的文书工作。

④ 从文书与档案工作的关系来说，由于两者有着密切的联系，因此机关档案部门有责任按照档案工作要求，对机关各部门的归档文书进行整理分类并对归档工作进行指导、监督和检查。

2. 文书工作的责任制度

文书工作的责任制度，包括文书工作岗位责任制度和文书工作目标管理制度。它们是加强文书工作机构建设、强化文书工作管理、提高文书工作效率、发挥文书工作组织职能的重要措施。

文书工作岗位责任制度与文书工作目标管理制度，两者既有联系，又有区别，它们的共同目的是促进文书工作组织在管理上的优化。

（1）文书工作岗位责任制度

① 文书工作岗位责任制度的具体内容。文书工作岗位责任制度的具体内容应包括四个方面：一是定任务，即确定文书工作机构的总任务，同时确定其分支机构的任务。二是定机构，即机关内的文书工作机构如何设置。换言之，是设专门机构，还是设专职或兼职人员；专门机

构怎样设置，是设置一个还是多个；机构名称怎样确定；专职或兼职人员设在哪个部门等。三是定编制，即对已设置的文书工作机构确定人员编制。因为如果没有人员编制，即使有了机构，也形同虚设。人员编制的数量应根据文书工作任务的多少和工作量的大小来确定。四是定人员，即根据既定的人员编制确定人员的工作岗位。通过人事安排，每一个文书岗位的人员都能到位。

② 建立文书岗位责任制度须注意的问题。按照职位标准的要求，在建立文书岗位责任制度时，应当注意并明确以下几点：a. 岗位责任与职位的工作权限要相符。什么样的职位赋予什么样的权限并承担什么样的工作任务；超过职位的权限，或没有赋予职位应有的权限，都无法确定岗位的责任。b. 岗位责任的范围要清楚。文书工作的某一岗位的责任要具体明确，不应与其他岗位相交叉。c. 一切从实际出发。文书工作制度的确立，应从实际出发、实事求是，采取领导和群众上下结合的办法，各司其职、各负其责。

（2）文书工作目标管理制度

文书工作目标管理制度，就是把文书工作岗位责任目标化和具体化的管理制度和方法。要真正建立科学合理、有效公正的目标，必须把握并协调好以下几组关系。

① 坚持领导和群众相结合的原则。制定文书工作的目标必须要由领导者亲自参加，同时还要依靠群众的智慧与才能，充分发扬民主，走群众路线，这才是制定和实施目标的基础和保证。

② 坚持定性与定量相结合的原则。目标考评首先需要明确考评的目标，必要时对考评目标进行量化管理，细化考评目标，并确定经过细化后的每一目标的量值，进行量化统计与量化分析；对于那些不适宜进行量化考核的工作目标和工作内容，则采取定性分析的方法进行考评。定性与定量考评两者需要有机结合起来，进行综合考评。

③ 坚持可行性和先进性相结合的原则。可行性是保证目标的可实现、可达成，不至于使目标沦为一个摆设，至少要能看到实现的希望，即"跳一跳，够得着"；而先进性，则是保证目标的激励价值，对现有工作产生促进，能提升文书工作的品质。两者需要有机结合起来。

④ 坚持目标管理与加强思想政治工作相结合的原则。在实施目标管理的进程中，必须加强思想政治工作，树立大局意识，树立具有协同合力的集体观念；同时又必须不折不扣地贯彻目标管理制度。总之，要尽一切可能把思想政治工作与目标管理两者有效地结合在一起，充分发挥文书工作人员的积极性与创造性。

（三）建立文书工作岗位责任制度

文书工作岗位责任制度，是规定了文书工作机构中各个工作岗位职、权、责、利关系的有效制度。建立文书工作岗位责任制度，除了应具备一定的建立基础和条件，还要采取必要的、恰当的步骤，具体步骤如下所述。

步 骤

| 步骤一 | 对单位内部文书工作责任进行划分 |

如果文书工作机构如何设置尚未确定、文书部门与其他部门的职责权限也没有划清，就无法确立文书工作的岗位责任，所以建立文书责任制度首先应划清文书工作在整个单位工作中的责任。

步骤二	对文书工作岗位进行调查分析

要先摸清情况，了解不同岗位与职责的要求，然后对调查出来的材料进行分析，并相应地确定各个工作岗位的职责和权力。

步骤三	制定文书工作岗位的职位标准

职位标准包括职位名称、职务内容、责任制度、工作权限、任职条件等。把职位标准进行细化、量化，最后确定各个工作岗位要求的规范与条件。只有把文书工作各个岗位的职位标准确定下来，建立岗位责任制度才能有所遵循。因此，制定职位标准这一步骤是建立文书工作岗位责任制度的中心环节。

（四）建立文书工作目标管理制度

步 骤

步骤一	确定目标

通过论证，制定文书工作的目标。这是文书工作目标管理的第一步，是实行目标管理的基础，也是建立文书工作目标管理制度的关键环节。

确定目标时，要把上级的总体目标、工作计划和工作任务，作为制定本级目标的依据；把本单位的人力、物力和管理水平及上期目标责任的完成情况，作为制定本期目标的基础；同时考虑本单位各部门和外部机关等各种因素的影响。

确定目标需要把握好以下几点：首先，明确目标内容。如制定目标方针，对现实目标的高度概括；又如选择目标项目，确定不同项目的目标；再如测算目标值，妥善处理定量目标值与定性目标值。其次，进行目标分解，将目标纵向分解到每一个管理层乃至个人，横向分解到每个工作机构。再次，确定对策措施，通过调查研究、分析现状，对照目标找差距、找原因，明确目标的责任和权力。最后，明确目标责任，从上到下按层次逐级落实，建立目标责任体系。

步骤二	执行目标

根据目标管理制度的要求，必须对已确定的目标执行情况进行有效控制。要做到有效控制，一方面要定期检查，按总体目标、分目标、小目标等层次分别进行；检查的结果要及时总结和反馈，以便及时了解目标的执行情况，实现有效的自我控制和逐级控制。另一方面要调节平衡。目标管理是一种系统性的整体管理，应及时进行协调、配合，以保证总目标的顺利完成。

步骤三	考评目标

目标考评是文书工作目标管理的重要阶段，是在目标实施的基础上，对各阶段、各个工作岗位目标的实施情况做出客观的评价。目标考评应贯穿目标管理的全过程。

目标考评一般放在年终，具体的办法如下所述：建立权威性的考评组织，考评组织既要有机关的负责人或是分管领导参加，又要有权威人士及专家的参与，另外还要考虑到有目标岗位的代表参加，从而使考评组织成员的组成具有一定的代表性；制定细致、明确的考评标准，既要考核目标的实现程度，又要考核履行岗位职责的具体情况；采取多种方法，对经考核的目标成果进行评估，做出客观、公正的评价；根据考评结果，适时进行必要的奖惩，以调动文书工作人员的积极性。

任务实训

● 访问当地的任意一家企业，看看他们有没有建立严格的文书工作岗位责任制度。如果有，帮助他们完善；如果没有，对该企业进行考察，帮助他们制定详细的文书工作岗位责任制度。

● 访问当地的一家中型企业，调查他们所采用的文书工作目标管理制度，帮助他们分析这种制度是否合理，并写成书面的调查报告。

本 章 小 结

知识梳理

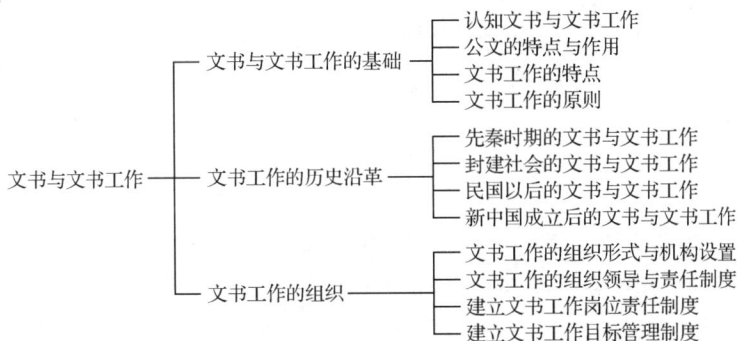

分析思考

1．从中国古代的文书发展历程中能得出哪些结论？

2．如何正确认识文书与档案的联系和区别？

3．中国现行的文书工作责任制度还有哪些需要优化的地方？

目 标 检 测

一、名词解释

文书　文书工作　文书工作岗位责任制度

二、填空题

1．最早出现"文书"一词，是在西汉初期_____所著的_____中"禁文书而酷刑法，先诈力而后仁义"之句。

2. 宋代在文书程式方面，实行"引黄"之制，即在文书的_____上标明文书的_____和递送的_____。

3. 1931 年由_____起草，_____批示试行的《_____》，是目前发现的我党最早的关于文书档案工作的文件。

三、多选题

1. 唐代的公文已分上行、下行、平行，其中属于平行文的有（　　）。

A. 关　　　　　　　B. 牒　　　　　　　C. 移　　　　　　　D. 咨

2. 对文书含义的理解，说法正确的有（　　）。

A. 文书首先是一种文字材料　　　　　B. 文书有特定的格式

C. 文书具有应用性　　　　　　　　　D. 文书具有很强的目的性和针对性

3. 文书工作的机要性体现在（　　）方面。

A. 文书工作的机密性　　　　　　　　B. 文书工作的机动性

C. 文书工作的简要性　　　　　　　　D. 文书工作的重要性

4. 文书工作岗位责任制度的具体内容包括（　　）方面。

A. 定任务　　　　　B. 定机构　　　　　C. 定人员　　　　　D. 定编制

四、问答题

1. 宋元时期的文书与文书工作有何特点？

2. 国民政府对文书改革的主要内容有哪些？

3. 如何理解文书的含义？

4. 选择文书工作组织形式的原则有哪些？

5. 建立文书工作目标管理制度的原则有哪些？

阅读材料

文书演进的规律

1. 文书随着社会经济基础的变化和国家政权的更替而变革

随着经济基础的改变，文书也相应地发生变革。从历代文书的内容看，经历了为剥削阶级服务到为工人阶级和劳动人民服务的变革过程。文书的文风经过不断变革，朝着简明、实用、通俗的方向发展。发端于夏商周，经春秋战国，至秦汉奠其基的中国古代文书写作，遵循"辞尚体要"的准则，以简明、朴实为文风的主流。尤其是司马迁《史记》问世后，其文辞精练、条理清晰、说理周到、通俗易懂，这种具有文采的散文体式，给当时和后世的文书撰写带来了很大影响。汉武帝为了彰显其文治武功、巩固封建统治的需要，崇尚浮华、烦冗的文风。至东汉，这种文风更甚，并以一种以双句（俪句、偶句）为主，讲对仗和韵律的骈体代替散文体。南北朝时期骈体盛行，以至于影响到以后各朝代。骈体偏重追求形式美，崇尚夸饰和用典，不重视思想内容，促成了一种浮夸艳丽的地主阶级文风。对这种不良文风，隋朝文帝和炀帝曾以行政手段纠正，但并未成功。至唐初年，因唐太宗崇尚丽辞，用骈体写文书的梁齐遗风又盛行起来。直到唐代中期，韩愈、柳宗元等针对骈体文提出"文以明道""陈言务去"等主张，才使骈体的浮华之风有所收敛。宋欧阳修、王安石、苏洵、苏轼、苏辙等又掀起了革新运动，提出了"事信言文""辞约而理精"等主张，对文风的改革起了积极作用。北宋以后，文书体向散文体转化，以至于代替骈文成为文书的主体。尽管如此，烦冗的遗风仍未完全消除，加以明清时代在封建科举考试制度下产生的"八股文"的流毒，使不少官府的文书只注重形式、死板老套、空话连篇。

太平天国时期开了反封建文书中那套浮文巧言的先河。太平天国发布的多数文书，使用白话文，开门见山，直书不曲，使人一目了然。1911年，孙中山领导的辛亥革命结束了中国封建王朝统治，不仅废除了封建文种和封建恶称，而且确定使用白话、标点，文风朝简明、实用、通俗的方向迈进了一步。"五四"运动时期，人们推动了文风大解放。国民政府时期，在接二连三地进行文书和文书工作的改革后，虽对革除文书中的形式主义、虚夸不实、云云抄录等提出过纠正，但因国民党政权的腐败、没落，文风日渐烦琐、冗长、空泛、僵化，连语言也是半文半白的。后来，在中国共产党领导的新民主主义革命根据地时期，特别是新中国成立后，不断消除旧文书中官僚主义、文牍主义和形式主义的思想，代之以马克思主义的新文风，较好地促进了文书向简明、实用、通俗化的转变。

2. 文书在变革中继承和发扬一切有生命力的东西

文书的变革一方面要抛弃过时的、落后的东西，另一方面则要继承和发扬一切有生命力的东西。在文书写作的技巧和理论方面，有许多好的传统仍值得今天研究和借鉴。古代就知道"言之无文，行而不远"，不注意修辞，内政外交就推行不下去。我国历代不仅出了许多撰写文书的高手，而且还不断有人研究文书写作理论，其中南朝梁刘勰写的《文心雕龙》是文章与文书理论研究中的突出代表。书中的许多论述对文书写作至今仍有借鉴意义。例如，作者主张平时要多积累，做好写作的准备；在草拟文稿前，要认真构思，设计好文章的整个主体；写作时要注意篇、章、句、字的有机配合，相得益彰；语句要注意通俗化，避免怪异难懂；要注意反复删改，直到不能再删为止，力求达到简明恰当、通俗易懂。

刘勰以后，有人继续研究文书写作。例如，宋朝王安石著《尹师鲁河南作序》中提出"章奏疏议"的写作标准是"辞约而理精"；南宋陈骙在《文则》中提出"事以简为上，言以简为当；言以载事，文以著言，则文贵其简也"；清朝刘熙载在《艺概·文概》中第一次明确提出"应用文"这一文体概念，并将应用文分为上行、平行、下行及行文中的"七戒"，等等。这些对我们仍有启发、借鉴和参考价值。

3. 文书运行周期的有序性支配着文书的处理程序

文书作为社会上层建筑中的客观事物，具有相对独立性，也具有运动属性。任何文书都有一个完整的生命周期，它在这个周期从始至终都处于运动状态。其运动周期的长短取决于行文目的与文书内容的要求；运行的范围主要是在发文与收文之间进行。当一份文书的行文目的和内容要求实现或基本实现时，文书的运行周期也就结束了。如果下级要通过制发本级的文件来贯彻执行上级来文，则文书（发文）又开始了新一轮运行周期。我们通常所说的"文书处理"，其运行过程同文书的客观运动规律是一致的，它对文书运行起着组织和推进作用。在一份文书的完整生命周期中，文书处理的运行过程，大致分为文书撰制、文书传递、文书办理、文书实施、办结文书处置等阶段；每个阶段又由若干有序的环节构成。从古代文书到现代文书的处理环节有少与多之分、不完善与完善之别，但它们的共同属性，即文书处理程序的有序规律是不会改变的。

4. 文书的发展直接受"国家权力运动"的制约

纵观古今历史，大量使用文书的是国家机关；所以，文书的发展必然要受国家发展规律的制约。恩格斯说过：经济运动会替自己开辟道路，但是它也必定要经受它自己所造成的并且有相对独立性的政治运动的反作用。文书经国家机关制定后，作为一种权力工具，也像国家机关所起的作用一样，对经济运动产生影响。在我国漫长的封建社会时期形成的文书大致分为两部分：一部分对经济和社会的发展起过促进作用；另一部分则对经济和社会的发展起过阻碍作用。国民党统治时期发布的反共反人民、制造内战、苛捐杂税、抽丁拉夫、丧权辱国等内容的文书，便是阻碍经济发展和社会进步的。在革命根据地时期和新中国成立后所制定的一系列文书，反映了人民群众的根本利益，深得群众拥护，促进了经济和社会发展。当然，在革命战争和社会主义时期，也有个别文书对经济和社会的发展起了不好的作用，但这不是主流，也并不影响依附于人民政权的新文书的本质属性。

第二章 文书的种类与形成

学习目标

知识点	能力点
● 文书的种类	● 区分文书种类及名称
● 法定性文书的种类及特点	● 掌握文书形成的流程
● 文书的主题与材料	● 掌握文书写作的步骤

第一节 文书的种类

模拟情景

上级在对广通集团进行文书工作年检时，发现了不少问题，并一一指出。大部分问题，乔梅都能明白其症结所在，但对于上级所说的文种混用，不太明白。比如说"函"，乔梅一直都把它当成平行文来使用，但上级指出有几个上行文也应使用"函"，这就让乔梅一头雾水了。于是她又去请教老郑。老郑笑呵呵地说："我们的十万个为什么又来了啊，今天又有什么问题啊？"乔梅不好意思地摸着脑袋笑了笑，说明了来意。老郑听罢，拿出了一份《党政机关公文处理工作条例》递给乔梅，说："我们虽然是企业，但是文书拟写方面的规则都是参照这个来的，你回去好好研究研究，一定能掌握文种辨析的知识。"

任务驱动

1. 乔梅为什么会用错文书的文种？
2. 乔梅应如何理解法定性文书的适用范围？

任务分解

➢ 了解文书的种类划分

> ➤ 了解法定性文书的含义与特点
> ➤ 选择文书种类及名称

任务解析

（一）文书的种类划分

随着时代的进步，文书的种类也日新月异。有学者统计，现今有名目的文书已达 200 多种，而且还因为社会活动领域的拓宽而不断涌现出新的用法和新的文种。文书范围的界定和分类向来是一个难题，但通常可以从功用和适用范围、文书来源、行文关系等方面来进行分类。

（1）按文书的功用和适用范围划分

① 党政文书类，所谓党政文书是指国家规定的正式公文种类。按照《党政机关公文处理工作条例》的规定，公文共有 15 种：决议、决定、命令（令）、公报、公告、通告、意见、通知、通报、报告、请示、批复、议案、函、纪要。

② 规章文书类，主要包括法律、法规、章程、条例、办法、规定、细则及各种制度规程等。

③ 日常事务类，主要有计划、总结、调查报告、公示、述职报告、提案、讲话稿、演讲稿、解说词、典型材料等。

④ 司法文书类，主要应用于公安单位、人民法院、人民检察院、公证单位及公民、法人及其他组织使用的公务文书。

⑤ 经济文书类，常见的有经济合同、市场调查报告、市场预测报告、经济活动分析报告、可行性研究报告、各类质量检查报告、财经预决算报告、审计索赔书、产品说明书、外贸业务函电、出口货物申请书及许可证、出口货物报单、招标书、投标书、申请保险书、信用证书以及电报、电传、传真、电子邮件等。

⑥ 科技文书类，主要包括专利申请书、专利说明书、发明申报书、权利要求书、科技建议书、科技考察报告、项目申请书等。

⑦ 外事文书类，主要有各种外事函电、护照、备忘录、照会、公报、声明、国书、接受书、确认书、协定、条约等。

⑧ 礼仪文书类，主要有各种庆贺书，如贺信、贺电、贺词等；各种致辞，如欢迎词、欢送词、祝酒词、答谢词、题词等；各种请柬，如请帖、柬帖、聘书、邀请函等。

⑨ 书信文书类，主要有各种推荐书、求证书、慰问书、决心书、保证书、倡议书、意见书、挑战书、应战书，以及介绍信、证明信、感谢信、表扬信等。

这 9 类文书，都具有处理公务的性质，因而可以划入公文的范畴，但就程式和格式的规范性而言，目前只有对党政类文书和规章类的法律、法规及司法类的部分文书做了严格的规定，其他由于缺乏程式、格式的规范性，一般列入应用文的研究范畴。

（2）按文书的来源划分

① 收来文书，简称收文，是指外单位制成的，作为传达自身单位的意图，发送到本单位来的公文。例如，国务院、省（自治区、直辖市）政府及本单位的上下级单位发送来的公文、其他公司因业务需要发来的公文等。

② 对外文书，又称对外公文，是本单位对外单位发送的公文。例如，分公司给总公司的请示、汇报；总公司给各分公司的指示、通知；本公司给兄弟公司发去的函、通知等。

③ 内部文书，指本单位内部使用的文书。例如，公司内部使用的通知、工作计划、总结、会议纪要等。

（3）按行文关系划分

行文是指一个单位给另一个单位的发文。行文关系是指发文单位和收文单位之间的关系，也就是由组织系统、领导关系和职权范围所确定的各单位之间的公文授受关系。从收文单位和发文单位之间的工作关系上看，既有相隶属的上下级之间领导与被领导的关系，也有不相隶属或平级的关系。

① 上行文，指下级单位向其所属的上级领导单位发送的公文，也就是自下而上的行文。例如，下级单位上报的工作报告、请示等。通常，上行文是下级单位向上级单位汇报工作、反映问题、请示事项、请求工作指导等方面的文件。

② 下行文，指上级领导单位对所属下级单位的一种行文，即自下而上的行文。例如，省级人民政府对所属的市人民政府的行文、国家教育部给所属高校的行文、总公司对各分公司的行文。下行文常用的文种有命令、决定、通知、批复等。

③ 平行文，指平级单位或不相隶属的单位之间的一种行文，主要文种是函或知照性的通知。例如，国务院各部之间、某省政府与另一个省政府之间、一个省的厅局之间，都是平级关系，彼此之间的行文就是平行文。再如，政府与部队之间、部队与学校之间没有隶属关系，它们之间的行文也是平行文。

（4）按文书的运动轨迹划分

① 现行文书，指在现实工作中发挥现实作用和价值的文书。

② 半现行文书，指文书内容针对的社会活动已经结束，文书现行期也随之结束，现行价值消失的文书。

③ 非现行文书，指文书的现行期结束，现实价值已经完全消失的文书。

相关链接

公文的标题

公文标题应概括公文的主要内容，让阅读者通过标题及时了解文件的主旨和要义。

公文标题由发文机关名称、事由和文种组成，一般不能缺项，在向上级呈送"请示""报告"等公文时，可以省略发文机关名称。

公文标题如需多行排列，应做到每行词意完整、排列对称、长短适宜，使用梯形或菱形，不应使用上下长度一样的长方形和上下长、中间短的沙漏形。

公文标题中除法规、规章名称加书名号外，一般不用标点符号，特殊情况下可以使用顿号、引号、括号、破折号，如果在标题事由部分（不是发文机关名称部分）出现多个机关、人名等并列时，每个机关名称、人名之间应用顿号分开。转发文件，原文件标题过长时，可用原文件发文字号代替。

公文中的小标题一般应控制在四级之内，层次序数依次可用"一、""（一）""1.""（1）"

标注，一级标题字体用黑体字，二级标题用楷体字，三级、四级标题用仿宋体字，一般不用宋体字标注小标题，也不用"加粗"的方式标注小标题。掌握此规律，可以使公文层次清晰、美观，便于阅读。

（二）法定性文书

所谓法定性文书，是指2012年4月16日由中共中央办公厅和国务院办公厅联合印发的《党政机关公文处理工作条例》中所规定的15种公文。

1. 决议

决议是用于经会议讨论通过的重要决策事项的公文。决议这一文种常常被用来修改和实施法律、法令条例；批准国民经济计划的安排，财政预算、决算；设置、调整和撤销重要机构，调整领导人员；通过工作报告，决定重要问题等。现代企业也经常使用这一文种。

（1）决议的特点

其一，决策性。决议是针对重大问题和重大事项所做出的决策，一经会议通过，就会在较大的范围内产生重大影响。

其二，权威性。决议代表着发文机关的意志，一经发布，其下属单位、党组织和全体人员必须严格遵守，认真落实。

其三，程序性。决议必须经过法定会议讨论通过，以会议名义发布，有着严格的程序。

（2）决议的种类

根据决议使用的内容不同，一般把决议分为三类。

① 方针政策类决议。方针政策类决议是就重大问题传达决策主张或发布重要方针政策而使用的决议，其涉及的内容往往是原则性的，而且影响范围大、时间长，如《中共中央关于加强社会主义精神文明建设若干重要问题的决议》。这类决议大都具有极强的指挥性，既要写明必须贯彻执行的决议事项，使有关方明确做什么、怎么做，又要简明扼要地阐明做出决议的原因、根据，使有关方面明确为什么这样做，以增强执行决议的自觉性。

② 审议批准类决议。审议批准类决议是为审议批准某个文件、组织等而使用的决议，其涉及的内容比较具体，一般用于批准某项报告或文件，如《中国共产党第十六次全国代表大会关于〈中国共产党章程〉（修正案）的决议》《中国共产党×省第十次代表大会关于第九届委员会报告的决议》。这类决议一般内容单一，篇幅简短，只要写明某某会议审议、批准了什么即可，多为篇段合一式。也有少数采用多段式结构，可根据需要说明会议审议情况，分析形势，肯定成绩，指出问题，提出希望、号召等。

③ 专门问题类决议。专门问题类决议是就某一专门性的问题做出决定后而发布的决议，这里涉及的专门问题，必须是一定范围内或一段历史时期里的重大问题，如《关于增强党的团结的决议》《全国人大常委会关于大兴安岭特大森林火灾事故的决议》，等等。这类决议的写法要灵活一些，重在针对性，要针对会议讨论的问题表明会议的态度、立场和观点，语气果断，语言鲜明。

2. 决定

决定是党政军单位、社会团体、企事业单位对重大事项或重大行动做出决策和安排而制定的一种具有决定性和领导性的下行公文。决定一般用于上级向下行文，也可在本单位内部使用。上至党和国家的重大决策和战略部署，下至基层单位的奖惩事宜均可使用该文种。

（1）决定的种类

根据决定的性质可以将其分为以下三类。

① 法规政策性决定，适用于发布权力单位制定、修改或试行的法律文件或由政府部门制定的行政法规，如《全国人民代表大会常务委员会关于修改〈中华人民共和国劳动法〉等七部法律的决定》。

② 指挥性决定，适用于对重大问题、事项、行动做出指挥及布置有关工作。其突出特点是方针政策性强，要求下级单位坚决贯彻执行，如《国务院关于全面推进依法行政的决定》《国务院关于进一步加强产品质量工作若干问题的决定》等。

③ 事项性决定，适用于表彰先进、处理事件与有关人员、机构设置与人事的重要变动、重要会议的召开或其他有关事项。其突出特点是重在宣告、知照及对有关问题的认定，如《国务院关于大兴安岭特大森林火灾事故的处理决定》。

（2）决定的特点

① 指令性。决定所涉及的问题意义重大，影响深远，对全国或一个地区、一个部门具有战略意义，要求受文单位明确此项决策的重要意义和执行的原则、措施，具有明确的指挥目的。

② 稳定性。一旦做出决定，其所规定的原则、措施及有关事项，将在较长的时间内，在领导单位职权范围内发挥作用。因而，决定的事项不能朝令夕改，要保持其稳定性。

相关链接

决议和决定的区别

1. 适用范围不同。决议适用于经会议讨论通过的重要决策事项；决定适用于对重要事项或重大行动做出安排，奖惩有关单位和人员，变更或撤销下级机关不适当的决定事项。

2. 通过的程序不同。决议必须经会议讨论通过，以会议名义发布，程序性严格；决定可以经会议充分讨论通过，也可以由领导机关负责人研究商定。

3. 命令（令）

命令（令）是国家行政单位、军队单位或领导人对下级发布并使用的具有强制性、领导性、指挥性的下行文。按《党政机关公文处理工作条例》的规定，它适用于依照有关法律公布行政法规和规章；宣布施行重大强制性行政措施；嘉奖有关单位及人员。

命令的发布是有严格规定的。国务院依照有关法律公布行政法规；国务院及其各部门、省、自治区、直辖市人民政府及省、自治区人民政府所在地的市和经国务院批准的较大的市人民政府发布规章；国务院及其部门、县级以上（含县级）人民政府宣布重大行政措施等才能使用这一文种。

（1）命令（令）的种类

命令（令）可分为发布令、行政令和嘉奖令三种。

① 发布令，又称公布令、颁布令。它是依照法律公布行政法规和规章的令。公布令的标题为两个要素，即发文机关和文种。正文大多篇段合一，其内容为公布对象、公布依据、现予公布及实施日期，发布不是以会议通过的形式而形成的行政法规与规章时可省略公布依据。

② 行政令，用以宣布施行重大强制性行政措施。以命令宣布的行政措施，有重大的强制性，

一般的行政措施不可用命令，而常以通知发出。其正文分为三个部分：一是首部，写有关情况、施行该重大强制性行政措施的目的，还可以写措施之意义或依据；二是主文，即施行措施之具体内容；三是尾部，写相关内容，诸如该措施由什么机关执行，本命令由什么机关解释等。

③ 嘉奖令，用以嘉奖有关单位及人员。以命令发布的嘉奖事项，都是重要的，是在全国某一地区或某一系统具有普遍意义的重大典型。一般性的先进事迹和个人，不用嘉奖令颁发，而是用通报发布，有些较为重要的奖励也可用决定。

（2）命令（令）的特点

① 具有法定的强制性。命令（令）是一种极其严肃、庄重，具有强制性、指挥性的文书。它强烈、集中地体现了国家机关及其执行机关的指挥意志，对受文单位具有极强的约束力和指挥力。命令（令）一经发布，在它的有效范围内，受文者必须立即无条件地按要求执行，任何人不得违反，也不得做任何更改或变通性的处理。所谓"有令必行""令行禁止"就是这个道理。

② 具有强烈的严肃性。命令的内容限于对强制性的重大事件或重要问题、事项的指挥与处理。在采取重大强制性行政措施时，一般只在特别重大及特殊情况和紧急情况下使用，如战争、戒严、抢险、救灾、特赦等。工作中的一般事项不能使用命令（令）来发布。

4. 公报

公报也称新闻公报，是党政机关和人民团体公开发布重大事件或重要决定事项的报道性公文，是党和国家机关经常使用的重要文种。

（1）公报的种类

公报一般分为以下三种。

① 会议公报，用以公布重要会议的召开情况及会议所作的决定，如《中国共产党第十七届中央委员会第五次全体会议公报》（2010 年 10 月 18 日中国共产党第十七届中央委员会第五次全体会议通过）。

② 统计公报，用以发布国民经济和社会发展各方面情况的统计，如《中华人民共和国国家统计局关于 2009 年国民经济和社会发展统计公报》。

③ 外交公报，也称联合公报或新闻公报，由两个或两个以上国家的政府、政党、团体等在会谈或交往后发表的文件。主要公布会谈各方的观点及取得的共识，有时还包含会谈各方之间关于彼此权利和义务的协议，具有条约的性质，如《中华人民共和国、印度共和国和俄罗斯联邦外交部长会晤联合公报》。

（2）公报的特点

① 内容上的庄严性。从公报文种的适用范围来看，它所涉及的内容有两项：一项是重要决定，另一项是重大决策。由于它的使用者是党和国家高级管理机关，而且内容重大，因此就使得这一文种具有很强的庄重性和严肃性，一经发布，即在国内外引起强烈反响。

② 形式上的多样性。从实践来看，公报的发布往往既不同于一般的例行公文，也不同于用于张贴的布告，而多是通过新闻渠道刊登和播发。在这一过程中，如果以新闻形式发布，则称《新闻公报》；以党和国家机关名义直接发布重要决定或重大决策的，称为《发布公报》；两个或两个以上的政党、国家、社会团体的代表将会谈达成的协议通过正式文件公诸于世，则称为《联合公报》。正因如此，使得公报在发布形式上呈现出一种多样化的特征。

③ 使用上的习惯性。从文种的适用范围上看，公报与公告极其相近，其所涉及的内容均为重要事项，而且辐射范围也相同，均面向国内外发布。但从实际情况看，二者仍然存在差别，其中在很大程度上取决于使用上的习惯。诸如，公布重要会议情况，多用"公报"；公布党和国家领导人的重要出访活动及人事变动，多用"公告"；公布重大事件，多用"公报"；公布重要消息，则多用"公告"；公布有关人口普查、经济发展和国家计划执行情况，多用"公报"；公布重要事项，则多用"公告"。

5. 公告

公告是一种公开向国内外宣告重要事项或法定事项的公文，它通常由国家权力单位、监督单位及获得授权可以发布公告的机构（如新华社）使用。公告往往通过新闻媒介发布，是一种非常庄重严肃的公文。人民团体、基层单位一般不用该文种。

（1）公告的种类

公告主要分为两种，各有其不同的适用范围。

① 重要事项公告，用于向国内外宣布重要事项，其内容必须是已公开的国内外关注的大事，因而不能随意使用。重要事项公告的使用一般有几种情况：国家权力单位的重要决策；国内外需要周知的事项；对国内外有重大影响的庆、吊礼仪活动；等等。

② 法定事项公告，用于向国内外宣布法定事项，其主要内容是国家重要部门，特别是立法、司法及监察单位向国内外宣布有关事件的处理事项。

（2）公告的特点

① 告知的广泛性。公告告知的地域不是某一地区而是国内或国外，其发布范围广，是其他公文无法超越的；同时公告的内容是公开宣布的，要做到家喻户晓。

② 事项的庄重性、严肃性。公告的事项应是国家大事，即"重要事项""法定事项"，非重要事项、非法定事项不宜用公告。

③ 法定作者的限定性。公告一般以国家或各级领导单位的名义向国内外宣布重要事项。其发布权限有严格的规定：可以以中华人民共和国全国人民代表大会、国务院、新华社授权名义发布；也可以以国家有关部门、省、自治区、直辖市的权力机构和行政领导单位名义发布；还可以以海关、司法、工商、税务等名义，依据国家有关政策、法令和行政法规告知有关事项发布。但最后一类应慎用，级别较低的国家行政单位不宜用公告。

④ 内容的公开性。公告应向所有人公开，无秘密可言，因此，凡涉及国家秘密安全的内容，绝对不能用公告这一文种。

6. 通告

通告，即通知、宣告的意思。通告是一种广泛宣传，要求众所周知的公文，同时又是一种约束力强、人人必须遵守的公文。通告一方面可以用来公布要求社会各有关部门应遵守执行的事项，另一方面又可以用来公布要求普遍知晓的事项。一般行政单位和有一定指挥权的临时机构均可使用，一经发布，便直接生效。

（1）通告的种类

① 执行性通告，是对某些事项做出行政性规定或法规性限制，要求一定范围内的单位或有关人员遵守执行。如行政单位惩处某些不法行为、错误行为的通告；为维护航空、铁路、水路安全或社会治安的通告；为维护城市交通秩序的通告等。

② 告知性通告，主要是需要有关单位和人员知晓的事项。如因维修线路停电、停水的通告，施工单位修桥、修路要求有关人员或车辆改道通行的通告等。

（2）通告的特点

① 专门性。通告往往用于一些专业主管部门在一定业务范围内，针对实际业务活动而发布的事项。内容要求详尽具体，具有可操作性。

② 知照性。通告的内容可以涉及国家的法令、政策；也可以用来公布社会生活中的一些具体事务、需要人们周知的事项，如市政工程建设、修马路、公交车改道等，而且往往在报刊等媒体进行刊登。

③ 行业性。通告往往具有鲜明的行业性特点。如税务局关于征税的通告，机动车管理部门关于机动车辆年度检验的通告，银行关于发行新版人民币的通告，房产管理局关于对商品房销售面积进行检查的通告等，都是针对其所负责的那一部分业务或技术事务发出的通告。因此，通告行文中时常会引用本行业的法规、术语。

7. 意见

意见适用于对重要问题提出的见解和处理办法，是一种重要的领导、指导性下行公文，主要是针对具有普遍性、倾向性的问题或亟待解决的问题进行具体指导，阐明工作的意义、原则、目的、要求和策略、措施、方法、步骤等。意见一经下发，即成为下级单位开展工作、执行政策的依据和准绳。但目前意见在行文关系上使用较为宽泛，下级单位对某项重要问题提出见解并上报上级单位时也可使用。

（1）意见的分类

按照适用范围和内容，可将意见分为以下三类。

① 表态性意见。这是对重要事项表明态度，提出见解和要求。

② 提出具体处理办法的意见。这是对重要事项或问题提出具体的处理办法，要求下级单位周知并贯彻执行。

③ 建议性意见。这主要是下级单位向上级单位就某方面工作提出的建议、意见，向上级献计献策，以供上级决策参考。同时，有些意见具有普遍性，下级单位往往呈报上级单位，请求上级单位予以批转或者转发，要求有关单位贯彻执行。

（2）意见的特点

① 建议性。意见这一文种形式，是向上级单位或有关部门提出本单位的看法和主张，具有较强的主观意愿，具有建议性但并不代表建议。

② 行文方向多样性。可根据需要下行发文，也可上行、平行发文。

③ 原则性。下发的"意见"，往往是在宏观上提出一些原则性意见，要求收文对象结合自己的实际情况，参照意见的精神办理。

④ 针对性。相对于其他公文而言，意见的针对性较强。它主要是依据现实需要，针对某一重要问题提出见解和处理意见，以促进问题的解决。

8. 通知

通知适用于批转下级单位的公文，转发上级单位和不相隶属单位的公文，传达要求下级单位办理和需要有关单位周知或者执行的事项，任免人员，是一种晓谕性的公文，多用于下行文，也可用于平级单位。

（1）通知的种类

通知从本质上可分为指示性通知和知照性通知两种，而从反映的内容看，可以划分为以下几类。

① 批转类通知。用于上级机关批转下级机关的公文给所属人员，让他们周知或执行，如《国务院批转证监会关于提高上市公司质量意见的通知》。

② 转发类通知。用于各下级机关或部门转发上级机关和不相隶属的机关的公文给所属人员，让他们周知或执行。

③ 发布（颁布）性通知。用于发布行政规章制度及党内规章制度，具有较强的政策性。

④ 指示性通知。主要用于传达要求下级机关办理和需要有关部门周知或执行的事项，如布置工作、安排活动、告知机构设立或变动、印章启用或废除、单位更名等事项。

⑤ 事务性通知。用于处理日常工作中带事务性的事情，常把有关信息或要求用通知的形式传达给有关机构或群众。

⑥ 任免类通知。指按干部管理权限，由上级机关决定任免人员，再把任免决定用通知行文，在指定的范围内公布，如任免和聘用干部。

此外，还有会议通知，主要用于组织召开会议，向参加会议的机关单位或有关人员告知会议内容、时间、地点及注意事项等，也可归入事务性通知。

（2）通知的特点

① 应用广泛。从内容上看，通知不受轻重繁简的限制，可用于布置工作、传达重要指示，也可用于交流信息、知照一般事情，还可用于批转、转发公文，发布规章，传达要求下级单位办理或有关单位需要周知共同执行的事项，任免和聘用干部等。在所有公文中，通知的数量高居首位。

② 执行性和告知性兼而有之。通知是把需要知晓、办理或执行的事项告知有关单位和人员，有的还可以通过新闻媒体全文播发或摘要发表，具有很强的告知性。对告知的对象有一定的约束性。

③ 行文方便，写法灵活。可根据需要，选用不同类型的通知。内容可繁可简，篇幅可长可短，写法不拘一格。

9. 通报

通报是国家机关、社会团体、企事业单位用于表彰先进、批评错误、传达重要精神或者情况时所使用的一种下行文种。

（1）通报的种类

① 情况通报。主要是反映情况，通报信息，用于传达上级重要精神与重要情况，引起人们的警觉与注意，对当前的工作起指导作用。

② 表彰性通报。主要用于表扬好人好事或通报先进典型和先进经验。

③ 批评性通报。主要用于通报事故或反面典型，引起有关部门、单位的注意，起到警戒和教育的作用。

（2）通报的特点

① 典型性。这是指通报的情况、表彰的先进、批评的错误，都必须既具有个性特征，又具有普遍而深刻的意义。人们能从中获得新信息和得到有益的启示。

② 时效性。通报中的"先进""错误""重要情况"都是在一定条件下出现和发生的，总是与一定的政治、经济和社会发展形势相适应的。因此，通报特别强调及时、快捷，否则就起不到教育群众、改进和推动工作的作用。

③ 真实性。通报的材料必须准确、可靠，对通报所涉及的事实、事件或情况，如果不加以核实，会造成恶劣的社会影响。

④ 教育性。通报的目的，不仅仅是让人们知晓内容，更主要的任务是让人们知晓内容之后，从中接受先进思想的教育，或警戒错误，引起注意，接受教训。

相关链接

通报、通告与通知

这三个文种都有一个"通"字。"通"在这里是传达的意思，是用来传达上级机关的意图和要求的。"报""告""知"均含知道的意思，具体方法是直陈情况与要求，所以，通报、通告和通知均属告知性文种，均可用来传达情况，并同属于下行文，但它们在使用上是有区别的。

通报适用于表彰先进，批评错误，传达重要精神或者情况。

通告适用于公布社会各有关方面应当遵守或者周知的事项。

通知适用于批转下级机关的公文，转发上级机关和不相隶属机关的公文，传达要求下级机关办理和需要有关单位周知或者执行的事项，任免人员。

通报与通告、通知的区别主要表现在以下几方面：从作用上看，通报重在"报"，多用于报导和传播信息；通告和通知重在"告知"，且要知之而后行，要求贯彻执行。从办理情况上看，通报可根据实际情况分别对待，灵活处理；通告和通知必须遵照执行，不能例外。从事项来源上看，通报所涉及的人和事多在下级，情况也来自下级机关，上级机关知道以后，认为有普遍意义，便整理制成通报，发往所属的各机关、各部门；通告和通知则是制发机关根据需要确定，有些事项甚至尚未发生，而是告知性的。从写作上看，通报因注重教育性，所以有一定的议论，对表扬或批评的人和事，要有定性的结论，对情况通报中的情况要有原因的分析和结论，对事故通报也要有原因的分析、责任的追究及定性的结论，并要总结出教训；通告和通知则注重执行性，所以很少进行议论或不议论。

通告与通知虽有许多相似之处，但它们也有明显区别，在使用中要注意辨别。通告的"告"字在这里是普遍告知的意思，所以通告是把某一机关、组织的意图、要求普遍告诉人们，让其知道并遵守；通知的"知"字与"告"字虽都是告知的意思，但"知"与"告"相比，在这里具有特定告知的含义，有可能是告知所属全部下级单位、人员，也可能是告知部分下级单位、人员，要求他们知照办理。在具体使用上，凡是向社会公开告知人们须遵守某一事项时，应使用通告；内部行文告知下级全部或部分单位办理某一事项时，应使用通知，而不能使用通告。

10. 报告

报告适用于向上级单位汇报工作、反映情况，答复上级单位的询问，是一种陈述性的上行文，也是下级单位工作的重要凭证，使用非常普遍。

（1）报告的分类

按报告的内容，可分为工作报告、情况报告、答复性报告等；按报告的性质，可分为综合性报告和专题性报告；按报告的目的和要求，可分为呈报性报告和呈转性报告；按时间，可分为定期报告和不定期报告。

（2）报告的特点

① 汇报性。对于上级领导单位和领导人来说，报告是了解下情、获取信息的重要渠道，是进行决策、制定方针政策、指导下级工作的重要依据之一；对下级单位来说，报告是向上级及时反映情况，取得上级对工作支持、指导的重要途径之一。

② 陈述性。汇报情况、陈述下情、反映情况是报告的主要目的；因此，写作应以陈述为主，即使需要阐明观点和论证道理，也必须在叙述事实的基础上，做到叙议结合。

11．请示

请示是下级单位请求上级单位对某一事项或某个问题做出指示、给予答复、审核批准时所用的请求性公文。一般来说，凡属自己无权解决的事项或自己要解决又觉得无把握的事项可以向上级请示。

（1）请示的种类

根据请示内容性质的不同，可分为三种类型。

① 求示性请示（请求指示或裁决），如因工作中遇到不易解决的难题、无章可循的新问题或由于意见分歧无法统一行动时向上级部门递送并希望给予明确指示或提出解决办法的请示。

② 求助性请示（请求帮助或支持），如要求增补经费、增加设备、划拨款项、划拨指标等的请示。

③ 求准性请示（请求批准或允许），如对超出本单位职权范围的事项、因特殊情况需要变通处理的事项或法定程序上必须由上级单位批准的请示。

（2）请示的特点

① 请准性。各单位对自己无权或无法决定与处理的问题，均应制发请示公文，向上级单位请求批准，防止各行其是，政出多门，从而影响单位正常工作秩序。

② 权限的明确性。请示应向直属的上级领导单位或部门报送，不能向同级单位或不相隶属的单位报送。请示的内容必须是属于本单位范围内无权或确实难以处理的问题与事项，不能超越职权请示不属于本单位职权范围的事项，也不应请示可以经过努力而能够解决的问题。

③ 单一性。请示要一文一事，内容必须是单一的，不能将不同性质的事项搅在一起来请示。一文多事只能造成批准单位互相推诿，不利于问题的解决。

相关链接

请示与报告的异同

请示与报告这两个文种由于同属上行文，标题构成相同（事由多用介词"关于"领头），报送要求也相同，都是只向本机关的直接上级发出（"直接上级"既指直接隶属的领导机关，又指主管的职能指导机关），且一般只能主送一个上级机关，如需同时报送另一个或几个上级机关时，则用"抄报"的形式。因此在实际使用时，经常出现错用现象。其实，两者存在多方面的区别。

一是行文目的不同，请示只是为了解决某一问题而请求上级机关指示或审核批准，报告的目的则是让上级机关了解、掌握情况，起到上下沟通的作用；二是回复要求不同，请示属请求性文件，需要上级机关给予及时批复，而报告属于陈述性文件，一般不需要上级回复；三是行文时限不同，请示必须在事前行文，报告则主要在事中、事后行文，有时也在事前行文；四是内容含量不同，请示必须坚持"一文一事"，即"一事一请示"的原则，而报告既可一文一事，也可一文数事。

总之，请示和报告应严格区分，不能混用，更不能混为一谈，合成不伦不类的请示报告，也不能在报告等非请示性公文中夹带请示事项，以免贻误工作。

12. 批复

批复，即审批答复，适用于答复下级单位的请示事项，它针对下级单位报送的请示，就其中的问题表明意见，答复提出请示的单位。批复是适用性最为单一的文种，只与请示相对应，没有请示，也就没有批复。

（1）批复的分类

根据内容性质的不同，可分为审批性批复和指示性批复；按批复的对象及适用范围来划分，可分为专指性批复和普发性批复。专指性批复只发送给报送请示的下级单位，而普发性批复不仅要发给报送请示的下级单位，而且还需要大量抄送给各有关单位。

（2）批复的特点

① 明确的针对性。批复是针对请示而发的，它必须针对请示事项给予明确的回答。从行文关系看，批复与请示呈反向关系，请示是上行文，批复则是下行文。平行或不相隶属的单位之间，无论级别如何，不是上下级关系，就不可以批复行文。

② 法定的权威性与执行性。批复中提出的批准或指示意见，反映了直属上级单位的行政决策，是领导单位的权威和意愿的具体体现。批复的内容对下级单位具有约束力，尤其是关于重大问题的批复，常常具有法规的作用。下级单位必须按批复的意见和要求来遵守、执行和办理。

③ 回复性。有请示就应有批复，作为上级单位，对下级单位报送的请示，应及时做出答复，因未及时答复或未及时处理而造成的损失，则由上级单位负责。

13. 议案

议案，即各级人民代表大会及常务委员会的议事原案，主要是为解决政府同人大的行文问题而设立的，适用于各级人民政府按照法律程序向同级人民代表大会或人民代表大会常务委员会提请审议事项。

（1）议案的分类

就内容而言，议案有立法议案、批准条约议案、人事任免议案、重大事项议案及机构设置议案等；就制作主体而言，议案有人大常委会的议案、人大专门委员会议案、人民政府议案、人大代表议案等；就提出议案的时间来分，议案有平时议案和会上议案。

（2）议案的特点

① 主体的法定性。议案是按法定程序向法定单位行文，其提出的内容都必须符合法定程序、符合法律规定的要求。

② 内容的特定性。议案的内容必须是属于国家权力部门职权范围内的重要事项，非重要的事情不能以议案的形式提出。

③ 时间的规定性。人民政府一般应在人民代表大会和常务委员会召开会议之前提出议案；人民代表一般应在人民代表大会召开期间、大会主席团规定的截止日期前提出议案。超过规定的时限，就不能做议案处理；已提交的，必须限期审议或提出处理意见。

④ 性质的请准性。议案就性质而言，与请示有类似之处，是请求会议予以审议批准的公文，一旦会议审议通过或做出决定，即为批准或视为答复。

14．函

函，通常指信件。作为公文的函，适用于不相隶属单位之间商洽工作，询问和答复问题，请求批准和答复审批事项。函是一种反映平行关系的书信性质的公文，其使用范围较广，凡是不相隶属单位之间，平级的党政单位之间，政府及其部门与同级的军事单位、群众团体及其部门之间均可用函，不受系统、部门、行业、地域的限制。

（1）函的分类

根据函使用的严肃程度，可分为公函和便函；根据行文的往来性，可分为来函和复函；根据函的概念、行文宗旨及所要反映的内容，可分为以下三类。

① 商洽函。商，即商请、协商；洽，即接洽、洽谈。商洽函多用于联系工作、商洽有关事项等，特别是有关洽谈人事调转、清偿债务、商品买卖、产权交易等方面的函，受到法律的严格保护，可视为合同、协议的补充，一经双方承诺或认可，便产生权利、义务关系，必须遵照执行。

② 问复函。问是询问，复是答复，性质相同，合为一类。询问函主要写明询问的缘由、事项及要求，而答复函应紧扣询问的问题或事项表明意见，做出回答。

③ 请准函。主要指向不相隶属单位的主管单位或部门请求批准或用来答复审批事项时所用的函。请准函与请示的选用要慎重，要根据本单位与受文单位的行文关系来确定。有直接隶属关系的下级单位向上级单位请求指示、批准有关事项时用请示，向没有隶属关系的有关主管单位或部门请求批准有关事项时用请准函。

（2）函的特点

① 灵活性。从行文方向上，函可平行，也可上行或下行；从内容上，函不受内容繁简和字数多少限制；在文书处理和格式要求方面，函可按文件签发、编号，可按公文格式拟写，也可按普通书信格式拟写，而不需签发、编号，也不用写标题，行文比较自由。

② 往来性。函常常以双向对应的形式出现。一般来说，有来函就要有复函，有问函就必有答函，有函必复。

③ 平等性。函不受作者职权范围与级别层次高低的限制，不存在指挥与被指挥的关系，也不存在请求或指示的关系，而只是通过函的往来商洽和联系工作，询问和答复问题，彼此协商，相互沟通，不能以函的形式将自己单方面的要求强加于对方。

15．纪要

纪要适用于记载、传达会议情况和议定事项，它既适用于专业性的会议，也适用于一般性的工作会议；既适用于较长时间的会议，也适用于一般的座谈会。

纪要是根据会议记录和会议文件及其他有关材料加工整理而成的，它是反映会议基本情况和精神的纪实性公文，既具有知照性，又具有执行效用，其议定事项和主要精神要求有关单位必须贯彻执行。

（1）纪要的分类

按会议的性质，可分为议决型纪要和情况信息型纪要；按会议的类型，可分为办公纪要和座谈纪要；按会议的任务，可分为综合纪要和专门纪要。

（2）纪要的特点

① 行文方向的多样性。纪要记载了会议情况和议定事项，反映了会议的主要精神，可以将它呈送到上级领导单位，以汇报会议的情况和结果；也可以发往有关的平行单位，传递、交流会议信息，并使所涉及的单位，按照会议形成的意见和共识，共同遵守和执行；还可以下发到所属的有关单位，要求下级单位按会议纪要的精神来贯彻执行。

② 执行事项的依据性。从其实际效果看，纪要具有决定、决议类公文的性质和作用，对有关与会单位与下属单位具有一定的约束力，要求据此遵守或执行。

③ 纪实概要性。纪要不同于会议记录的实录记载，它重在一个"要"字上，要求将会议的基本情况、主要精神、中心内容，以及会议上有代表性的各种观点和意见如实、概括地反映出来，表述上要求集中、概括、扼要。

④ 备考性。纪要用于记载会议议定事项和主要精神，因而也就具有备考性。

（三）文书种类及名称选择

每一类文书中，又有许多种，每一种取了一个名字，即文书的名称，通常也称文种。行文中必须注意这些文书种类及名称的正确选用。

不同的文书种类及名称，反映着不同的使用目的和要求，反映着不同行文单位的职权范围和行文单位之间的行文关系。因此，划清各种文书种类及名称的适用范围和界限，正确地选择与使用文书种类及名称，对文书的形成及处理，都具有十分重要的意义。

一般来说，每一份文书都有自己的名称，各种不同的文书名称，概括地表明和反映了文书的不同性质、作用和适用范围，因此，必须根据这些不同情况，恰当地选择和正确地使用这些文书的种类及名称。

要做好文书种类及名称的选择，具体来说，有以下几种依据。

1. 根据文书的行文关系来选用

各级行政机关的行文关系，应根据各自隶属关系和职权范围确定。尽管办理同样一件事，但不同的行文关系，往往使用不同的公文。例如，向上级机关请求批准，应用"请示"；向有关主管部门请示批准，应用"函"。又如，向上送文，用"报告"；向下发文，用"通知"。再如，答复下级机关询问，一般用"批复"；答复同级或不相隶属机关的询问，应用"函"。

2. 根据文书的内容性质来选用

15种公文有不同的内容性质，赋予不同的使命。虽然有些公文作用相近，但在内容性质方面也是有所区别的。其中有意义大小、处理轻重之别。如"公告""通告""通知""通报"，虽然都有告知的作用，但"公告"所告知的是重要事项或法定事项；"通告"所告知的是应当遵守或周知的事项；"通知"所告知的主要是工作情况及共同遵守执行的事项；"通报"所告知的是正反面典型或有关重要情况。又如嘉奖令、表彰决定和表扬性通报，它们在行文作用上基本相同，但在内容性质方面有轻重大小的区别。

3. 根据文书的使用范围来选用

有些公文虽然作用相近，但是它们的适用范围是有明显区别的。如"公告"与"通告"，都属于告示类，它们除在内容性质上的不同外，其使用范围也有明显差别。"公告"涉及面广，使用范围大，面向国内外；"通告"涉及面小，受"在一定范围内"的限制。

4．根据文书的强制程度来选用

一些下行文虽然在内容性质、作用等方面很相近，但在要求下级机关执行的强制程度上有区别。强制程度大小，既取决于公文的具体内容，又受制于发文机关的级别。例如，一些指挥性公文，如"命令""指示""通知"，它们在执行的强制程度上就有明显的差别，对"命令"要强制执行，对"指示"须切实执行，对"通知"往往要求结合本单位实际情况认真执行。

5．根据发文的机关级别来选用

由于各级机关的隶属关系和职权范围不同，因此，在使用公文种类上就有明显的区别，各发文机关应对号入座。例如，根据《中华人民共和国宪法》规定，中华人民共和国主席、国务院总理、国务院各部部长、各委员会主任及县以上各地方人民政府才能发布命令（令），其他机关和个人均不得随意发布。至于"议案"，规定只有各级人民政府才能使用。又如，向下级机关布置任务，只有级别较高的上级领导机关，才会使用"指示"，而一般的主管部门、基层领导机关一般使用"通知"。

6．根据发文的作用要求来选用

有些公文虽然行文关系相同，内容性质也相近，但其作用要求有所不同。如"报告"与"请示"，都是上行文，有时内容很相似，但其作用要求有明显区别。只是向上级机关汇报工作，反映情况，提出意见或者建议的，应用"报告"；而即使一样是汇报工作，反映情况，提出意见或者建议，但请示上级机关给予指示或者批准的，应用"请示"。这里，关键在于是否请求上级机关批复，这就是行文的作用要求不同。至于"建议报告"与"请示"，两者的行文作用要求也不同。"请示"是请求上级机关指示、批准之后，请示的机关遵照执行，而"建议报告"是请求领导机关批转各地执行。

7．根据文书的形成方式来选用

有些公文较为特殊，往往与具体会议相依，其形成方式与其他公文种类显然不同。如"会议纪要"，没有某具体会议，就不可能有其会议纪要。又如"议案"，其行文定向性，必须向同级人民代表大会或人民代表大会常务委员会行文，因此，"议案"的形成方式就与某届人民代表大会或其常委会有直接关系。掌握这些公文的形成方式，就不容易出现错体现象。

任务实训

- 找一家小型企业，选择一些废弃的不同文种的文书，指出其种类及名称选择上的错误之处。
- 找一些现代企业文书中的函，分析哪些是商洽函，哪些是问复函，哪些是请准函，并指出它们在行文中的区别。
- 将班级分为若干个小组，每组 6～8 人，就一个预先设定的议题模拟召开会议，指定专人记录，并于会后整理成会议纪要，比比谁写得好。

第二节　文书的形成

模拟情景

　　乔梅为办公室主任起草的一份材料被退了回来，主任的修改意见，基本否定了乔梅的整个思路，这就意味着要全部重写。乔梅想到为了这份材料，自己前后修改过三次稿，花了半个多月的时间，结果居然全是无用功，心里很失落。老郑见状安慰她："年轻人，遇到这么点挫折不要灰心嘛！"乔梅还是想不通，嘟囔着："可我真是已经很用心写了……"老郑语重心长地对她说："你的态度没有问题，但是也有做得不妥的地方。文书在拟写完毕后，不应该急着自己修改，而应当广泛地征求意见，特别是领导的意见。有时候，你自己觉得没问题，往往会一叶障目啊！"

任务驱动

　　1. 在拟完文书的初稿后，乔梅应接着做哪些事？
　　2. 拟好的文书要获得领导的认可，在语言上应注意哪些问题？

任务分解

　　➢ 掌握文书形成的流程
　　➢ 掌握文书的写作步骤
　　➢ 了解文书的主题与材料
　　➢ 了解文书的结构与语言

任务解析

（一）文书形成的流程

步　骤

步骤一	交拟

　　交拟是指单位的领导或文秘部门的负责人向拟稿人交代撰拟任务的过程，这些任务包括本单位的主动发文和作为承办单位的被动发文。交拟是文书形成的起始阶段。

　　交拟要交代清楚的内容包括任务、思想意图、政策依据、方式方法、具体行文要求、完成撰稿的具体时间等。重点是行文的目的、意图、依据、对象、范围等。领导人交拟、下达撰制任务时，不能只简单地下任务，而应当将思想意图等交代清楚，特别是一些重要文稿，必须经过领导人的周密思考，然后再向撰稿人员交待任务，以避免拟稿人员意图不清，难以提笔，勉强成文，不符合领导意图，从而一稿数易，误时误事。而作为撰拟人员，也应该主动询问，在弄清领导意图的基础上再动笔撰拟，以免走弯路。

步骤二	议拟

撰拟文书的任务下达后，如承办的不止一人，必要时，撰拟人员应对领导交拟的任务、领导的意图及实际情况进行讨论，统一撰写文书的思路。议拟是文书形成的酝酿、准备阶段。议拟阶段具体又分为以下几个环节。

（1）领会领导意图，明确目的，把握精神实质

所谓领导意图，是指领导者制定政策、部署工作、处理问题的基本指导思想。撰写公文，首先要弄清领导意图的实质，弄清起草公文的性质，行文的目的、任务和使用范围。秘书人员在接受了拟制公文的任务后，要与包括领导在内的相关人员共同讨论研究，将领导意图与国家的方针政策、法律法令，以及下级单位的实际情况综合起来，加以分析、比较，融会贯通，使撰制的公文清楚、准确、完整地表达出领导的意图。

（2）定题

定题就是确定制发公文的目的和主题。发文的目的，即为什么要制发公文，通过制发公文要达到怎样的预期效果。公文的主题，同其他文章的主题一样，是全文的中心思想，所要反映的主要问题。定题不仅是文书写作酝酿阶段的重要环节，也是整个文书形成过程的关键。

公文的主题多是由某领导者或者领导者集体意志所决定的，撰稿者应在此基础上加以充实、完善。从这个意义上说，公文的定题是领导者和撰稿者思想相结合的产物。在这种情况下，制发公文单位的领导者，有责任向撰稿者交代清楚发文的目的和主题，撰稿者也应当加以询问，认真领会领导意图，必要时，领导人与撰稿人一起研究讨论后再确定。

（3）选定体裁

选定体裁就是选定文种。能否正确地选择体裁，不仅直接关系到公文写作是否规范，同时还影响到公文的实际效果。为此，既要准确理解和领会各公文种类的适用范围，又要准确地选好体裁，规范使用。文种选择必须符合发文目的，符合制发单位的权限，要考虑与收文单位之间的关系。

（4）准备材料

占有大量翔实可靠的材料是写好公文的基础。获取材料的方法：一是深入基层，调查研究，从广大干部和群众中了解情况，搜集材料。通过调查、采访、座谈会，听取意见，掌握新情况，了解新问题，这是获取材料的主要途径。二是学习理论，阅读有关文件资料，博览群书，从书籍、报刊和有关文件中获取写作材料，如阅读有关的历史文献、现行的相关文件、书报、期刊、档案、简报、汇编、数据材料等。这为撰写公文提供了丰富的材料，有了坚实的基础，形成的公文内容就比较充实，比较有说服力和号召力。

准备材料需要注意的是，公文文种的不同，需要准备材料的情况也有所不同。对于内容涉及广泛、问题较为复杂的文种，如报告、总结、通报、决定、意见等，其材料的准备往往需要更充分、更广泛、更齐全。俗话说，磨刀不误砍柴工，材料准备得越充分，动笔写作时选择材料的范围就越大，写作也就越顺利。实际上，准备材料的过程，也是完善和深化主题、观点的过程，所以在准备材料上多下功夫是完全值得的。

步骤三	撰拟

撰拟阶段是文书形成中正式动笔写作的阶段，前面的一切工作都是为这一阶段做的铺垫。公文起草得好，就能够顺利定稿，所以这一阶段很重要。起草阶段如果几经反复，甚至多次推倒重来，就会延误定稿时间，也往往会给拟稿人带来不必要的顾虑。公文的撰拟阶段一般有以下两个环节。

（1）拟写提纲

拟写提纲是确立主题、整理思路的过程。有些公文的起草，经过酝酿后即可动笔，但有些内容比较复杂、篇幅较长又很重要的公文，一般在起草前要编写提纲。编写提纲，是对全篇公文的框架设计，是对公文总体结构的精心安排，是对内容的基本构思。它包括全文要写哪几个问题、有几个观点、每个观点要用哪些材料、详略的处理、段落的划分等。对公文中的观点和结论性意见，尤其是尚有争议的内容，公文中准备如何撰写，要有明确的说明。

提纲的一般写法是：拟定主要几个问题或几层意思，并确定它们之间的相互关系；有的还要进一步在大标题下列出若干小标题，所涉及的具体观点及所要使用的主要材料等。

（2）拟稿

拟稿是文书形成过程的核心环节。拟稿的成功与否，直接关系到最后定稿的公文质量。为此，我们在撰拟公文时，应当注意以下几点。

① 要把握住公文撰写的原则，即观点正确、鲜明，符合政策法令；坚持实事求是，不唯上、不唯书，只唯实。

② 遵循规范的行文制度，包括按照规范的公文格式行文。

③ 按照公文的语言要求行文，公文语言要求准确、简明、庄重、平实，并注意在语言风格、表述方式、体式用语等方面，符合各公文文种的语言特点。

④ 养成严谨、快捷的拟稿习惯。公文拟稿，往往受时间的限定，因此，在注重严谨的同时，效率也应当兼顾。

⑤ 忠实体现已确定的公文题目和主题思想。凡已编好提纲的，就按照提纲的观点、思路起草，做到一气呵成。

步骤四	征询

在完成文书的初稿以后，还要对文稿进行必要的文字加工润色，但不必急于对文稿从内容到结构进行大的修改，因为这时起草者的思想可能还处在原来的水平上，急于修改，很难使文稿在内容上有所突破，可以先请别人帮助修改。除一些内容简单、时间要求急的文书外，多数文书在初稿拟好以后，都应该在不同范围内征求意见。一般来说，文稿内容涉及哪一方面的业务，就应该考虑征求哪些部门的意见。重要的、内容涉及全局的文书则应广泛征求各方面的意见。不应轻视征求意见的作用，毕竟一个人的思维是有限的，只有广泛征求意见，才能集思广益，避免差错和失误。

征求意见的方法，可以根据具体情况灵活对待。可以采取召开座谈会的形式，也可以将文稿打印出清样散发，请有关方面分别提出修改意见，还可以通过网络平台公示并以电子邮件的形式回收修改意见。对于收集到的意见，应该认真分类、分析研究、仔细鉴别，既不可全盘否定，也不可完全吸纳，只能作为修改文稿时的参考。在征求意见的过程中，起草者还需要进行一些调查研究，翻阅一些文件资料，进行一些专门的查证和比较，进一步了解情况，掌握政策，使认识得到进一步提高。有了这样一个提高的过程，重新审视修改文稿时才能高屋建瓴，有所突破。

步骤五　修改

文书的修改，是对起草的文稿从内容到形式等方面进行必要的修饰、调整和加工的过程。修改，是文书形成过程中的必要环节，对提高公文质量起着举足轻重的作用，不可忽视。要形成高质量的公文，就必须进行认真的修改。

在文书的修改阶段，应当注意一定的方法和步骤，具体来说有以下几点。

① 要看文稿的思想内容。检查主题质量情况，这是修改文稿的起手之处，主要是看文稿是否符合国家政策法规以及领导意图，表达是否正确、鲜明、深刻、集中，是否有新意，与上级机关的指示规定和实际情况是否吻合，有无自相矛盾或抵触情况；检查观点表达情况，观点与主题关系是否密切，在保证主题准确无误的前提下，还要确保文稿的观点正确、文稿中的判断和推理合乎逻辑，不能出现偏激、片面的观点和言辞；检查材料应用情况，要对文稿中使用的所有材料进行认真核实，避免材料相互冲突，注意客观事实和统计数据的对应关系，不能使用过时的数据说明已经变化的实际情况。

② 看文稿的表达形式。检查结构是否完整、合理、严密，重点是否突出，层次是否清晰，转折、过渡是否自然，符号是否正确、规范、恰当。检查语言是否准确、简练、顺畅，语气是否得体，是否符合语法规范，标点使用是否规范。修改文稿的过程，必须一丝不苟，精心推敲。无论内容或形式，发现错谬应及时修改，不能降低标准。

文稿的修改是为了给下一环节工作提供便利，要使用规范的专用符号，使文面整洁美观。

步骤六　标印

标印是文书形成的最后一个环节，也是文书形成的最终体现，它关系着文书的实际效用，因而也是重要的环节。

标印文书的依据是经领导人最后签发的文稿，即"定稿"。标印文书应注意使用制式的文头样式，符合规范的格式要求，使用国际标准 A4 规格的纸张等。印制好后，要进行反复校对，避免差错，要最大限度地体现文书形成的最终成果，最后经加盖印章，向外发出。

以上就是文书形成的基本流程，也是文书工作人员应该熟悉和掌握的基本业务。综合起来就是：善于在文书形成前做好充分的准备；组织好撰写提纲；掌握文书形成的撰写技巧；善于听取有关方面的意见；掌握修改文稿的方法；熟悉文书的格式规范。

相关链接

缮印、校对文书的要点

一是要以签发的底稿为依据，不得擅自改动；二是在缮印机密公文时，应由指定的印刷单位或专人负责；三是缮印要符合规定的公文格式，字迹要求清晰、整洁，排列匀称，装订整齐牢固；四是一定要按指定的时间要求印制；五是印制公文前须认真校对，重要公文要实行复校甚至三个校次，以保证正确无误；六是校对过程中，要思想集中，逐字逐句，逐个标点符号地进行，文稿中的数字、地名、人名等关键词语，尤需反复校核，对公文的编号、标题、主送单位、抄送单位、日期、印刷份数、页码等都要逐一校核；七是要注意使用统一的校对符号进行校对，防止因校对符号不一致而发生误解。

（二）文书的写作步骤

文书与其他任何文章一样，也应当考虑写作的各个要素，即主题、材料、结构和语言四个要素。主题是文书的灵魂，是解决言之有理的问题；材料是文书的血肉，是解决言之有据的问题；结构是文书的骨骼，是解决言之有序的问题；语言是深刻的主题、丰富的材料、完善的结构等一切的根基，只有掌握文书的语言特点及运用规则，才具备文书写作的最基本条件。

步　　骤

| 步骤一 | 确定主题 |

公文的主题是材料的统帅，是安排结构的中心，是文件的灵魂。主题的确立过程也是文书撰写者的思想不断明晰和不断深化的过程，它常常是对客观存在的方方面面反映的结果。确立文书主题的依据包括以下四个方面。

（1）行文的目的要求

文书的形成是根据客观需要而进行的，有其明确的目的性，不能体现目的的文书是没有价值的。因此，要紧紧扣住目的性来提炼主题、酝酿主题。

（2）党和国家的路线、方针、政策和上级指示精神

文书反映的是社会客观活动，这些活动离不开党的路线、方针、政策。因此，也必须据此提炼主题。

（3）处理事务和社会交往的客观要求

工作中及社会交往中迫切需要解决什么问题，是确立文书主题时要认真考虑的。文书的形成不能以主观想象代替客观实际，必须以客观事实为依据，以客观事实为基础。脱离实际，不会产生真正有价值的主题。客观实际又是错综复杂的，这就要求文书的主题要具有解决问题的针对性，要有的放矢，而不是面面俱到。

（4）事物的共同特征和发展规律

主题的确立要抓住事物的共同特征，认清事物的发展规律，为主题的确立提供一个正确的方向，同时反映事物的本质。有价值的主题，应该是有新的思想意义，能够回答和解决以往没有解决的问题；只有掌握事物发展的规律性，才能提出新的观点和主张，从而对工作和实际社

会交往活动产生深远的影响。

在明确主题的同时，也需要明确以下几个问题：一是明确选用的文种；二是确定公文的主送机关及抄送机关的范围；三是选用适宜的体裁和表达方式，合理分配叙述、说明、议论等成分。

步骤二	选用材料

材料是指为某一写作目的收集、摄取及写入文章中的一系列事实或依据。有了丰富的材料，就为文书的形成创造了条件。材料在文书中处于基础的地位。

材料分散在实际工作和生活之中，隐藏在各种文件、资料之内，要占有它，使之成为能派得上用场的东西，必须具有驾驭材料的能力和技巧。材料工作有四个环节，即材料的占有、鉴别、选择和使用，其中最重要的是文书材料的选择。

收集材料的目的是撰写文书时选用，古人曾提出很多选材的原则，刘勰在《文心雕龙》中提出"酌事以取类"（根据内容取材）、"取事贵约"（选材要精要）、"事信而不诞"（事实材料可靠而不荒诞）等。在前人经验的基础上，我们将文书选择材料的依据概括为以下四点。

（1）真实

材料必须是客观存在、真实可靠的。文书内容具有高度的政治性和政策性，不能有丝毫的马虎和虚假。一些重要数据和反映本质问题的重点材料，既不能道听途说，也不能合理想象，必须经过鉴别核实，去伪存真。一旦出现假材料，就会造成不良影响，给工作带来损失，甚至损害党和政府的形象。

（2）新鲜

凡是新鲜和具有现实性的材料，给人的印象就深刻强烈，也容易吸引人、感染人。拟稿人要善于发现实践中的新事物、新思想、新情况、新问题，使用新鲜材料。我国自从改革开放以来，党和政府先后废除了许多计划经济时代的法规和政策，制定了大量的新政策、新法规，用来解决新问题。我们就是要时刻注意客观形势的发展和变化，运用新法规与政策依据，使人有耳目一新之感。

（3）典型

材料要能够揭示事物的本质特征，具有广泛的代表性和很强的说服力，可以"以一当十""以小见大"。起草人只有从纷繁复杂的客观事物中，从大量的材料中，百里挑一，独具慧眼，选取有典型意义的材料，才能深刻有力地表现主题。常言道："事实胜于雄辩。"一个确凿典型的事实，胜过一百遍空洞乏味的说教。典型材料能够深刻地说明问题。抓工作运用典型，有以点带面的效果，写文书运用典型材料，也有同样效果。

（4）适用

收集到的原始材料往往不能直接使用，还需进行适当加工，删繁就简，去除枝节材料，保留反映本质问题的材料，并且保证材料与主题的和谐统一。

步骤三	安排结构

文书结构的安排，应当服从和服务于公文主题表达的需要，要以正确地反映事物的内在规律和外在联系为原则，并充分注意公文法规对不同种类公文的结构安排的具体规定。在此基础

上，力争达到自然、完整、严谨、连贯、匀称等要求。安排文书结构的任务主要有以下四项。

（1）总文理

内容安排要有序，如《文心雕龙·附会》中所说："众理虽繁，而无倒置之乖。"在纷繁中条理、有序地反映事物发展变化的客观规律。

（2）统首尾

从开头到结尾，脉络连贯。文词无前后倒置，思想内容全篇贯通。

（3）相衔接

层次段落之间相互衔接，联系紧密。

（4）巧定夺

材料取舍定夺要准，安排恰当，繁简适度，适合表现主题的需要。

总之，文书的结构要正确反映事物的客观发展规律，要正确反映层次要素之间内在的逻辑关系，要正确反映不同的问题要求，要更好地为主题服务。

步骤四	运用语言

（1）广泛使用惯用语

文书的惯用语是在长期行文实践中形成的，约定俗成、使用频率较高的固定的词语。恰当运用可以使文书语言简明、规范、庄重得体。惯用语主要有开头用语、称谓用语、经办时态用语、引述用语、期请用语、征询用语、期复用语、表态用语、综述过渡用语、结尾用语等。

（2）恰当使用模糊语言

模糊语言是指自然语言中反映客观现实的词语，其含义的外延没有一个精确的界线，而是带有模糊性的语言。使用模糊语言一定要掌握分寸，弄清概念的相对性质，不能滥用，要力戒含混不清与精确语言结合使用，以充分发挥表达效果。

相关链接

常见的模糊语言

表示时间的，如现在、最近、近日、近几天、前几天、近年来、今年以来、正在、适当时候等；表示范围的，如每、各、有的、部分、少数、一些地区、种种原因、个别人、有关单位和个人、大多数、主要、基本上、各种措施、有关规定、有关部门等；表示程度的，如一般、比较、加大力度、经初步了解、适当、很、极、显著、逐步、有所、进一步、基本上、大体上、普遍、几乎、原则上、酌情等；表示频率的，如经常、多次、不断、反复、接连、再次、往往、屡次、三令五申、连续等。

（3）灵活使用数据语言

数据语言更直观，能通过量的界定加深对事物质的认识。文书中常用的数据表现形式有绝对数、相对数、平均数等。在使用时，表述应准确、恰当，以增强文书的表达效果。

（三）文书的主题与材料

1. 文书的主题

（1）文书主题的含义

主题，又称主旨、发文意图，是指作者在说明问题、发表主张或反映生活现象时，通过文章全部内容所表达出来的基本观点或中心思想。主题在文章中发挥着统帅、灵魂作用，在文书中，主题大体包括以下三种含义。

① 文书的作者在文中对客观事物所持的基本看法、观点。这主要是以传递情况、陈述事实为主要目的的文书，如调查报告、情况报告、工作总结等。

② 文书的作者对收文一方提出的基本要求和基本主张。这主要是以办理事务、提出措施为主要目的的文书，如决定、指示、通知等。

③ 既表明文书作者观点又表明其基本主张和要求。这是传递情况与办事目的兼有的文书，如通报、批复、决定等。

（2）文书主题的作用

古人云：文以意为主，词以达意而已。文书的主题对文书的内容及形式，都具有支配作用和主导作用。在文书的形成中，必须首先确定主题。从主题与内容的关系上看，主题具有统摄作用。从主题与形式的关系上看，主题起着支配作用。

（3）文书主题的特点

一是先行性。文书总是先产生了具体问题，才产生写作的需求，而解决这一问题的方法或结论往往也产生在写作之前，同时执笔者往往也是被动的，是为了解决问题而动笔的，因此写作的过程更是确切地体现主题。

二是单一性。文书的主题必须是单一、明确的，对于主题的理解不可以是多元的，这样有利于统一认识，更有利于问题的解决。

三是显露性。文书要求直截了当地点名主题，表明态度，提出解决问题的措施和办法，对文章所涉及的问题，必须有明确的立场观点，应该怎么做，解决什么问题，达到什么目的，都要明确地表达出来。

2. 文书的材料

（1）文书材料的占有

文书写作需要大量的材料，这些材料的获得不能靠事到临头再现查现找，即使做到了掘地三尺，也难免挂一漏万。文书材料的获得，贵在平时留心、注意收集，日积月累，时间长了，材料也就非常可观了。收集材料主要通过以下途径。

① 深入实际，调查研究。这是收集文书材料的一条非常重要的途径。对于文书写作来说，深入实际可以使文书工作人员形成一种真实、深刻的感性体验和认识，有利于更加全面、立体地把握调研对象。此外，还可以使文书工作人员及时捕捉到最新的材料，从而把思维的触角伸向更新的领域和更深的层面。

调查研究的方式多种多样，主要有普遍调查、重点调查、典型调查、抽样调查等。调查研究还有一些具体的方法，如开座谈会、个别谈话、问卷调查、蹲点摸底等。这些方法都可以根据调查研究的目的和需要选择使用。

② 多管齐下，广采博取。深入实际、调查研究，获得的是第一手材料。第一手材料固然非

常重要，但是仅有它还是远远不够的，还需要另辟蹊径，利用各种渠道收集第二手材料。这些渠道主要包括公文渠道、档案渠道、书报杂志渠道、音像网络渠道等。

（2）文书材料的鉴别

鉴别，就是对材料进行分析、比较的研究过程。材料只有经过筛选加工，才能进入文书之中。对材料进行分析研究，就在于使所积累的材料具有信息价值，能论证出新精神、新意见、新动向；对材料进行分析研究，也在于去挖掘、发现材料的潜在价值，以利于文书反映深层次的问题。

材料鉴别、筛选、加工包括五个方面的内容。一是量价值，看负荷。量价值，旨在明确材料对表现主题的效用性，凡能高度适应表达主题需要的，价值就高，反之就低；看负荷，即考虑材料内容所融入信息的含量。二是正反比较，鉴别真伪。三是按层分类，点面结合。四是分析综合，寻找联系。分析综合的目的就在于寻找联系，以便恰当运用。五是抽象概括，揭示规律。

（四）文书的结构与语言

1. 文书的结构

（1）文书结构的含义

如果说主题是灵魂，材料是血肉，那么结构就是文书的骨骼了。结构，指的是一篇文书的内部构造及文书内容的组织和安排。构思和安排结构的过程，通常也称为谋篇布局，即考虑这篇文书分几个层次、段落，安排什么内容，选用什么材料，如何开头、结尾、过渡、呼应等。文书的结构包括以下三个方面的内容。

① 文书外部格式，即外在的各组成部分。文书是在社会交往中应用的，因而必须具有普遍通行性，这种通行性决定了文书具有相对固定的、约定俗成的或国家规定的格式要求。

② 文书的谋篇布局，即正文材料的安排顺序。文书应该寻求最佳的表现形式，以利于其作用的发挥。

③ 文书的逻辑结构，即文书内部的逻辑形式、逻辑关系、逻辑证明等。

（2）文书结构的作用

结构的完善，是文书形成中的一个非常重要的问题，其作用主要体现在以下三个方面。

① 使文书表达言之有序。文书结构安排得好，才能使文书的思想内容得到有序的表达。

② 使撰写者心中有全形。文书在撰写之前，撰写者心中必须有一个整体的思考，做到心中有数。文书的结构可以说提供了一份文书的全形，可以防止由于框架不清而在撰写过程中思绪断裂的现象发生，避免内容轻重不一、繁简失当等现象的出现。

③ 使文书层次分明，富有逻辑性，方便读者阅读。文书是社会活动的客观反映，而社会活动是遵循一定的客观规律并有条理地开展的结果。好的文书应该把客观事物的条理性表现出来，只有认真构思，形成合理的文书结构，才能反映事物的客观规律。

2. 文书的语言

（1）文书语言的含义

语言是人们按照一定的规则表达意思、交流思想的工具。文书语言即实用性文体语言，它用于社会活动，具有实用特色，是反映社会实践活动的规范化的语言体系。

（2）文书语言的特点

从形式上看，文书语言有以下几个特点。

① 实用性，即文书使用的是实用语言，仅使用对表意有助的词句。这是由文书工作本身的实用性决定的。

② 明确性，是由文书的功用所决定的。明确才便于理解，便于执行，避免费时误事。明确性要求在语言的表达上必须做到：表意明确、避免歧义；语气恰当，与文体相吻合；用词准确，用字规范；句式严密，运用适当。只有这样，才能保证文书的不同读者在理解上能趋向一致，不至于发生仁者见仁、智者见智的情况。

③ 简洁性，即简洁扼要，以较少的文字传达较多有价值的信息。简洁性要求在语言的表达上做到：语词简洁，正确使用缩略语、成语、俗语及抽象词语等；句式简洁，恰当使用省略句、"的"字结构短语等；内容单一，纲目分明，主题集中，观点明确，条理清楚。

④ 平易性，要求在语言表达上不过分渲染，不使用曲笔，不使用生僻难懂的字和词，少用修辞格，不用复杂的复句；讲究句型的运用，多用短句少用长句，少用长定语的句子，少用或不用描绘手法等。

⑤ 文明性，文明才能起到协调人际关系的作用。具体应做到：正确选择礼貌词语，恰当运用谦敬词语，尽量使用"软性"词语（如"务必"为硬，"务请"为软），适当使用幽默词语、委婉词语，注意词的风格色彩和感情色彩，采用健康词语等。

⑥ 程式性，在文书写作中，沿用一些固定的程式化词句和词语的现象比较常见，有些文书用语甚至在关键之处必须使用，不可替代。程式化语言对于一般文章来说可能意味着写作的失败，而对于文书来说是一种必需。文书的体式就是程式化的，每一种体式在写作中都有固定的套路，在套路的实施过程中自然而然就形成了一些适宜这些套路的语言，沿用它们，才能够方便、简洁、有效。如"特此函复"这一说法，如果换用别的语言来表达，怎样都不可能达到这种简洁明白的效果。

相关链接

文书常用特定用语

用语名称	作　　用	常用特定用语
开端用语	主要用于文章开头，表示发语、引据	为、为了、为着、查、接、顷接、根据、据、遵照、依照、按照、按、鉴于、关于、兹、兹定于、今、随着、由于
称谓用语	用于表示人称或对单位的称谓	第一人称：我、我单位、本人、本公司、我们、敝单位； 第二人称：你、你局、贵公司、贵方； 第三人称：他、该公司、该项目
递送用语	用于表示文、物递送方向	上行：报、呈； 平行：送； 下行：发、颁发、颁布、发布、印发、下达
引叙用语	用于复文引据	悉、接、顷接、据、收悉

续表

用语名称	作 用	常用特定用语
审批、拟办用语	用于审批、拟办	拟办：责成、交办、试办、办理、执行； 审批：同意、照办、批准、可行、原则同意、原则批准、可办、不可等
经办用语	用于表明进程	经、业经、已经、兹经
过渡用语	用于承上启下	鉴于、为此、对此、为使、对于、关于、如下
期请用语	用于表示期望请求	上行：请、恳请、拟请、特请、报请； 平行：请、拟请、特请、务请、如蒙、即请、切盼； 下行：希、望、尚望、切望、请、希予、勿误
结尾用语	用于结尾表示收束	上行：当否，请批示；可否，请指示；如无不当，请批转；如无不妥，请批准；特此报告；以上报告，请批转；以上报告，请审核； 平行：此致敬礼；为盼；为荷；特此函达；特此证明；尚望函复； 下行：为要；为宜；为妥；希遵照执行；特此通知；此复；为……而努力；……现予公布
批转用语	用于上级对下级来文的批转处理	批转、转发
征询用语	用于征请、询问对有关事项的意见、态度	当否、妥否、可否、是否妥当、是否同意、如无不当、如无不妥、如果可行等

📋 任务实训

- 就一个给定的选题，从文书的交拟、议拟、撰拟到征询、修改、标印，进行全过程的模拟，可选择与生活贴近的通知、报告等文种。
- 收集一些企事业单位的废弃文书，找出其中的惯用语，分析哪些用得恰当，哪些用得不恰当，并总结使用的规则。

本 章 小 结

知识梳理

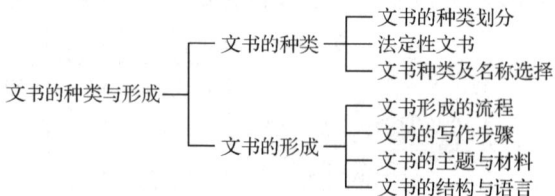

分析思考

1. 如何认识法定性文书行文方向的规定？
2. 文书形成过程中最重要的一步是什么？为什么？
3. 文书结构的安排应注意哪些问题？

目 标 检 测

一、名词解释

命令　议案　请示　交拟　主题　结构

二、填空题

1. 公告是一种公开向国内外宣告重要事项或_____的公文，它通常由_____、_____以及获得授权可以发布公告的机构使用。

2. 通报是国家单位、社会团体、企事业单位用于_____、_____、传达重要精神等情况下所使用的一种下行文种。

3. 材料是指为某一写作目的_____、_____及写入文章中的一系列事实或_____。

4. 文书语言即实用性文体语言，它是用于社会活动、具有_____、反映社会实践活动的_____的语言体系。

三、多选题

1. 按文书的来源，可将文书分为（　　）。

A．收来文书　　　　　B．对外文书　　　　C．自留文书　　　　D．内部文书

2. 命令可分为（　　）。

A．发布令　　　　　　B．行政令　　　　　C．嘉奖令　　　　　D．通缉令

3. 根据内容性质不同，可将请示分为（　　）。

A．求恕性请示　　　　B．求示性请示　　　C．求助性请示　　　D．求准性请示

4. 以下不属于函的特点的有（　　）。

A．灵活性　　　　　　B．时效性　　　　　C．平等性　　　　　D．针对性

5. 以下属于文书语言特点的有（　　）。

A．实用性　　　　　　B．平易性　　　　　C．文明性　　　　　D．程式性

四、问答题

1. 选择文书种类及名称的依据是什么？
2. 会议纪要具有哪些特点？
3. 议拟阶段应如何做好材料准备工作？
4. 文书修改的方法和步骤有哪些？
5. 文书的主题有哪些特定含义？
6. 文书材料选择的依据有哪些？

📖 **阅读材料**

公文语言应避免的错误倾向

在公文写作中，需要避免一些语言的错误倾向，主要有：

1. 口语化倾向

滥用方言。如把自行车写成"单车"，把骑车载人写成"骑车搭人"，把红灯亮时越线写成"冲红灯"，甚至把处罚凭单写成"牛肉干"，把做好了写成"搞掂"。

滥用口语。如下面病句："错误列支的，务必纠正。今年的要纠正，去年的也不要放过。今后不论超产奖还是什么乱七八糟的这个奖那个奖，统统都得在利润中支付。"

滥用俗语俚语。如有一份批复，文中肯定下级机关增设便民信箱举措时，竟借用这句电影台词："高，实在是高。"

滥用外来语。对一些已通用的外来语，如拖拉机、俱乐部、艾滋病等当然可以适当使用，而对未经规范化处理的外来语，如"的哥""阿蛇""密丝张"等内外夹生的词语，不宜使用。

滥用缩略语。对一些尚未约定俗成的缩略语，在公文写作中应慎用，避免发生歧义。如在一份函中写着商购"黄白芝麻"品种，这里是指黄色和白色的两种芝麻，还是指黄白相间的一种芝麻，只有发函者知道了。类似这样的缩略语或简称，原则上应先用全称或做补充说明；而在规范性公文写作中，一般不宜使用。

2. 感情化倾向

在上行文中滥用比喻，过分谦恭。例如，把上级的正确领导比喻为"阳光雨露"，把上级的有力支持比喻为"及时雨"等，这是文学作品的常见修辞方法，但出现在一份报告或请示中就是一种错位现象。运用拟人、比喻等修辞方法，必然趋向感情化，这样的修辞，就与公文的主旨、语境不相适应，也与公文语言的简朴平实风格不相符。

在下行文中滥用讽刺，变相训斥。例如，某上级单位认为下级单位申报开发项目贪大求全，本来应在批复中指出其条件不成熟等原因，因而暂不可行即可，但撰稿者在批复中写上"火鸡学孔雀，越学越走样""癞蛤蟆想吃天鹅肉"等字样，进行讥讽挖苦。这种错位语言，把公文写成杂文，失去了公文严肃庄重的特色。

在平行文中滥用夸张，开战对骂。如某宾馆的芳邻某小学在函告对方厨房排出油烟气味时，夸大其词："铺天盖地而来，形同谋杀。"而对方则针锋相对，以牙还牙，在复函中说："贵校尽污蔑之能事，无所不用其极。"又如某工厂因没有及时收到向某大学预订的教材，便给该大学发函查询，函中竟写上"我们怀疑这里有贪污、挪用的可能，或其他什么伎俩，一些所谓教育人民的人，打着名人专家的旗号，干着欺骗工人群众的勾当"。于是彼此唇枪舌剑，不可收拾。

在函中滥用敬语，近乎肉麻。函属平行文，行文时应不亢不卑、平等待人。但不少撰稿者为了尊重对方，以求办事顺当，常常滥用敬语、雅语，恭维逢迎。例如，"如同再生父母""大恩大德，没齿不忘，永将图报"之类词语，还有"如获恩准，可谓雪中送炭，我们如久旱逢甘露""将为我单位做出极其伟大的贡献"等。这些近乎庸俗肉麻的语言，与准确、简朴、庄重的公文语言格格不入。

3. 散文化倾向

滥用描写性语言，轻浮花哨。在公文写作中，有些人为追求形象生动而堆砌修饰词语，以致损害了公文语言的庄重性。如在一份公函中，就有"在这金光灿灿、步履辉辉的改革年代……鸟瞰三江情报……"这样的形容和渲染，只能给人以卖弄辞藻、华而不实的感觉。

滥用抒情性语言，不伦不类。如在一份表扬性通报中，撰稿者在对先进事迹做简要评析时，用抒情代替议论："他用自己的行动，谱写了一曲社会主义文明的赞歌，多么嘹亮，多么优美！"

"他就像一面鲜红的旗帜，那样鲜艳，那样夺目！"这些诗化的词句虽然感情洋溢，扣动人心，却破坏了公文简朴庄重的特色。

　　滥用复句，不会分条列举。例如，在一份通告中，顺列下面几个同类型结构的句子："无证驾驶机动车者予以罚款500元；酒后驾驶机动车者予以罚款500元；驾驶无牌证机动车者予以罚款500元。"这些多次重复的语言，貌似加重强调，实则啰唆拖沓，与明晰、简朴的公文语言相去甚远。

第三章 文书的体式与稿本

学习目标

知 识 点	能 力 点
● 文书文体的概念 ● 文书的格式要素 ● 文书稿本名称	● 理解文书文体特征 ● 识别文书的文稿 ● 区分文书的文本

第一节 文书文体

模拟情景

乔梅在中文系是属于"秀才"一类的学生，自从到集团公司办公室从事文书工作以后，她开始怀疑自己的写作能力。因为她起草的文稿经常被领导退回，在思考很长时间以后，她决定弄清楚问题到底出在哪儿？于是她拿出自己拟写的文稿给老文书老李看，老李看后不停地赞叹："好文采！"接着又不停地叹息："哎呀，可惜了！用错了地方！"乔梅看着、听着，迷茫地问："李老，你这到底什么意思？"老李说："你起草的文稿如果是文学作品，那肯定是好作品，但是你起草的是公文，公文有公文的文体特征，看来你要好好地学习文书文体的特征了。"

任务驱动

1. 乔梅应如何保证起草文件的质量？
2. 乔梅应掌握文书文体的哪些特征？

任务分解

➢ 了解文体的概念和种类
➢ 了解文书文体的概念

➢ 理解文书文体的特征

任务解析

（一）文体的概念和分类

1. 文体的概念

文体是指文章为适应多种需要而形成的体裁和样式。就是说，由于人们使用的需要，就有了不同类型的文章体式，也就有了文体的概念。正如鲁迅所言："凡有文章，倘或分类，都有类可归。"一般从功能用途的角度把文章分为四大类，即政论文体、科学文体、文艺文体、文书文体。文体不同，其格式要求、写作风格自然不同。

2. 文体的分类

我国古代公文名目繁多，各朝各代也不一样，在文体格式上没有一个固定的体式。现行文体，一般从功能用途的角度把文章分为四大类，每类文体在行文中、在表达方式上都有自己的一定特征。

① 政论文体，是以议论为主的文体，是因宣传鼓动的目的、对象、范围的需要而形成的，它具有理论性和概括性，主要运用逻辑思维来表达思想，力求用逻辑的力量去引导读者。

② 科学文体，在表达内容时必须按照词语的本来概念来运用词语，不加入个人主观理解，学术性强，专门术语多，多用说明性语言，具有抽象性与严密性，强调缜密和可信度。

③ 文艺文体，形象性强，运用抒情、叙述、描写的表达方式，强调以情动人，通过具体可感的艺术形象对人们进行潜移默化的教化，主要诉之于人们的情感。

④ 文书文体（公文文体），在表达领导的意图、传达政务信息、反映有关情况时，要求语言简明、平易、规范，又不失庄重、严肃，注重说服力和实用性。

相关链接

古代公文文体演变的主要方式

根据对公文文体发展史的考察，可以将文体演变的主要方式概括为生成、分化、合并、改造、替代、消亡几种。每一种又包含数量不等的变式。

1. 生成：古代公文文体的生成，有多种具体情形。

（1）公文处理程序中的动作转化为文体。例如，"诏书"在秦汉、三国、两晋、南北朝、隋、明朝都是最重要的君命文种之一，但在夏、商、周三代，"诏"不是文体，而是"召而与言"的动作。

（2）公文的载体特征用作文体名称，从而导致新文体的生成。例如，"策""方""牒""状""札""帖""牌""票""榜"等文体名称均来自其书写载体名称。

（3）由其他文体派生而来。例如，汉代出现的"铁券文"，事实上"诰"文种是因载体形式和用途独特性而派生的一种文体；唐代的"告身"文种，实际上是用来转述授官的诏书内容的"符"文种；明代的过路凭证文体"路引"，实际上是采用"批"文种来撰写准许通行的路证。

（4）由其他文体演变而来。例如，唐代官方规定的平行文"刺"在宋代由"咨"取代；明、清两代将奏区分为"奏本"和"题本"两种，至光绪时统一为"奏折"。

2. 分化：有些公文因对社会事务的适应能力强，使用时间久、范围广、频率高。在使用过程中，因特定用途或处理程序上的差异，派生出很多子文体，形成强大的文体族群。

（1）因特定用途分化：比如"诏书"，秦代起一直使用到清朝，在长达两千多年的使用过程中，派生出大量的新文体，按功能分，有"恩诏""求贤诏""罪己诏""遗诏""哀诏""传位诏""即位诏""亲政诏""维新诏""立宪诏"等。

（2）因处理方式和形式特征分化：还以"书"为例，有"密诏""亲诏""手诏""诏记""手记""诏版""诏黄""玺书""圣旨"等。

（4）因使用者品级不同分化：例如，"状"文体在汉代是一般的上行文，至唐宋时发生了变化。臣僚上给皇帝的为"奏状"，下级官府上给上级官府的为"状上"，百姓诉于官府的为"诉状"。

（5）两种功能相近的文体，分工渐趋明确，各自成为独立文体。例如，两汉到南北朝时期，"檄文"和"露布"因都有不加封检的特征，所以在三国时，"露布"被当作"檄文"的别称，成为一种文体。此后，两者分化，"檄文"用于讨伐，"露布"用于报捷。

3. 合并：有些文体因其用途相近，甚至交叉，在使用过程中有时会将几种文体合并为一种文体。例如，"表"和"章"在汉代是作用各异的两种文体，"表以陈情""章以谢恩"；但由于"表"作为上奏文体功能过于宽泛，与"奏""章"重叠，后被"奏"排挤出庶政领域，成为主要用作祝贺和谢恩的文种，同时也具有了"章"的所有功能，至唐代则彻底取代了"章"。

4. 改造、替代：任何一种新文体都不会凭空产生，除文体初创时期最古老的几种文体之外，多数文体是在原来旧有文体基础上演化而来的。先前的某些文体由于不能完全适应社会需要，因此，在此基础上做出调试以适应社会发展，如果这种调试的幅度比较小，文体特征、名称和功能还保留较多，我们称为"改造"；如果调试幅度比较大，文体功能和特征、甚至名称都发生变化，实际上变作了另一种文体，我们称为"替代"。例如，"令"是最古老的文体之一，一直沿用到现在。先秦时期，"令"由下行公文的统称演变为专门的下行文种，君、臣皆可使用。

5. 消亡：公文文体的消亡指该文体不能（或基本不能）适应处理事务的需要或者它所对应的事务因时代变迁而消失，它就失去了存在的价值而退出历史舞台。例如，"诏书""制书""奏折"等，以法规的形式予以废除。

（资料来源：丁晓昌《试论公文文体演变的基本模式和主要方式》）

（二）文书文体的概念

文书文体是指现行文书为适用于行政事务或公共事务管理需要而形成的体裁和样式。文书之所以要有一定的体式，主要是为了保证公文的完整性、正确性与有效性，提高办事效率并为公文处理工作提供方便。建国以来，党和国家曾对适用于行政事务的文书、公文体式做过多次规定和改革，目的就是摆脱旧的公文体式的影响，从而使公文成为党政机关实施领导与管理的有力工具；而对于适用于公共事务管理的文书体裁和样式相对变革较少。

文书文体主要包括文书的种类和文书的表达方式。文书的种类在前文已做说明，在此不再赘述；文书的表达方式，我国现行的机关文书文体采用的是白话文，是一种兼有议论文、说明文和记叙文三种文体表达方式和一般特点的应用文体。

建国以前，旧政权的文书采用文言或半文半白的语体。早年不使用标点，尤其是上行文不能使用标点符号，阅读不便。到 1933 年国民党政府行政院颁布了《公文采用简单标点办法》。抗日战争时期，中国共产党领导的边区政府实行了公文改革，明文规定公文废除文言文、韵文体裁，改用白话文，要求公文的文字通俗易懂、简洁清晰，并加上新式标点，以便于阅读。

（三）理解文书文体的特征

文书文体具有一般应用文的基本属性，同时又具有不同于一般应用文的特殊属性。掌握文书文体特征的基本步骤如下所示。

步 骤

步骤一　了解应用文体的基本属性

应用文区别于其他文体的属性主要有以下几点。

① 直接性。文书为国家机关、企事业单位、人民团体等在公务活动中所广泛使用。文书是因工作需要而写，针对某项工作或为解决某个具体问题而制发的，其发送范围也限定于与文件内容有关的单位，且大多直接针对某个特定的机关单位。

② 真实性。文书在写作中，要求全面、客观、准确地反映对象的本质，用词应做到恰当、准确，不允许虚构、夸张。

③ 结构格式的规范性。在写作中，文书一般有规范的格式，以便准确、快速地为读者所接受。

步骤二　认识文书文体的特殊属性

文书文体区别于应用文一般属性的特殊属性有以下两点。

① 采用白话文作为必须使用的符号系统。白话文与晦涩难懂的文言文相比较，具有表意直接、通俗易懂、语意确切的优点。加之使用标点符号，在行文中更便于表达发文的意图，易于受文者准确理解。

② 兼有议论文、说明文和记叙文三种表达方式为主的应用文体，且与一般应用文体表达侧重方式不同。任何文体都需要借助于一定的表达方式来行文，现行机关文书的特殊功用决定了其正文在表述时必须做到既有对客观情况的概括叙述，又有对客观事物性质、状态、特征等的介绍和说明，同时还需要在此基础上进行科学的分析和评论以表明作者的观点和态度。这就决定了机关文书常运用议论、说明、叙述这三种表达方式来表述观点、说明情况、介绍事实，但与议论文、说明文和记叙文不同的是，三种表达方式在行文中不需做过多的阐释。一般公文在讲道理、说明观点、分析情况、得出结论时，需要进行适当议论，起到"点睛"作用，与一般文章中的专门议论不同。公文中的说明往往采用概括说明的方式，不需要对不必要的细节进行过多的说明。公文在反映情况，介绍事件的发生始末、某人某单位的事迹等时，也需要叙述有关情况，但仅是为了说明一定的问题，而不在于叙述的事实，说明和叙述起到介绍作用即可。文书中常用议论、说明、叙述这三种表达方式，在不同文种的使用中，其侧重各不相同。有些以说明为主，有些以议论为主，有些是叙述、说明、议论兼而有之。如命令、批复、议案类的多以说明为主，决定、指示、通知类的多以议论、说明为主，通报、报告、请示等则多是叙述、说明、议论兼而有之。

相关链接

公文语体中积极修辞的运用

修辞对公文写作的影响是实际存在的，而且在古代和近现代的修辞中还大量存在着积极修辞的运用。但是由于公文的特殊性，积极修辞中的修辞格的使用在古代和近现代公文语体中发挥着重要的作用。以魏晋时期李密的《陈情表》为例，《陈情表》中的积极修辞多达 12 种，正是这种积极修辞的使用使得该文文辞恳切，能够以情意取胜并且具有说服力。频繁使用修辞格的公文语体风格一直延续到了近现代，孙中山先生的《上李鸿章书》一文就用了 96 次对偶，行文整饬自不待言，更重要的是由此成就的文采将一位年轻人深深的爱国忧民之心展现得淋漓尽致。然而，随着时代的变迁，社会的发展，当代公文中修辞格的运用却鲜有出现，即便使用修辞格也仅限于排比、节缩等几种。其中，节缩是当代公文中使用最多的修辞格，如在党政公文中常常用到的"三个代表""八荣八耻""中国梦"等短语既简洁又不影响意义的理解。所以当代公文的写作都是遵循既有的模式，发布信息、罗列条例等，这凸显了当代公文的工具性作用。

（资料来源：袁琦《公文语体修辞探析》）

任务实训

- 收集多种现行机关文书材料，仔细阅读，分析现行机关文书的文体特征，并模仿写作一种文书。
- 以分组形式，翻阅古代公文，了解古代公文的文体变化，体会文体的发展演变。

第二节　文书格式

模拟情景

下面这则公文是集团公司的一个分公司拟写的请示，乔梅收文后认为，这份公文不符合要求，必须退回去重新拟写，并提出了拟修改意见。

关于购买佳能 NP-2 型复印机和 AST586 型微机的请示

集团公司财务部：

近年来，我公司公文印制、翻印数量激增，但办公室文印室的印刷设备和打字员人数过少，已经不能适应当前工作需要。为保证公司办公室公文处理工作的正常进行，决定购买佳能 NP-2 型复印机和 AST586 型微机（含配套装置）各一台（套），共计三万二千元。可否，请予批准。

××分公司

××年 1 月 20 日

任务驱动

1. 乔梅会提出什么样的修改意见？
2. 乔梅应掌握的文书格式包括哪些？

任务分解

➢ 了解文书格式的含义
➢ 了解公文格式标准化的意义
➢ 掌握公文文面格式要素
➢ 了解公文的排版规格和印制装订要求
➢ 了解公文的特定格式

任务解析

（一）文书格式的含义

文书格式，简言之就是文书的表现形式。文书格式包括文书的文面格式与文书的内容格式。文书的文面格式相对于文书的内容格式而言，既由文书内容所决定，又服务于文书内容的需要。文书格式既包括组成文书各部分文字符号的排列和标识规则，也包括文书的用纸要求和印制规范。

公文格式的特点是具有较强的规范性，规范性的公文格式不仅增加公文的美学效果，而且方便对公文进行传阅与处理，提高工作效率。通常我们将《党政机关公文格式》（GB/T 9704—2012）作为公文标准格式的范本。

（二）公文格式标准化的意义

1. 公文格式标准化是由公文的性质决定的

行政公文由法定的作者制成和发布，代表法定机关发言，在现实执行中具有法定权威性，由此也产生法定效力，这是行政公文区别于其他文字材料的最根本的特征。行政公文之所以具有法定效力，是因为公文的制发机关是依照国家法律成立并被授予相应行政职权的机关，其基本职权之一就是制发国家机关公文。因此，行政机关制发的公文具有法定效力。当然法定效力必须在各自的职权范围内发挥，不能失职也不能越权。行政机关公文的法定效力具有强制性，如果没有强制性，法定效力就是一句空话。行政机关公文具有法定效力这一性质，决定了它的表现形式——公文格式必须实现规范化，以维护和保证公文法定效力的发挥。

2. 公文格式标准化是公文处理所需要的

中共中央办公厅、国务院办公厅印发的《党政机关公文处理工作条例》（以下简称《条例》）要求，公文处理要实现制度化、科学化、规范化。公文格式的标准化是实现这"三化"的重要形式保证。可以说，公文格式的每一项内容，都有其存在的必要性，都是为保证公文处理而设立的。公文处理的规范化要求公文格式的标准化与之相适应，公文格式的标准化又保证公文处理的规范化。

行政机关的公文之所以要有规范化的格式，主要是为了保证公文的完整性、准确性和有效性，提高办事效率，给公文处理工作提供便利。

（三）公文文面格式要素

现行党政机关公文格式，是指公文的版面格式，即公文全部文面组成要素的排列顺序和标注规则。依据《党政机关公文格式》（GB/T 9704—2012）（以下简称《格式》），将构成公文版心内的各要素划分为版头、主体、版记三部分。公文首页红色分隔线以上的部分称为版头；公文首页红色分隔线（不含）以下、公文末页首条分隔线（不含）以上的部分称为主体；公文末页首条分隔线以下、末条分隔线以上的部分称为版记。页码位于版心以外。

1. 版头

版头的特点是位置相对固定。版头一般由公文份数序号、密级和保密期限、紧急程度、发文机关标志、发文字号、签发人等部分组成。

（1）公文份数序号

公文份数序号是将同一文稿印制若干份时每份公文的顺序编号。公文如需标注公文份数序号，用阿拉伯数字顶格标注在版心左上角第一行。并不是所有的公文都需要编制份数序号，《格式》规定，涉密公文应当标注份数序号。如果发文机关认为有必要，也可对不带密级的公文编制份数序号，如国务院文件都编有份数序号。编制公文份数序号用 6 位阿拉伯数字。

（2）秘密等级和保密期限

秘密等级是标注公文保密程度的一种标志。根据《格式》的规定，涉及国家秘密的公文应当按照国家秘密及其密级范围的规定分别标明"绝密"、"机密"和"秘密"。"绝密"是最重要的国家秘密，泄露会使国家的安全和利益遭受特别严重的损害；"机密"是重要的国家秘密，泄露会使国家的安全和利益遭受严重的损害；"秘密"是一般的国家秘密，泄露会使国家的安全和利益遭受损害。在财经公务文书中应按照上述要求在公文中标注公文的秘密等级。

保密期限是对公文密级的时效加以规定的说明。

标注秘密等级，用 3 号黑体字，标注在公文版心左侧第二行，位于份号下方；标注保密期限，两字之间空 1 字；如需同时标注秘密等级和保密期限，秘密等级和保密期限之间用"★"隔开。

相关链接

文件保密期限规定

根据国家保密局 1990 年 9 月颁布，1991 年 1 月 1 日起实施的《国家秘密保密期限的规定》第二条规定："确定国家秘密事项的密级时，应当同时确定保密期限。"第三条规定："国家秘密的保密期限，除特殊规定外，绝密事项不超过三十年，机密事项不超过二十年，秘密事项不超过十年。"

文件保密期限的标注是一项很严肃的工作，必须认真负责，不可随意提高或降低密级。有密级的文件应当由机要秘书、机要室专门负责，其传递也由机要通信部门或指定的专人传递。公文应当在信封上标明秘密等级，绝密公文应当在封口加盖密封章或密封签。

（3）紧急程度

紧急程度是对公文送达和办理时间的要求。根据《格式》规定，紧急公文应当分别标明"特急""加急"。电报的紧急程度分为"特提""特急""加急""平级"四种。

公文如需标注紧急程度，用 3 号黑体字，标注在版心左第三行，两字之间空 1 字；如不需标注份号、秘密等级时，紧急程度顶格标注在版心左上角第一行。文件紧急程度的标明，一般应由公文签发人确定。

（4）发文机关标志

发文机关标志由发文机关全称或规范化简称后加"文件（或文种名称）"组成；函只标志发文机关全称或规范化简称，不加"文件（或文种名称）"字样；命令（令）、会议纪要除标志发文机关全称或规范化简称外，还应加上文种名称。

下行文、上行文的发文机关标志上边缘至版心上边缘距离一般为35mm；命令（令）的发文机关标志上边缘至版心上边缘距离一般为20mm；函的发文机关标志上边缘距纸张的上边距为30mm。

发文机关标志原则上应使用小标宋体字，一般用红色标志。电报的发文规定用黑色标志，字号以醒目美观为原则酌定，但应小于15mm×22mm。

联合行文时应使主办机关名称在前；同级别机关，一般按党、政、军、群的顺序排列。"文件"二字置于发文机关名称右侧，左右居中排放；如联合行文机关过多，必须保证公文首页显示正文，避免出现"背题"现象。如发文机关过多，可将发文机关字号缩小，行距缩小，直至保证公文首页显示正文。

（5）发文字号

文件拟写发文字号的作用主要是便于文件的管理，以及方便文件的查找和引用。发文字号由发文机关代字、年份和序号组成，一般用3号仿宋体字，标注在发文机关标志下空二行的位置，居中排列。命令（令）的文号标注在命令（令）标志下边缘空二行居中的位置；函的发文字号位于武文线下一行右侧，不空字；电报的发文字号放置于电报上、下黑色反线之间右侧。联合行文，只标明主办机关发文字号。

发文字号的年份、序号用阿拉伯数字标注。年份应标全称，用六角括号；序号不用虚位，也不用"第"字样。

机关代字应当反映发文机关或部门的性质。同一机关、部门的同一类公文的代字应当统一，不可有多种写法。

相关链接

000001

机密★一年

特　急

×××　文件

×发（20××）12 号

关于×××工作的通知

各省、自治区、直辖市人民政府：

　　×××

××××××。

下行文首页格式

注：版心实线框仅为示意，在印刷公文时并不印出。

（6）签发人

上报的公文需标注签发人姓名，发文字号居左空 1 字，签发人姓名居右空 1 字。"签发人"用 3 号仿宋体字，"签发人"后标全角冒号，冒号后用 3 号楷体字标注签发人姓名。

如两个单位联合行文，还需标注会签人姓名。签发人姓名平行排列于发文字号右侧，名字之间空 1 字位置；如两个以上单位联合行文，标注会签人姓名时，每行排列两个签发人姓名，把红色反线向下移动，使发文字号与最后一个会签人姓名平行并使红色反线与发文字号与签发人姓名的距离为 4mm。其标注方法同签发人。

（7）分割线

发文字号下 4mm 处居中印一条与版心等宽的红色分隔线。

相关链接

000001	
机密★一年	
特　急	
	×××　文件
××（20××）12 号	签发人：×××　×××
	关于××工作的请示
各省、自治区、直辖市人民政府：	
××××××××××××××××××××××××××××××××	
×××××××××××××××××××××××××。	

上行文首页格式

注：版心实线框仅为示意，在印刷公文时并不印出。

2. 主体

主体部分一般由标题、主送机关、正文、附件说明、发文机关署名、成文日期、印章、附注、附件等要素组成。

（1）标题

公文标题是对公文中心内容的高度概括与提炼，一般由发文机关、事由、文种三个部分组成，通常称之为公文标题的三要素。例如，《国务院关于进一步做好退耕还林还草试点工作的若干意见》，其中"国务院"是发文机关，"进一步做好退耕还林还草试点工作"是事由，"意见"是文种。

在撰写标题时，发文机关的名称要写全称或规范化的简称，虽然文件首页具有制发机关的标志（文头），标题中也不可以省略发文机关；事由是标题的主题部分，应该准确、简要地概括出公文的内容，但在文件内容单一，正文部分文字较少时，为使人一目了然，标题中的"事由"部分可以省略，以求庄重简练，如《中华人民共和国主席令》；文种是公文文体的名称，用以概括揭示公文的性质和制发的目的。在任何情况下，文种都不能省略。正确使用文种，有利于及时、准确地处理文件。

公文标题在公文首页分隔线之下空二行，居中排列，可分一行或多行书写。发文事由多以"关于……"这样的介词结构形式出现，用助词"的"与文种连接。公文标题中除法规、规章名称加书名号外，一般不用标点符号，如《国务院办公厅关于发布〈××××处理办法〉的通知》。

（2）主送机关

主送机关是公文收受、承办的机关。主送机关应当使用全称、规范化的简称或同类型机关的统称。上行文的主送机关只能有一个，不要多头主送，以防责任不明，互相推诿，延误对问题的及时处理；下行文的多个主送机关按主次顺序排列。同一性质、同一系列的机关、单位排列在一起，不同机关单位名称用顿号隔开；不同性质、不同系列的机关、单位名称用逗号隔开，例如，"各省、自治区、直辖市人民政府，国务院各部委、各直属机构"。

主送机关的位置，应在正文之上，公文标题下空一行，无论一行或多行，均靠左顶格书写。回行时仍应顶格书写。如主送机关名称过多导致公文首页不能显示正文时，应当将主送机关名称移至版记，位于抄送单位上行，不要加分隔线。

（3）正文

正文是文件的主体部分，用来表述公文的具体内容，体现发文机关的意图，是公文的核心。正文部分一级标题用 3 号黑体字，二级标题用 3 号楷体字，其余用 3 号仿宋体字。正文结构包括开头、主体、结尾三部分。

① 开头，在公文正文的开头处写明发文的原因、目的、依据，要求开门见山，用明确精练的语句点明公文的主题思想。

② 主体，是公文最主要的部分。行文时要阐明公文的主要事项，具体内容因文而异。主体是公文的核心，要求做到内容准确、主题突出、结构严谨、层次清楚。

③ 结尾，要根据公文的内容和行文关系，总结全文、提出希望或要求。结尾的语言要凝练，能够深刻、准确地体现出发文机关的思想和工作意图。

正文的写作要求是：

第一，正文的内容要符合党的路线、方针、政策和有关规定，符合国家的法律、法规。提出新的政策规定要注意保持连续性，提法要同已公布的文件相衔接。

第二，正文反映的情况、问题、数据等必须真实可靠，提出的措施和办法必须切合工作实际，切实可行。

第三，内容涉及的有关部门要经过协调、会商，取得一致意见。

第四，在文字表达上要概念准确、观点鲜明、条理清楚、层次分明、篇幅简短、实事求是，合乎语法规范，正确使用标点符号。

第五，用数字表示多层次结构序数，第一层用"一、"，第二层用"（一）"，第三层用"1."，第四层用"（1）"。

（4）附件说明

附件说明是对附属于文件的其他文件或材料的说明。如有附件，应在正文之后，下空一行，左空两格的位置标注"附件"，说明所附材料的名称及份数。如有多个附件，使用阿拉伯数字标注附件顺序号，如"附件：1. ××××"。附件名称后不加标点符号。附件名称较长需回行时，应当与上一行附件名称的首字对齐。

（5）发文机关署名

《格式》规定，公文应当署发文机关全称或者规范化简称。

（6）成文日期

成文日期是公文生效的日期。成文日期以领导人签发的日期为准；联合行文的，以最后签发的机关领导人签发的日期为准；会议讨论通过的，以讨论通过的日期为准；法规性文件以批准日期为准，法规性文件的发布日期与施行日期不一致时，应在正文中同时注明施行日期。

成文日期写在发文机关名称的下方。用阿拉伯数字书写并标全年、月、日，不得省略或简写。

（7）印章

加盖印章是公文生效的标志。公文除会议纪要、电报、翻印件外，均应加盖印章。印章压盖在成文时间上。

① 加盖印章的公文。成文日期一般右空四字编排，印章用红色，不得出现空白印章。单一机关行文时，一般在成文日期之上、居中编排发文机关署名，印章端正、居中下压发文机关署名和成文日期，使发文机关署名和成文日期居印章中心偏下位置，印章顶端应当上距正文（或附件说明）一行之内。联合行文时，一般将各发文机关署名按照发文机关顺序整齐排列在相应位置，并将印章一一对应、端正、居中下压发文机关署名，最后一个印章端正、居中下压发文机关署名和成文日期，印章之间排列整齐、互不相交或相切，每排印章两端不得超出版心，首排印章顶端应当上距正文（或附件说明）一行之内。

② 不加盖印章的公文。单一机关行文时，在正文（或附件说明）下空一行右空二字编排发文机关署名，在发文机关署名下一行编排成文日期，首字比发文机关署名首字右移二字，如成文日期长于发文机关署名，应当使成文日期右空二字编排，并相应增加发文机关署名右空字数。联合行文时，应当先编排主办机关署名，其余发文机关署名依次向下编排。

③ 加盖签发人签名章的公文。单一机关制发的公文加盖签发人签名章时，在正文（或附件说明）下空二行右空四字加盖签发人签名章，签名章左空二字标注签发人职务，以签名章为准上下居中排布。在签发人签名章下空一行右空四字编排成文日期。联合行文时，应当先编排主办机关签发人职务、签名章，其余机关签发人职务、签名章依次向下编排，与主办机关签发人职务、签名章上下对齐；每行只编排一个机关的签发人职务、签名章；签发人职务应当标注全称；签名章一般用红色。

（8）附注

附注一般是对公文的发放范围、使用时应注意的事项等情况的说明。附注应当加圆括号标注，标注在成文时间下一行左空两字的位置。机关的"请示""报告"应当在附注处注明联系人的姓名和联系方式。

（9）附件

附件应当另面编排，并在版记之前，与公文正文一起装订。"附件"二字及附件顺序号用3号黑体字顶格编排在版心左上角第一行。附件标题居中编排在版心第三行。附件顺序号和附件标题应当与附件说明的表述一致。附件格式要求同正文。

如附件与正文不能一起装订，应当在附件左上角第一行顶格编排公文的发文字号并在其后标注"附件"二字及附件顺序号。

3. 版记

版记即文尾部分，通常由抄送机关名称、印发机关名称和印发时间等项目构成。版记中的各要素之间用黑色分隔线分开，分隔线与版心等宽，首条分隔线和末条分隔线用粗线（推荐高度为 0.35mm），中间的分隔线用细线（推荐高度为 0.25mm）。首条分隔线位于版记中第一个要素之上，末条分隔线与公文最后一面的版心下边缘重合。版记项目要素用 4 号仿宋体字。

（1）抄送机关

抄送机关是指除主送机关外需要执行或知晓的其他机关。

相关链接

抄送机关名称格式及确定公文抄送机关的原则

抄送机关名称应当使用全称或规范化的简称、统称。左空一字，用 4 号仿宋体字标注"抄送"，抄送机关名称间用顿号隔开，回行时与冒号后的抄送机关名称对齐；在最后一个抄送机关名称后标句号。上下用与图文区等长的分隔线标注。

抄送机关不要过多、过滥。确定抄送机关要掌握以下几条原则。

第一，抄送要限于同文件内容有关、需要对方知道或协助办理的机关，既不能滥报、滥收，也不能漏报、漏收。

第二，向上级机关的请示，不可同时抄发下级机关；向上级机关的报告，一般也不要抄发下级机关。

第三，向下级机关的重要行文，可以抄送直接上级机关；翻印或原文转发上级机关的文件，不要再报上级机关。

第四，在一般情况下，下级机关不得越级行文请示、报告，也不得越级抄送文件。因特殊情况必须越级行文时，应当抄送被越过的上级机关。

第五，受双重领导的单位的请示、报告，应根据文件的内容确定主送机关和抄送机关。上级机关向受双重领导的单位行文，应视文件内容来确定是否送收文单位的另一个上级机关。

（2）印发机关和印发时间

印发机关是指负责把公文文稿印成正式公文的机关。印发日期是指公文文稿送往印刷的时间。印发机关名称和印发时间位于抄送机关名称之下，占一行位置，印发机关名称左空一字，印发时间右空一字。印发时间以公文付印的日期为准，用阿拉伯数字标注，然后在下方画一条与图文区等长的分隔线作底线。

相关链接

```
┌─────────────────────────────────────────────────────────┐
│  ××××××××××××××××××××××××××××××××××××××××××。           │
│                                                          │
│  附件：1. ×××××××                                        │
│        2. ×××××××                                        │
│                                                          │
│                              ××××××                      │
│                           20××年 1 月 1 日              │
│                                                          │
│  （×××××××）                                            │
├─────────────────────────────────────────────────────────┤
│  抄送：××××，××××，××××。                              │
├─────────────────────────────────────────────────────────┤
│  ×××××××           20××年×月×日印发                    │
└─────────────────────────────────────────────────────────┘
```

公文末页格式

注：版心实线框仅为示意，在印刷公文时并不印出。

4．页码

一般用 4 号半角宋体阿拉伯数字，编排在公文版心下边缘之下，数字左右各放一条一字线。一字线上距版心下边缘 7mm。单页码居右空一字，双页码居左空一字。公文的版记页前有空白页的，空白页和版记页均不编排页码。公文的附件与正文一起装订时，页码应当连续编排。

（四）公文的排版规格和印制装订要求

1．排版规格

正文用 3 号仿宋体字，一般每面排 22 行，每行 28 个字。

2．制版要求

版面干净无底灰，字迹清楚无断画，尺寸标准，版心不斜，误差不超过 1mm。

3．印制要求

双面印刷，页码无误，两面误差不得超过 2mm。黑色油墨应达到色谱所标 BL100%，红色油墨应达到色谱所标 Y80%，M80%。印品着墨实、均匀；字面不花、不白、无断画。

4．装订要求

公文应左侧装订，不掉页。包本公文的封面与书芯不脱落，后背平整、不空。两页页码之间误差不超过 4mm。

5．用纸要求

A4 型公文用纸，幅面尺寸为 210mm×297mm。

（五）公文的特定格式

1．信函式格式

发文机关名称上边缘距上页边的距离为 30mm，推荐用小标宋体字，字号一般由发文机关酌定。发文机关名称下 4mm 处为一条武文线（上粗下细），距下页边 20mm 处为一条文武线（上细下粗），两条线长均为 170mm。发文机关名称及武文线、文武线均印红色。信函首页不显示页码。发文字号位于武文线下一行版心右边缘。如需要标识秘密等级或紧急程度，可位于武文线下一行版心左边缘。

相关链接

×	×	×	×	×	×	×	×

机　密　　　　　　　　　　　　　　　　　　　　××函〔20××〕12号
特　急

关于××工作的函

××市人民政府：×××
×××××××××。

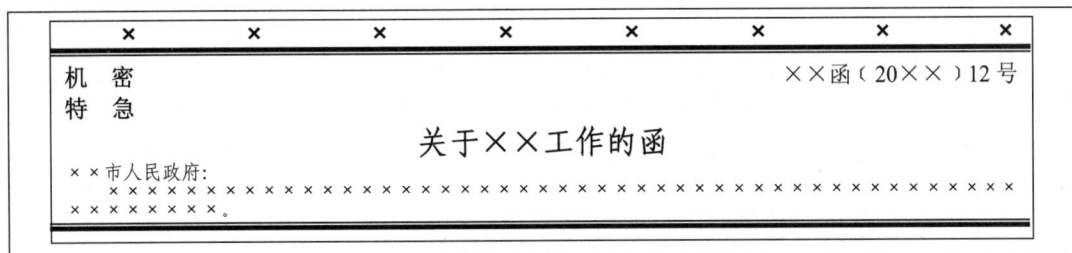

函的首页格式

注：版心实线框仅为示意，在印刷公文时并不印出。

2. 命令格式

命令标识由发文机关名称加"命令"或"令"组成，其标识位置是"发文机关标识上边缘至版心上边缘 20mm"。用红色标宋体字，字号由发文机关酌定。联合发布的"命令"或"令"的签发人职务应标识全称。在签发人签名章下一行右空两字标识成文时间。分送机关标识方法同抄送机关。

相关链接

××× 命（令）
第×号

各省、自治区、直辖市人民政府：
　　×××
×××××××××××××。

中华人民共和国主席：　×××
20××年1月1日

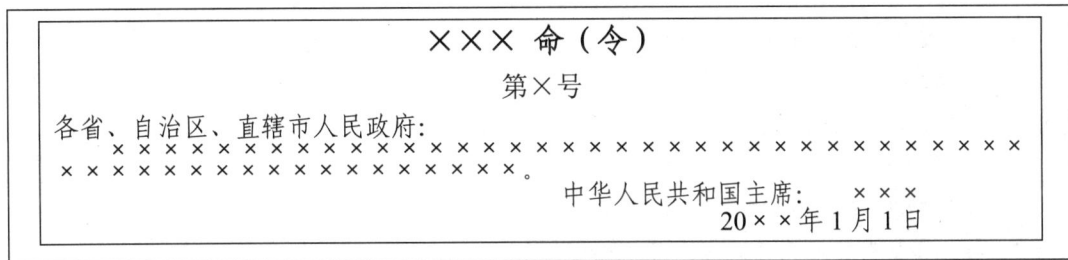

命令首页格式

注：版心实线框仅为示意，在印刷公文时并不印出。

3. 会议纪要格式

会议纪要标识由"××××会议纪要"组成。其标识位置是"发文机关标识上边缘至版心上边缘 25mm"。用红色小标宋体字，字号由发文机关酌定。会议纪要不需要盖印章。

相关链接

×××　会议纪要
第×期

×××××编制　　　　　　　　　　　　　　　　　×× 年 × 月 × 日印

关于×××会议的纪要

××。

　　　　　　　　　　　　　　　　　　　　　　　　　××××××××
　　　　　　　　　　　　　　　　　　　　　　　　　20××年1月1日

简报式会议纪要首页格式

注：版心实线框仅为示意，在印刷公文时并不印出。

任务实训

● 指出下面公文格式要素是否规范，并修改

1. 指出下面公文发文字号的正误，错误处给予改正

（1）京发（2020）45 号

（2）（2019）××大学字第 6 号

（3）（19）年×市×字 23 号

（4）×政字[2020]026 号

（5）×教字〔2019〕第 8 号

（6）×办发〔2019〕第 07 号

（7）×局发[2020]82 号

（8）×政发[二〇二〇]26 号

2. 指出下面公文标题的正误，错误处给予改正

（1）××市物价局关于印发物价管理暂行条例的通知

（2）××县人民政府通告

（3）××县食品厂关于添购冷冻机的请示报告

（4）××厅关于设立基建处的请示报告

（5）××县税务局关于××厂减免工商税的函

3. 指出下面公文版记要素的正误，错误处给予改正

（1）公文抄送单位在标注时没有格式要求。

（2）公文的印制时间就是公文的落款时间，应用大写的阿拉伯数字。

（3）公文版记可以有主送机关名称。

● 根据以下材料，完成公文的拟写，并将其制作成文件

××市××报社在修建大楼时，在未经规划部门批准的情况下，擅自扩大大楼建设项目的建设规模，增建两层办公用房共计 2 150 平方米。××建筑公司为其进行施工，事情发生时间

为 2020 年 8 月。为此，××市人民政府对这种违反建设程序规定的做法做出如下处理：一、对××报社通报批评。二、对擅自扩大增建两层办公用房予以没收。市政府告诫各主管部门对在建项目加强检查，发现问题坚决制止，并申明今后对此类问题要追究有关人员的直接责任。

以小组为单位对写作任务进行分析、撰写，然后由老师对任务的完成情况进行评讲。

第三节 文书稿本

模拟情景

乔梅到集团公司工作以来，老李在文书业务工作上给予乔梅很多帮助，乔梅很是感激。有次在对一份文稿校对过程中，老李对乔梅说："乔梅，你把这份文稿的原稿拿来，我比对一下！"乔梅没有弄明白什么样的稿本是原稿，很是惭愧。

任务驱动

1. 乔梅应如何满足其他部门查询文书稿本的合理要求？
2. 乔梅应该掌握的文书稿本信息有哪些？

任务分解

➢ 了解文书稿本的含义
➢ 识别文书的文稿
➢ 区分文书的文本

任务解析

（一）文书稿本的含义

文书的稿本是指同一内容和形式文件，根据其在撰写、审核、印制过程中的作用和使用的不同需要，形成的文稿和文本。

长期以来，人们对文书各种稿本的叫法多种多样，理解也大相径庭。同一稿本，叫法不同；也有同一叫法，所指的稿本却不相同。

对文书的各种稿本的不同称谓总的可以分为两大类：一类是从稿本的性质作用上去区别，如草稿、定稿、正本、副本等；另一类是从稿本的制作方式上去区别，如手稿、抄本、复写本、打印本、复印本、影印本等。前一类主要揭示稿本的性质、用途，所以要严格分清；后一类主要揭示稿本在形式、制作及材料上的不同特点和外形特征，区分的目的主要是便于做好文书档案的保管工作。这里主要介绍第一类稿本。

（二）识别文书的文稿

文稿是指文书在撰写过程中形成的不同形式的文字稿的统称。在文书形成过程中，有多种文稿产生，它们在内容、外观形式，特别是在效用方面有很大不同。一般来说，文稿分为两种：一是草稿，二是定稿。

步骤一　辨认草稿

（1）外形特征

草稿是指内容和文字都还未成熟的文书原始稿件。草稿的种类有讨论稿、征求意见稿、修改稿、送审稿。草稿的外观特点是没有生效标志（签发、用印等），文面上常见"讨论稿""征求意见稿""送审稿""草案""初稿""二稿""三稿"等稿本标记，标记大都位于标题下方或右侧加括号。

（2）作用

草稿主要供发文机关内部在撰拟公文的过程中，讨论修改和送审使用。草稿是供讨论、征求意见、修改审核、审批用的原始的非正式文稿，内容未正式确定。

（3）效用

不具备正式公文的效用。

（4）归档与否

一般不需要归档保存。特别重要文件的草稿要归档保存。

步骤二　辨别定稿

（1）外形特征

定稿是指公文的草稿经过修改并由领导人审阅签发或者会议讨论正式通过的最后完成的定型文稿。

（2）内容特征

定稿是内容已确定，已履行法定生效程序的最后完成稿，具备正式公文的效用，是制作公文正本的标准依据。定稿一经确立，如不经法定责任者（如签发人、讨论通过该公文的会议等）的认可，任何人不得再对其进行修改，否则无效。

（3）效用

只有定稿才能形成正式文件，是机关制发文件的唯一可靠标准，是制作正本的唯一依据。

（4）归档与否

凡需保存的公文，其定稿也应予以保存。

（三）区分文书的文本

文书的文本是指根据定稿印制的文件。同一文件根据它们的不同用途，可以分为正本、副本、存本及不同文字文本等。

步　骤

步骤一　　确认正本

（1）外形特征

正本是根据定稿印制的用于向外发出的正式文本，是依据定稿制作的供发给主送机关使用的、具有法定效用的正式文体。正本的外形特征是格式正规并有印章或签署等表明真实性、权威性、有效性的标志，在一些特殊公文上还标有"正本"字样的标记。

（2）内容特征

正本的内容必须是对定稿的完整再现，而且具有实际效力，具有行政或法律的作用。

（3）效用

具备正式文件的效用。

（4）归档与否

属于归档范围的，收文机关将其归档保存。

在实际工作中，根据内容的成熟程度和时间因素，正本可以分为试行本、暂行本和修订本。

试行本主要用于法规性文件，是法规性文件的一种特殊形式。试行本是规范性公文正本的一种特殊形式，即试验推行本，在规定的试验推行期间具有正式公文的法定效用。试行本主要适用于发文机关认为公文内容待一段时间的实践、检验后可能将予以修订的情况下使用的文本。试行本的外形特征主要是在公文标题中加注稿本标记，一般是在文种后用括号注明"试行"字样。

暂行本主要用于法规性文件。在制发机关认为一时还来不及制定详细周密的规定时，执行一个暂行的文件。在暂行期间具有同等的法定效用。暂行本也是规范性公文正本的一种特殊形式，即暂时推行本，在规定的暂行期间具有正式公文的法定效用。暂行本常用于公文中的有关内容可能存在不够详细和不周密等缺欠，在不长的一段时间之后可能将予以修订的情况。暂行本的外形特征是在公文标题的文种前加注"暂行"字样，如《行政法规制定程序暂行条例》。

修订本是指已经发布生效的文件，在实行一段时间以后，进行进一步修订后再行发布使用的文本。它是规范性公文正本的另外一种特殊形式，修订本具有法定效用，是已发布生效的公文，经实践检验重新予以修正补充后再发布的文本。自修订本生效之日起，原文本即行废止。修订本的外形特征除与其他正本相同之外，需要做出稿本标记，可在标题结尾处标为"（修订本）"，也可在标题下做题注，在圆括号内注明"某年某月修订"。

步骤二　　辨别副本

（1）外形特征

副本是指再现公文正本内容及全部或部分外形特征的公文复制本或正本的复份。发送给抄送机关的文件或复制的文件刊登于报刊的，都可以视为副本。

（2）内容特征

副本供存查、知照用。在实际工作中副本可以代替正本供传阅、参考、备查使用。作为正本复份（与正本同时印刷）的副本与正本在外形上基本没有区别，只在送达对象和使用目的上与正本有所不同，正本送达主送机关，供对方直接办理，副本送抄送机关供其了解内容或由本机关留存备查、归档等。

（3）效用

作为复制件的公文副本（如抄本、复印本等）因不能再现公文的全部特征（如印章或签署者的亲笔签名等），公文的真实性无切实保障，只能供参考、备查。此类副本常需加注"副本"字样的标记。

（4）归档与否

对于属于归档范围的修订本，收文机关将其归档保存。

步骤三　　辨认存本

（1）外形特征

存本指的是发文机关印制一份文件的正本后留在本机关的除草稿、定稿以外的印制本。存本是根据正本印刷甚至是与正本同时印刷出来的，除印章和签署外，具有正本所有的文件格式和附加标记。

（2）内容特征

存本由正本转化而来。存本用作与定稿相对照和检查文件发出后是否达到了预期的目的。

（3）效用

供发文机关留存备查、立卷归档。当文件内容出现疑问时可以将存本与定稿核对，以分清责任。

（4）归档与否

存本需与定稿一并存档。

步骤四　　识别不同文字文本

（1）外形特征

不同文字文本是指同一份文件，在形成的过程中，根据需要有时会有两种或两种以上文字的文件。同一公文在形成过程中需要用两种或两种以上文字撰写和制作时，会形成不同文字的文稿或文本。

（2）作用

满足利用者的需要。

（3）效用

在我国，以汉字和其他兄弟民族文字撰制的同一公文的不同文字的文稿，文本的效力完全等同。在涉外场合，公文中应对不同国家和民族使用何种文字撰制，以及它们是否具有同等效力做出明确的规定，并应指明在理解上产生纠纷时以何种文字的文本为准。

（4）归档与否

属于归档范围的，收文机关将不同文字的文本归档保存。

任务实训

- 收集同一文件撰写、审核、印制过程中的不同文稿与文本，仔细区别不同文稿、文本的作用。
- 参观学校档案室，以小组为单位翻阅几册案卷，了解文书的文稿与正本文件归档的情况，要求写一份对文件稿本认识的总结材料。

本 章 小 结

知识梳理

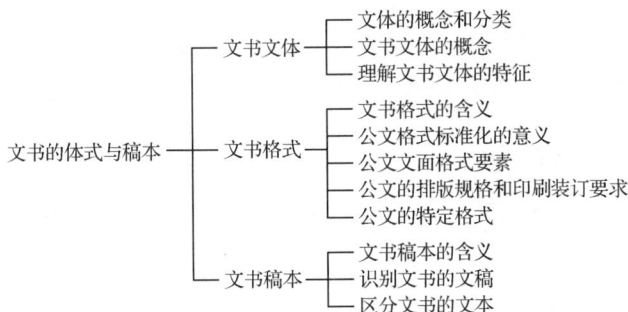

分析思考

1. 如何理解文体、文书文体的概念？
2. 如何准确理解文书文体的特征？
3. 文书格式标准化的意义是什么？
4. 党政机关公文格式要素及其要求是什么？
5. 文书不同稿本的意义？
6. 文书不同文本的意义？

目 标 检 测

一、名词解释

文体　文书文体　文书稿本　定稿　正本

二、填空题

1. 文体是指文章为适应多种需要而形成的体裁和_____。

2. 一般从功能用途的角度把文章分为四大类，即政论文体、_____、_____、文书文体。

3. 机关文书是一种采用_____作为必须使用的符号系统，兼有议论文、_____和_____三种文体表达方式的应用文体。

4. 文书格式包括文书的文面格式与_____格式。

5. 组成公文的各要素划分为版头、_____、版记三部分。

6．一般来说，应根据公文的份数来决定所编份数的位数，公文的份数一般是_____阿拉伯数字。

7．根据《党政机关公文处理条例》的规定，涉及国家秘密的公文应当按照国家秘密及其密级范围的规定分别标明"绝密"、"_____"和"_____"。

8．根据《党政机关公文格式》规定，紧急公文应当分别标明_____、_____。

9．"函"的发文机关标识上边缘距纸张的上边距为_____mm。

10．发文字号由发文_____、_____和_____组成。

11．用数字表示多层次结构序数，第一层用_____，第二层用_____，第三层用_____，第四层用_____。

12．版记又称文尾部分，通常是由_____、_____等项目构成的。

13．公文排版规格为：正文用_____字，一般每面排22行，每行28个字。

14．一般来说，文稿分为两种：一是_____，二是_____。

15．副本是指再现公文正本内容及全部或部分外形特征的公文_____或正本的_____。副本供_____用。

三、选择题（1~5为单选题，6~8为多选题）

1．按照《党政机关公文格式》的规定，公文密级的标注位置应当在（　　）。

A．发文字号右侧
B．版心左上角，位于份号下一行
C．版心右上角第一行
D．公文标题之上

2．有正式文件版头的文件，发文字号的书写位置应当在（　　）。

A．间隔横线之上，居中排列
B．公文标题之上，右侧排列
C．公文标题之下，居中排列
D．间隔横线之上，右侧排列

3．公文中附件说明的位置应在（　　）。

A．正文左下方，公文生效标识之上
B．公文生效标识之下，主题词左上方
C．公文标题之下，居中书写
D．文尾部分之下，左边书写

4．制发文件唯一可靠的标准稿本是（　　）。

A．修改稿　　　　B．定稿　　　　C．送审稿　　　　D．草稿

5．根据定稿印制出来并对外发出的正式文件称为（　　）。

A．存本　　　　B．副本　　　　C．正本　　　　D．试行本

6．应用文区别于其他文体的属性主要有（　　）。

A．直接性
B．全面真实性
C．结构格式的规范性
D．广泛性

7．在公文表达方式的运用上，报告、请示、通报等文种侧重于（　　）。

A．说明　　　　B．议论　　　　C．叙述　　　　D．描写

8．公文格式标准化的意义（　　）。

A．公文格式标准化是由公文的性质所决定的

B．公文格式标准化是公文处理所需要的

C．公文格式标准化是结构格式的规范性要求

D．公文格式标准化是公文广泛性要求

四、问答题

1. 公文眉首部分的要素及其标注要点是什么？
2. 公文版记内容要素及其标注要点是什么？
3. 简述文书稿本的特点及其作用。

阅读材料

古代檄文的演进与存录

作为战争一方声讨另一方的文书，檄文的滥觞可以上溯到远古时期，那是个有"口诛"而无"笔伐"的时期。到夏商周三代，《甘誓》《汤誓》《牧誓》等的出现，可以视为檄文的初萌。战国时，《史记》中"张仪既相秦，为文檄告楚相"，即《檄告楚相书》，这是最早在正式文告中出现"檄"字。秦汉时期，檄文在军事活动中得到广泛应用，如《汉书·高帝本纪》载汉高祖刘邦就自称"以羽檄征天下兵"。汉魏以后，檄文使用的领域不断拓展，作用日益突出，在格式、文风、辞采等方面不断出现新面目，并涌现出一大批名篇，在军事、政治斗争中发挥了独特的历史作用，并且成为文学苑囿里的一枝奇葩。

檄文有广义和狭义之别。广义的檄文，在《辞海》中指"古代官府用以征召、晓谕或声讨的文书"，常常与移文并提，如刘勰的《文心雕龙》中有《檄移》篇。狭义的檄文约等于军事檄文，又称战书，指的是在军事、政治斗争中对敌方进行声讨和征伐的文书。

在古代，檄文常与移文、露布并称，但它们既有联系又有区别。檄文通常是针对作战中或即将开战的敌对一方而发，多用于声讨和征伐，文辞尖锐，重在扬己罪彼。移文通常用于内部的讨论、说服，多用于晓谕和责备，文辞较温和，重在改变对方看法。《文体明辨序说》对露布的定义是"军之奏捷之词"，它与檄文有密切联系，但在发文时间（通常檄文在战前，露布在战后）、行文方向（檄文为下行文或平行文，露布一般为上行文）、撰文要求等方面又有显著区别。

从战国时张仪的《檄告楚相书》到晚清时期，古代檄文的使用长达 2000 多年，如果从夏朝算起，则有 4000 余年。4000 余年间，发生在中华大地上的大规模战争就有数千次，小规模的战争和战役则更多。如此频繁的战争活动催生了数量众多的战争文书，檄文在其中占有重要分量。遗憾的是，大多数的古代檄文或者湮没不闻，或者仅存只言片语，农民起义军的檄文散失得尤其严重。现存的檄文多散见于各种古籍之中，如以《史记》《汉书》为代表的《二十五史》《全上古三代秦汉三国六朝文》《昭明文选》《全唐文》《文苑英华》《艺文类聚》《古文观止》等古文汇编。此外，在一些古人文集、史料汇编、笔记小说中也偶有载录。

（资料来源：韩洪泉《军事视野中的中国古代檄文》）

第四章　文书处理

学习目标

知 识 点
● 文书处理的内容和作用
● 文书处理的要求
● 行文制度

能 力 点
● 拟制文书
● 办理收文
● 办理发文

第一节　文书处理概述

模拟情景

一天下午，乔梅收到了一份邀请公司参加产品推介会的传真件通知，她看快下班了，就准备明早再处理，办公室于主任看到后赶紧把这份通知通读了一遍，然后迅速传到了领导手中。于主任说："这份文件很重要，明天要参会，关系到公司的发展，明天再处理就误了大事。"乔梅说："原来我以为文书处理就是简单传送文件，没想到这么讲究。"于主任说："是的，而且这里面的学问大了，还有很多要求，好好学吧。"

任务驱动

1. 乔梅应如何看待文书处理工作？
2. 乔梅在文书处理过程中应注意些什么？

任务分解

➤ 了解文书处理的内容
➤ 了解文书处理的作用
➤ 了解文书处理的要求

任务解析

（一）文书处理的内容

文书处理是在公务活动中围绕文书的撰写、印制、收发及归档等一系列环节所进行的工作，是文书工作的重要阶段，是党政机关、企事业单位管理活动中的经常性的重要工作。

文书处理由文书拟制、文书办理和文书管理等相互关联、衔接有序的工作内容组成。文书拟制有起草、审核、签发三个环节。文书办理包括收文办理、发文办理和整理归档。文书管理指从文件的形成、运转到文件的保管、利用乃至文件的整理归档、销毁等文书工作所有环节的管理、统辖和控制工作。

相关链接

文书处理的管理机构

各单位文书处理的管理机构是其内设的综合办公部门——办公室。这一管理机构在文书处理方面的主要职责有两项：

一是管理本单位的文书处理工作，包括制定并组织和监督实施有关的法规、规章和制度；控制收发文权；组织并监督文书运转过程；全面提高文书及文书处理工作质量，使文书工作能够有效地为单位或部门工作服务。

二是指导下属单位的文书处理工作，主要工作内容包括：制定或组织下属单位制定文书处理规章，并监督实施；及时对下属单位的文书处理工作进行检查和指导；向下属单位推广先进的文书处理经验与技术；负责组织或协助对下属单位文书人员的培训。

（资料来源：《秘书知识大全》）

（二）文书处理的作用

文书处理是工作活动中不可缺少的组成部分，是公务管理的重要手段，对指导工作起着重要作用。

1. 文书处理是工作沟通的纽带

文书处理是联系上下、沟通左右的桥梁与纽带，是信息传递的通道。行使职权、实施管理离不开文书处理。通过文书处理，对上报告、反映情况，对下传达、部署工作，从而使上情下达、下情上报，实现承上启下；对于协调各方面关系，处理涉及若干部门的复杂工作，发挥纽带作用；在与外单位交流配合方面，提高了组织的工作效率和质量。

2. 文书处理是辅助决策的工具

文书处理服务于领导及各有关业务部门，具有辅助决策功能。文书处理工作能够及时获取信息，为正确决策提供依据；减轻领导处理文书的负担，协助领导整理、区分轻重缓急的公务，使领导把精力集中到决策中；获取实施决策所必需的信息支持，提取有价值的信息，形成工作建议和可行性方案，供领导决策时参考；提供工作上的便利，起到拾遗补阙的作用，辅助决策各项工作的更好完成；实现对已决策事项的落实、督促、检查、反馈，使决策更加的科学。

3．文书处理是档案管理的基础

文书处理和档案管理是互相衔接、密切相关的工作。档案管理的对象是现实工作任务完成后留存备查的有价值的文件，没有文书处理就没有档案，也就没有档案管理。

文书处理的质量与效率直接影响到档案管理的水平，从起草文件到整理归档，从收文到发文，每个程序都关系到档案的应有价值。做好档案管理工作，充分发挥档案的作用，必须从源头做好文书处理工作，提高文书处理各个环节的工作质量，加强文书处理的规范性和科学性，使档案管理工作建立在良好的基础之上，促进档案管理工作更加有效地开展。

（三）文书处理的要求

文书处理是一项政策性、机要性、技术性、服务性很强的工作，必须遵循准确、及时、安全、统一、简便的原则。

1．准确

准确是文书工作的质量要求。一方面，公文处理的各个环节都要求准确无误，不能有任何疏忽大意；另一方面，文书的质量要确保做到观点正确、格式规范、用语确切。

2．及时

及时是由文书处理的时效性特点决定的。文件要及时处理，不能拖拉、积压，紧急文件要随到随办，一般文件不要怠慢，分清轻重缓急，采用现代化的办公手段，缩短文件的运转时间，提高工作效率。

3．安全

严守党和国家的机密，严格遵守公文管理的保密规定，做到不泄密、不失密。确保文书在处理过程中不丢失、不损坏；避免因温湿度不符合标准造成对公文保存寿命的影响；对复印件按正式文件管理，保证公文的绝对安全。

4．统一

统一是公文处理标准化、规范化的要求。公文处理各个环节的工作都有统一的规定。要按规定的公文格式拟制、印刷，按流程办理；统一登记、分办文书；统一保管公文，按规则归档保存。

5．简便

简便易行的程序、责任到个人的工作安排、规范实用的方法，是公文处理便捷高效的保证。公文处理必须化繁为简。拟写公文应言简意明，简化格式、结构、种类；力求精简公文运转处理程序，减少或合并一些不必要的手续、层次和工作环节，逐步改善、有效地控制程序，减少出现差错的机会，最终逐步实现过程的简化。

任务实训

- 以小组为单位学习讨论《党政机关公文处理工作条例》中关于文书处理的内容、作用、原则、要求。
- 听取学校文书人员对文书处理重要意义的介绍，写一篇关于如何认识文书处理工作的心得体会。

第二节　行文制度

模拟情景

广通集团公司想就扩建厂房所涉及的用地问题向市规划局发一份文件，办公室于主任让乔梅起草这份文件，乔梅提笔写标题时犯难了，到底用"请示"还是用其他文种，于主任这时在旁边提醒道："行文的方式决定了行文的文种，到底用什么文种得看行文的方向，而行文方向则是由关系决定的。虽然市规划局负责规划的审批，但它和我们公司不属于一个系统，自然该用平行文。"乔梅说："这下我明白了。"

任务驱动

1. 乔梅应该如何确定行文的方式？
2. 乔梅还需要把握哪些行文规定和准则？

任务分解

➢ 掌握行文关系
➢ 掌握行文方向
➢ 掌握行文方式
➢ 掌握行文规则

任务解析

行文制度是指在行文时要遵守的原则、规定和要求，它是由行文关系、行文方向、行文方式和行文规则等方面共同组成的内容。在任何组织里，都必须要厘清行文关系，选择正确的行文方向和方式，同时要按照一定的行文规则操作。

（一）行文关系

行文关系是发文与收文单位之间的文书往来关系，由产生工作联系的组织之间的关系决定，取决于各自组织的法定权限和职责范围。具体有下面几种类型。

1. 隶属关系

同一组织系统内的上级单位和下级单位之间存在的领导与被领导的关系。

2. 指导关系

同一组织系统内的上级业务主管部门和下级业务部门之间存在的业务指导与被指导的关系。

3. 平行关系

同一组织系统内的同级部门之间的关系。

4. 非隶属关系

非同一组织系统的其他单位之间的关系。

（二）行文方向

根据一定的行文关系，通常可以将不同级别、性质的组织单位的行文方向划分为以下三种类型。

1．上行方向

有领导关系的下级组织向上级组织行文的方向、有指导关系的下级业务部门向上级业务主管部门的行文方向，称为上行方向，其文书称为上行文，反映在使用的文种上有"请示""报告"等。

2．下行方向

有领导关系的上级组织向下级组织行文的方向、有指导关系的上级业务主管部门向下级业务部门的行文方向，称为下行方向，其文书称为下行文，反映在使用的文种上有"批复""决定"等。

3．平行方向

平行关系的组织和不相隶属的组织之间的行文方向，称为平行方向，其文书称为平行文，一般使用"函"这个文种。

有的文种在实际工作中的使用比较灵活，如"意见"，既可以用于上行文、下行文也可以用于平行文。行文方向不能仅凭文种来确定，还要看文书的内容。招标书、可行性报告等文书在使用时，也不能说一定归属于哪种行文方向。

（三）行文方式

行文方式是根据行文目的、行文关系、行文方向及文书内容而选择的行文形式，主要有以下几种类型。

1．逐级行文

逐级行文包括逐级上行文和逐级下行文。它是指按照组织结构系统中的隶属或指导关系逐级上报到上一级组织，或下达至下一级组织的行文方式。

逐级行文是最常见、最基本的行文方式。正常情况下，部署、请示、报告工作应该采用逐级行文，保证正常的工作秩序，保持政令畅通、信息无阻。

2．多级行文

多级行文包括向上多级行文和向下多级行文。多级上行文是指下级组织向直接上级组织行文的同时报送给更高一级组织，这种方式通常是在遇到重大或紧急事项时才采用，以便于更高级别组织了解情况，做出指示。多级下行文是指上级组织根据工作需要，同时下发到所属的各级下属组织，这通常是为了便于让多级组织了解情况，减少中间环节以提高工作效率。

3．越级行文

越级行文通常是指越级上行文，它是指越过直接上级向更高级别（直至最高级别）组织的行文。这种行文方式一般不可随意使用，除非发生十分特殊而紧急的情况，如发生重大灾难确须越级上报或检举、控告直接上级等情况时使用。这种方式通常是为了尽快解决问题，但并不符合行文的规则，往往会造成不必要的误会和混乱。越级行文也包括上级组织越过直接下级组织向间接的更低一级的组织行文，如根据工作需要向基层了解情况。

4. 直达行文

直达行文是指将文件直接下发至基层组织或直接传达给群众的行文方式，也叫普发行文，能使基层组织和群众及时了解文件精神和内容，起到宣传教育和组织动员的作用。通常是传达政策、发布法规和宣传时使用，期望尽快让基层组织和广大群众知晓，一般采用宣讲、登报、广播、电视、网络等形式进行传达。

相关链接

行文方式的类型

行文方式从不同的角度可以有不同的分类方法。

1. 按发布、传递范围划分

有内部行文和外发行文两种形式。内部行文是指仅在本单位内运行的公文，因其版头中发文机关标识不必套红印刷，故俗称"白头文件"；外发行文是通过文书部门或邮电部门封装传递至其他机关的公文，因其版头中发文机关标识套红印刷，故俗称"红头文件"。

2. 按公文递送途径划分

有直接行文和间接行文两种形式。直接行文是发文机关直接向需要承办或执行公文中有关公务的受文单位行文；间接行文则是不直接向最终承办或执行公文中有关公务的单位行文，而是通过中转机关批转或转发该公文以达到最终目的的一种行文方式。

3. 按制发机关划分

有单独行文和联合行文两种形式。单独行文是指公文的制发机关只有一个，公文的具体内容，只是一个机关的独立意思表示；联合行文是指公文由两个或两个以上机关联合制发，公文的具体内容，是两个或两个以上机关的共同意思表示。

（四）行文规则

行文规则是行文时所依据和必须执行的规定、准则。正常有效的行文应当遵循以下普遍适用的基本规则。

1. 注重效用规则

文书的重要功能是发挥行政领导、指导公务的作用。因此，行文必须厉行精简、注重实效，坚持少而精，不断提高发文的效率和质量，促进组织的高效运转。严格控制发文的范围，做到可发可不发的，不发；可长可短的，要短；可以白头文件发的，不以红头文件发；可以合并的文件，不分多个文件发；可以电话、口头告知的，不以书面形式发。行文可以采用张贴、广播等灵活多样的形式。发挥办公自动化的优势，运用现代信息技术提高工作效率，真正发挥行文的作用，维护行文的权威性。

2. 行文关系规则

按机关隶属关系行文。上级机关对下级机关可以作指示、布置工作、提出要求；下级机关可以向直接的上级机关报告工作、提出请示，上级机关对请示事项应予研究并答复。这种直接的领导与被领导的关系，是方针、政策、工作层层贯彻落实的关键。在我们国家现行管理体制中，还形成了一种各业务部门上下垂直的关系，其中有些部门属本级政府和上级有关部门双重领导，和上级业务部门之间虽然不属直接领导与被领导的关系，但在业务上存在指导与被指导的关系，也就形成了直接的上下行文关系。而不相隶属机关之间的公文往来，只能是商洽工作、通知事项、征询意见等，不存在请示、报告或布置任务的性质。

3. 授权行文规则

如果一个政府部门的业务需要下级政府和有关部门的支持与配合，按隶属关系和职责范围又不具备布置工作、提出要求的行文权限时，可以通过授权行文解决。具体来说，这个部门可向本级政府请示，经本级政府同意并授权后，向下级政府行文。在操作时，应将文稿拟好，由本部门领导签署，请本级政府分管领导审批。经本级政府分管领导审批后的文稿，在行文时，才能在文首或文中注明"经××政府同意"的字样。这里需要特别说明的是，各级政府办公厅（室）的行文都具有授权行文的性质（内部事务除外）。各级政府办公厅（室）及各部门的办公室是政府和部门的综合办事机构，对外行文都是代表政府和部门的，与本级政府和本部门的公文具有同等效力，下级机关（部门）都应贯彻执行。由各级政府办公厅（室）下发的公文，可不在文首或文中标注"经×××同意"的字样。

4. 行文方式规则

（1）一般情况下不越级行文。不越级行文体现了一级抓一级、一级对一级负责的原则。遇有特殊情况，如发生重大的事故、防汛救灾等突发事件或上级领导在现场办公中特别交代的问题，可越级行文，特事特办，但要抄送被越过的上级机关。否则，受文机关对越级公文可退回至原呈报机关，或可作为阅件处理，不予办理或答复。

（2）不越权行文。按职权范围行文，行文的内容应是本机关职责范围内的事项，不能超出，超出了即为越权。如果干涉了别的机关事务，不仅在实践中行不通，而且会造成政令混乱。

（3）正确确定发文的主送单位和抄送单位。向上级组织行文，要明确一个主送单位，如须其他上级组织了解的，可以抄送，受双重组织领导的也要明确主送和抄送单位；向下级组织的重要行文应同时抄送直接上级组织，但向上级组织的请示行文不用抄送给下级组织。请示一般只写一个主送单位，请示应当"一文一事"。报告中不得夹带请示事项。除特殊情况外，一般不直接报送领导者个人。依据职责、内容等在行文时选用正确的文种。一般不得越级请示。

5. 协商一致规则

行文应坚持协调配合，根据工作需要可以由相关的、同级别的组织联合行文，但事先要达成一致；部门之间对问题未协商一致的不得各自向下行文，否则上级组织应责令纠正或撤销；对于向上级组织请示事项的行文，下级各相关部门协商取得一致意见后方可向上报送。

6. 统一处理规则

行文要坚持统一领导和管理，由专门部门（专人）负责文书处理工作，加强对整个组织文书处理规范的指导，使公文按正常的流程运转，按规范的程序办理。公文的正常流程是："收"由文秘机构统一签收、拆封、清点分类、登记、拟办、分办、催办；"发"由文秘机构统一核稿，分送领导签批，然后再回到文秘机构登记编号、缮印、校对、用印、分发，分发前，要经过复核无误后，才可照单分发。这样，无论是公文收进还是发出，都经过专司公文处理工作部门的把关，就能保证公文处理的有秩序运转、规范办理，从而提高机关办事效率，保证公文质量。

相关链接

请示、报告规则

1. 请示规则

（1）"请示"不直接报送领导者个人。如果是上级领导个别交办、答应的事项，由此而上报的"请示"，最好也应主送该领导所在的机关，并在公文中做出说明。收文机关在分办时，把这份公文分送给领导批阅。

（2）"请示"一文一事。机构或部门都有明确分工，各自办理职责范围内的事情。如果一文数事，必然涉及几个主管部门，给公文办理带来困难，造成互相推诿、扯皮。

（3）"请示"只主送一个机关。请示内容是要求答复的事项，主送机关负责研究并做出答复。相关的机关或部门采用抄送形式，以便主办机关征求意见或会签。如果多头呈送，会造成机关之间相互等待或意见不统一，增加协调难度，影响工作效率，上级机关一般不予受理。

（4）"请示"不同时抄送下级机关。请示内容是未决事项，在上级机关还没有批准前，向下级机关抄送，会引起不必要的误会或矛盾，不利于工作的开展。因此，请示事项在上级机关答复或批准之后，再通知下级机关。

2. 报告规则

"报告"中不得夹带请示事项。"报告"和"请示"是两种不同的文种，适用范围有明显的界限，不能混用。报告是向上级机关汇报工作，反映情况，或向上级机关提出意见、建议，供上级机关决策参考时使用的。上级机关对报告一般不做答复，如果报告中夹带请示事项，很容易误事。如果既想汇报工作，让上级掌握具体情况，又想请示解决问题，一般有两种办法：一是将"报告"和"请示"分开，形成两份公文分别上报；二是以请示公文为主，将报告的内容作为附件，附在请示后面作为背景材料，让上级了解请示的理由。

任务实训

● 借阅、收集不同种类的文件材料，根据文件的文种和内容判断文件属于上行文、下行文，还是平行文，并找出区分它们的规律。

● 参观学校文书处理部门，了解学校近期的行文，以小组为单位讨论行文规则在文书处理工作中应如何运用。

第三节 文书拟制

模拟情景

乔梅早上刚到单位，于主任就安排她起草一份通知并尽快发出。乔梅跟于主任对通知的有关事项交换意见后，就认真投入到写作中，经过仔细斟酌和多次修改，完成了草稿。想到手头还有几件事情要处理，就找到办公室新来不久的小王，让小王先把文稿拿去审核，然后送领导签发。小王有点不解地问："你都写好了，直接给领导看不就行了。"乔梅摇摇头说："这可不行，文书拟制是有程序的，审核是对文稿进行全面核查，能够把好文件质量关。"小王听后答道："原来审核工作这么重要呀。"

任务驱动

1. 乔梅起草文书的程序是什么？
2. 在文书拟制工作中小王应向乔梅学习什么？

任务分解

➤ 掌握文书的起草程序
➤ 掌握文书的审核内容
➤ 了解文书的签发类型与要求

任务解析

文书拟制包括文书的起草、审核、签发等程序。

（一）起草

起草又称拟稿、撰拟，即文件承办人员草拟文稿的过程，是文书处理的起始环节和中心环节。起草要领会写作意图，符合国家法律、法规、政策和其他规定，内容真实反映客观实际，提出的政策、方案、措施切实可行，格式符合规范，反映作者发布指令、交流信息、开展业务的愿望和要求。

文书的起草是机关或企事业单位的日常工作之一，有着特定的公务目的，包含拟稿准备、文书拟写和文书修改三个步骤。

步 骤

步骤一	拟稿准备

授受意图，领会领导想法，明白上级组织有关精神，全面掌握本单位实际情况，广泛深入地搜集写作素材，核实情况的真实性、数据的准确性、引用材料的可靠性，并注明材料出处。根据写作意图和材料提炼观点，运用材料构思提纲，并选用正确的文体。

步骤二	文书拟写

构思好文书的写作提纲，搭建好基本写作框架，运用合适的表述方式和表达方法，进行写作。文书开头部分的写作，可用目的式、根据式、概况式、提问式的写法；主体部分的写作可用纵贯式（以时间先后为序）、并列式（以围绕中心观点展开并列的说明为序）、递进式（以逐步深入的逻辑推理为序）、交错式（综合此前三种方式）的写法；结尾方式可用定型式（如"特

此通知""妥否，请批示"）、总结式（决议、工作总结、领导讲话多用此种方式）和号召式（常见于表彰性公文）的写法。需要注意的是：要规范运用语言，讲究公文的语法、逻辑、修辞和格式，做到准确、严密、规范、平实、顺畅，并正确使用词句、标点等。

步骤三　　文书修改

文书修改贯穿整个写作过程。要先从整体审视，了解思想与布局，然后对细节进行修正，进行文字修改。主要工作包括：查立意，看是否准确反映意图，有无政策冲突；查材料，看其是否真实、典型；查措施，看其是否切实可行；查结构，看其是否紧凑、布局合理、条理清晰、重点突出、衔接顺畅；查文字，看其逻辑、语法是否正确，语句是否通顺，用词、修辞是否合适，纠正内容重复、错字、错词和标点误用等。此外，还要查看文体、格式、体式、语气等方面是否正确。

（二）审核

审核也称核稿，是对文书的内容、体式、文字等进行的全面核对检查。通常是由办公室负责或由具有工作经验、水平较高的秘书承担。文稿审核的内容主要包括以下几方面。

1．是否确实需要行文

考虑行文的必要性和可能性。确实需要解决现实问题，又具备解决问题条件，才能发文。

2．有无矛盾抵触

审核文稿内容与有关政策、法令及上级的指示、决定等有无相互矛盾抵触，与本单位以往的发文有无前后不一致和自相矛盾。

3．要求、措施是否明确、具体和切实可行

审核文稿内容的政策界限是否清楚明确，有无笼统含糊、模棱两可、前后不一致之处，有无规定过于机械、烦琐之处，检查所提措施是否可行。

4．处理程序是否完备

审核文稿在处理程序上是否妥善完备。如发文的名义是否合适，是否还须经过会议讨论，涉及其他部门或地区职权范围内的问题是否协商一致并经过会签或上级单位的批准。

5．文字表达是否符合要求

审核文字叙述是否通顺、简练、准确，是否合乎语法逻辑，有关数字是否已经核对，写法是否得当，标点符号是否正确。

6．文件体式是否达到标准

审核文种是否适当，标题是否达意，密级、处理时限定得是否妥当，主送机关和抄送机关是否符合规定。

（三）签发

签发是单位领导对文稿进行最后审定并签署意见的工作。签发是发文处理过程中最关键的程序，是领导行使职权的重要形式。

1. 签发的类型

（1）依据职权划分的签发

以单位名义发文，由单位负责人签发；以部门名义发文，由部门负责人签发，但当文件内容涉及重大问题时应送主管领导加签；领导有分工的按各自职权范围签发。重要内容须领导层集体研究通过，然后由主要领导人执笔签发。

（2）授权代签

如单位法定签发人外出期间，可根据授权或委托其他负责人签发，事后法定签发人阅知。代签发时应注明"×××代签"。

（3）会签

须几个单位或部门联合发文，应由主办单位负责有关联署单位或部门的领导人会签。

首先是主办单位或部门签发，然后根据具体情况一一送相应单位或部门负责人签署意见。

2. 签发的要求

（1）认真审阅文稿

仔细阅读文稿，如发现问题须做重大改动，应提出明确修改意见。待拟稿部门修改并重新誊清后再签发。

（2）写签发意见

在"发文稿纸"（见表4-1）的签发栏内写明意见，并签署姓名和具体日期。代行签发的要注明"代签"字样。签发意见必须明确，不能模棱两可；字迹要清楚、端正。如需要送机关领导人审阅的，要写明"请×××同志审阅后签发"。若审批人圈阅或签名，应当视为同意。受领导委托代行签发职责的，要注明"×××代签"。

（3）联合发文要会签

几个机关或部门联合发文，一般应由主办该文件的单位负责送请有关联署机关或部门的领导会签。

（4）先核后签

文稿必须坚持"先核后签"，避免"公文倒流"现象而导致决策不准确和效率低下。

表4-1 （单位名称）发文稿纸

密级：（　　　）　紧急程度：（　　　）

签发（会签）：	拟稿人：		
	核稿人：		
事由：	附件：		
主送机关：			
抄送机关：			
主题词：	打字：　　　校对：　　　共印　　　份		
发文字号：机关代字（　　）　号　　成文日期：　　年　月　日			
（正文）			

第　　　页

相关链接

文件的注发

注发是在签发之后由文书人员在定稿上批注缮印制发要求的活动。通常包括以下几项内容：

（1）明确具体发文范围；明确阅读范围的级别限制；标注或审核发文的紧急程度和保密等级；确定印发份数、印制和发出的时间。

（2）明确缮印方式与发送方式。

（3）编写发文字号。

（4）进行版式或缮印格式设计。·

（5）向催办部门或人员销办。

（6）注发过程中还可对文稿再做一次技术性审核，即复核。

任务实训

- 每人拟写一份会议通知。
- 两个人交换写好的会议通知并进行审核。

第四节 收文办理程序

模拟情景

乔梅在计算机旁打字时，收到一份邮局送到办公室的快递信件，签了字之后，便随手把文件和一摞今天收到的其他文件放到了一起。这时办公室于主任拿起刚刚送达的信件边看边说："收到的文件要养成立即登记的习惯，以防漏登，还要看看是否是急件，以防贻误公务。"乔梅这时才赶紧登记今天收到的那几份文件。拆封登记时发现有一份文件竟然送错了地方（不是给广通集团公司的），便赶紧按照来文上的电话联系对方。

任务驱动

1. 乔梅应该如何保证收文准确无误？
2. 乔梅应该如何提高收文办理的质量？

任务分解

➤ 掌握签收、拆封方法
➤ 掌握登记、初审方法

> ➤ 掌握分发、传阅方法
> ➤ 拟办文书
> ➤ 批办文书
> ➤ 承办文书
> ➤ 催办、查办文书
> ➤ 注办文书

任务解析

收文办理指文书部门收进外单位发来的文件材料，在单位内部及时运转直到阅办完毕的全过程。组成这一过程的一系列相互衔接的环节称之为收文办理程序，包括签收、拆封、登记、初审、分发、传阅、拟办、批办、承办、催办、查办、注办等。在收文办理工作中，要努力提高文书运转速度和办文质量。

（一）签收与拆封

1. 签收

签收是收到文件材料后，在对方的传递文书单或送文登记簿（见表 4-2）上签字，以表示文书收到，目的是明确交接双方的责任，保证公文运转的安全可靠。

表 4-2 送文登记簿

序号	发文时间	封套号	发文机关	文别	签收人	签收时间	备注

第　　页

（1）签收的范围

每个单位每天都会收到大量的函件，但并不是所有的函件都要履行签收手续。需要履行签收手续的收文主要有：机要交通送来的机要文件；邮局送来的挂号函件和电报；外机关或部门直接送来的文件材料；本单位领导或工作人员出差带回的文件材料等。

（2）签收的步骤

① 清点。清点就是检查、核对所收公文的件数是否与传递文书单或送文登记簿登记的件数相符。

② 检查。核对所收公文封套上注明的收文机关、收件人是否与本机关相符，核对封套编号是否与传递文书单或送文登记簿的登记相符，检查公文包装是否有破损、开封等问题。如有错误，要及时退回，如有包装破损、开封等现象要及时查明原因。

③ 签字。经清点、检查无误后，在传递文书单或送文登记簿上签署收件人姓名和收到日期。应该签写收件人的全名，并写上收到的时间，普通件注上收到的年、月、日即可，急件则要注上收到的年、月、日、时、分，以备事后查考。签字一定要清晰、工整。

（3）签收的要求

按照投递单或送文登记簿对来文进行签收，逐页清点、认真核对，既查看数量，又查看收件人，确认无误、无破损之后，履行签收手续。发现问题要第一时间向发文单位查询。如果有误投、误送或破封散包、密封损毁情况，应拒收或退回发文单位；收件数和文件清单数不相符，必须查明；签收时要注明收到的日期，特急件要精确到几时几分。

2. 拆封

拆封是把收到的封闭的文件、信函拆开，并将封内的材料取出。

（1）拆封范围

秘书应在授权范围内拆封文件。因此，在拆封之前要确定来件是否可以由自己拆封。标明"×××亲启"或"保密"字样的收件，要经授权，方可拆封，否则应当交给收信人或有关人员处理。

（2）拆封要求

拆封前核对来件的接收者，不该自己拆的文书不拆，重要信件的拆封应有两人在场；拆封时应避免损坏封内的文书；发现封内没有材料，应及时与来件单位联系；封内有回执单的要及时将回执单填好发回来件单位。如果是初次发生工作联系的单位，来文封皮应留存，并保留信封上的联系方式以备日后查用。

（二）登记与初审

1. 登记

收文登记是在收文登记簿上记录文书的来源、密级、缓急程度、编号、内容和处理、运作过程情况，以保证收文的办理。

（1）登记的形式

① 簿册式。用预先装订成册的登记簿进行登记，是最常见、最简单的登记形式。簿册式登记容易保存，适合按时间顺序进行流水登记，应用比较广。

收文登记簿（见表4-3）的项目包括收文时间、来文单位、文号、文件题名、附件、份数、密级、承办单位、签收人、处理结果等。

表4-3 收文登记簿

序号	收文时间	来文单位	文号	文件题名	附件	份数	密级	承办单位	签收人	处理结果

② 卡片式。用单张卡片进行登记，每张卡片登记一份文书或一组联系紧密的文书。

卡片式登记便于多人同时登记，利于分类查找；但容易散乱丢失，分类不当就不便查找。主要为中型单位所采用。

收文登记卡（见表4-4）的项目包括：来文单位、来文字号、收文单位、收文日期、文件标题、处理结果等。

表4-4　收文登记卡

来文单位		收文单位	
来文字号		收文日期	
文件标题			
处理结果			

③ 联单式。采用一次复写两联或两联以上的方式进行文书登记。

联单式登记能够减少重复登记的手续，文书收受人员可以在不同时间、地点分别填写，提高办文效率，但不便于保管和整理。填写完的联单，一联保存，其他联随同文书送承办人员或单位继续登记，文书办理完毕后统一归档保存。

联单（见表4-5）的项目包括：文件标题、发文日期、发文单位、收到日期、收件人、主要内容、处理情况等。

表4-5　联单

文件标题			
发文日期		收到日期	
发文单位		收件人	
主要内容			
处理情况			

④ 计算机登记。直接通过计算机办公软件进行的登记。要防止因未备份或未打印成纸质形式而造成登记的电子资料丢失。

（2）登记的方法

① 分级登记。按来文单位的级别进行登记，如政府机关的行政公文按国务院、省政府、市政府等层级分别登记。

② 分类登记。按收文业务性质分类，如分为党务、行政、人事、销售、公关、研发等类别进行分别登记。

③ 分文种登记。如按通知、请示、函、会议纪要、合同、规章制度等分别登记。

④ 按时间顺序登记。按收文先后的顺序或编写年度的收文流水号进行登记。

还有按上级、下级、平级单位或按密级、紧急时限分别进行的登记。登记方法各有利弊，使用分级、按时间顺序登记方法的居多。各单位应根据各自的实际情况选择最合适的登记方式。

（3）登记的要求

登记是一项十分烦琐又细致的工作，在登记中应认真负责、一丝不苟，做到以下几点。

① 力求减少登记层次，简化手续，利于文书的运用，提高文书处理效率，服务文书管理的整体目标。

② 登记准确无误，不能漏项，能在登记时完成的项目当即填上，需要后补的及时补上。

③ 在填写收文号时不要空号、重号。

④ 登记的项目不可任意删减。

⑤ 书写时，字迹要工整、规范，不得随意涂抹，要用钢笔或签字笔。

⑥ 分清轻重缓急，秘密文件与非密级文件分开登记。

⑦ 如果收文较多，应先登记急件和重要件，一般件稍后处理。

相关链接

文书登记的作用

登记是管理和保管文件的有效方法。通过登记记录文书的基本信息，可以了解文书的来龙去脉，掌握文书的数量和范围，防止疏漏甚至丢失，便于检查和查找文书，方便文书的统计和催办，可以作为核对和交接文书的凭证，为平时归卷和今后整理、归档工作打下基础。建立健全完善的文书登记制度是做好文书登记工作的必要条件。

2. 初审

对收到的来文应进行初审，初审的重点有以下几方面。

（1）审查确定性

确认是否应由本单位办理，如不是，则及时联系发文单位并退回。

（2）审查合规性

检查文书是否符合行文规则；行文方向是否正确；行文方式是否符合要求；是不是必要的行文；是否正确运用了主送和抄送方式；内容是否符合国家法律、法规及其他有关规定等。

（3）审查规范性

审查文种的使用、公文格式等是否规范。

（4）审查程序性

如果来文涉及其他地区或者部门职权范围内的事项，要看发文单位是否与相关单位进行了协商、会签，避免引起矛盾，影响工作的正常进行。

经初审不符合规定的来文，应当及时退回来文单位并说明理由。

（三）分发与传阅

1. 分发

分发也称分办或分送，是指秘书人员在办理文件登记后，按照文件的内容、性质和办理要求，及时、准确地将收文分送有关领导、有关部门和承办人员阅办。分发工作的要求如下。

① 已有明确业务分工的文件，根据本单位的主管工作范围分送给有关的领导人和主管部门。

② 来文单位答复本单位询问的文件，如收到的批复、复函或情况报告、报表等，要按本单位原发文的承办部门或主管人分送，即原来是哪个部门请示、询问或要求下级报送的，复文就送哪个部门办理。

③ 对方针政策性的、事关全局的重要文件或文书人员确定不了承办部门的文件，应先送办公室负责人注明意见，然后再根据意见分发与处理。

④ 阅读范围明确的参阅性文件，可直接组织传阅。在文件份数少，阅办阅知部门（或领导）多的情况下，应按先办理、后阅知，先主办、后协办，先正职、后副职的次序分送。

⑤ 分送文件要建立并执行登记交接制度。无论是分送给本单位领导人或各部门的文件，还是转发给外单位的文件，都要履行签收手续。

⑥ 要求退回归档的文件，要在文件上注明"阅后请退回归档"字样，以便及时收回，防止散失。

2. 传阅

传阅是指有关人员在工作职责范围内传递阅读单份或份数很少的文件以及一些非承办性文件。

（1）传阅范围

需要传阅的文件有两种：一是文件经主要领导批办后需要其他副职领导或有关人员传阅，以掌握文件精神和主要领导的批示意见；二是来文属于抄送件，不需要特别办理，只要求有关单位、部门和人员了解，收文后，秘书人员将文件直接送有关部门和人员传阅。

（2）传阅要求

① 根据级别传递。传阅对象顺序应为先是单位的主要领导人，次是主管的领导人（分管领导人），再是主管部门，最后是需要阅知的对象。传阅对象的次序，也可根据实际情况灵活变通。如主要领导人出差在外时，不必非等其返回，分管领导人也可先传阅。对于一些重大、紧急问题则须通过电话等方式请示、报告。

② 杜绝横向传递。一般情况下，传阅文件应以秘书人员为中心进行传递，这种传阅文件的方法称为轮辐式传递。以秘书人员为中心，看完一份就退回秘书处理部门，再由秘书人员往下传，不能脱离秘书人员自行传阅，对文件的去向要实时控制。

③ 把握传阅时间。传阅文件有时间限制，要根据文件办理时限及时传阅，严格控制传阅时间。

④ 确保安全传阅。有条件的单位，应建立专门的阅文室。秘书人员和传阅者要注意保管好文件，无关人员不得随意接触。有密级的文件，应严格遵照保密工作的规定，按不同的密级要求限定传阅范围。文件传阅完毕必须及时交还给办公室保管，不得随意存放在个人手中。

⑤ 履行传阅手续。每份传阅文件都要由文书部门在文件首页附上文件传阅单，凡传阅人员都要在文件传阅单上签注姓名和日期。

相关链接

文书传阅自动化

随着"互联网+"时代的到来，文书传阅越来越多地采用自动化模式，通过网络办公平台接收文书，将需要传阅的电子文件转发给相关的传阅者。网上传阅系统对于文书一直处于未读或未办状态的情况，会自动发出督促和提醒。传阅完成后，文书可自动归档。这极大地解决了传阅人多、周转时间长可能带来的传阅拖延问题，避免了由于出差或文书滞留而影响阅文的整体进度，使文书的传递达到高效。

（四）拟办

拟办是秘书人员对收文应如何办理所提出的初步意见，以供领导批办时参考。秘书部门收到来文应认真阅读，提出拟办意见，送请单位领导批办，然后送有关部门办理。

拟办文书的工作步骤如下。

步 骤

步骤一	确定拟办范围

不是所有的收文都要写拟办意见，要区分须拟办和阅知的范围。需要拟办文件的范围包括以下四个方面。

① 上级单位主送本单位并需要贯彻落实的文件。

② 平级单位或不相隶属单位主送本单位需要答复的文件。

③ 一些重要的、保密性较强的资料。

④ 本单位所属部门或下级单位主送本单位的情况报告、信函及需要答复的文件。

步骤二	研读来文

认真阅读文件，确定来文提出了什么问题，是否需要办理；确定哪位领导分管，哪个部门承办；明确来文密级和轻重缓急。

步骤三	写拟办意见

拟办意见写在文件处理单上，要签署拟办人姓名和日期，具体拟写内容如下。

① 对上级单位主送本单位并需要贯彻落实的文件，根据文件的要求和需要落实的问题，提出拟请哪位领导批示，由哪个部门承办及须送哪些领导和部门阅知的意见。

② 对本单位所属部门及下级单位主送本单位需要答复的文件，根据文件所请示的需要答复的问题和要求，提出由哪个部门承办和如何办理的拟办意见。

③ 对平行单位和不相隶属单位主送本单位需要答复的文件，根据文件提出需要办理的事项及商洽的问题，提出由哪位领导审批或由哪一部门承办及如何办理的拟办意见。

相关链接

写拟办意见的注意事项

拟办意见是一种参谋性意见或建议，协助领导及时、有效地处理文件，为领导节省时间和精力，提高办文效率。拟办人应该努力吃透文件精神和需要解决的问题，抓住中心、考虑周全，提出切实可行、准确恰当的拟办意见，文字表述简明精练，并附相关参考资料和背景资料。

（五）批办

批办是指单位领导人对送批的文件最终如何处理所做的批示和要求。这是领导行使职权的过程，是收文处理中最重要的步骤，属于决策性的办文环节。

批办文书工作的主要步骤如下。

步 — 骤

| 步骤一 | 确认批办人 |

批办通常由单位主要负责人对来文做出批示，可根据职权范围和工作需要确定批办人。批办人签署批办意见有以下几种情况。

① 领导人按分管职权签署意见。

② 主要领导人不在场可授权或委托副职签署意见。

③ 对于不重要的事务性文件可由文秘部门负责人签署意见。

| 步骤二 | 仔细阅文 |

批办人在批办前既要看拟办意见又要对原文进行阅读和思考。

| 步骤三 | 签署意见 |

批办意见写在文件处理单的批办意见栏内，并签署批办人的姓名和日期。

批办应表态明朗，指出办理原则，标明承办部门、人员、时限、牵头部门、会同部门，注明请谁办理、请谁审阅、研究等。批办用语一般为肯定句式，词义要明确。

（六）承办

承办指单位有关部门或人员贯彻落实文件精神和要求，按领导人批示执行具体的工作任务，办理有关事宜或复文的过程。

承办文书的工作步骤如下。

步 — 骤

| 步骤一 | 明确时限 |

任何文书都具有时效性，承办要分清轻重缓急，务保时效。对需要承办而本身没有明确规定办理时限的文书，承办人员应根据其性质与重要程度及以往惯例确定办理的时限；对于紧急文书，应当按时限要求办理，确有困难的，应当及时予以说明。通常，特急件应随到随办，尽快在当时或在一日之内办理完毕；急件原则上也是随到随办，最迟不超过三天；对于限时完成的文书，必须在限定的时间范围内办理完毕，不能延误。

步骤二	办理事项

认真阅读文件和批办意见，掌握文件内容、发文意图及领导的批示，落实措施，及时办理。明确主办和协办，协调配合，不相互推诿。对所有承办文件，都要有反馈和答复，即使不能办理的也要向交办部门说明。

步骤三	签注结果

文书承办完毕之后，承办人员应清晰、工整地在文件处理单"处理结果"一栏内填写承办的经过与结果，并填写承办人姓名与日期，以备日后查询。

（七）催办、查办

1. 催办

催办也称督办，即文书人员或有关部门按照办理时限和要求对需要承办的文书进行督促和检查。它是文书处理中一项必要的制度和必不可少的环节，是解决文件积压、延误和加快文件运转的有效措施。

文书催办的具体步骤如下。

步 骤

步骤一	确定催办形式

催办分对内催办和对外催办两种。对内催办是对单位承办文件撰制的部门或人员进行检查和督促；对外催办指单位之间的催办，催促受文单位尽快答复发文单位提出的问题或询问的事项。催办的形式主要有当面催办（口头催办）、书面催办（催办卡与信函催办）、电信催办（电话、传真及电子邮件催办），应根据具体情况选择适宜的形式。

步骤二	督促检查

催办人员根据承办任务的轻重缓急，对文件办理进行督促检查。紧急文件跟踪催办，重要文件重点催办，一般文件定期催办，并随时或者定期向领导反馈办理情况。催办人员要注意文件的时间性，及时转出、催办、催退，督促受文部门或人员及时办理，按时限要求高标准落实文件。为了避免受文单位因为疏忽文件的办结时限，而导致文件办理周期过长的情况，催办人员必须牢固树立时间观念，密切跟踪办文进程，采取发催办单或打电话询问等形式进行催办，尽量缩短文件在各承办部门的运转和处理周期，提高办文效率。

步骤三	催办登记

无论采用何种催办形式，催办人员都应通过催办登记簿、催办单、电话记录及时登记催办时间、方式、联系人姓名及文件办理情况，以便掌握工作进展和催办工作的情况。

2. 查办

办公室或秘书部门按照单位领导人的批示或意见，通知、催促有关单位或部门检查其所承办文件的办理情况。查办主要是针对方针政策的贯彻落实情况的督促检查，查办的事项要经领导批准或授权，重点在于查证落实，具有一定的强制性和直接性。

文书查办的具体步骤如下。

步 骤

步骤一　查办准备

阅读有关材料，弄清查办的问题，确定查办的事由，明确办理要求，根据具体情况选择核查文件落实的形式，提出办结后的反馈要求。

步骤二　查办办理

根据领导指示或需要，对相关文件的办理情况进行检查。查办办理分两种情况：一种是转出交办；另一种是由查办人员直接承办。

步骤三　查办公文反馈

将查办结果写成汇报材料，及时把查办的情况反馈给领导。

步骤四　查办登记

对查办的情况进行登记。

相关链接

催办的要求

（1）明确催办范围

需要催办的文件有：单位领导人指定必须催办的文件；有明确的时限要求、须按期办复的文件；长时间无意见反馈或无处理结果回复的文件。

（2）建立催办制度

建立必要的定期催办制度，明确工作职责，使催办工作走向制度化、常规化、规范化。

（3）讲究催办技巧

催办过程中注意说话的态度、方法，切忌态度生硬；把握好时间和场合，加强交流和沟通。

（4）重视催办反馈

灵敏、及时地向文书处理部门或有关领导汇报催办情况，根据反馈的信息，帮助或指导承办部门找出差距，解决问题，尽快完成文书的办理工作。

（八）注办文书

注办也称结办，是指对文件承办的情况和结果，由经办人在文件处理单上做简要说明，便于公文的整理和日后查考。

注办一般包括以下内容：① 一般的传阅文件，有关人员传阅完毕后，文书人员注明阅毕的日期。② 需要办理复文的文件，办理后注明"已复文"，并注上复文的日期和文号。③ 口头或电话答复的文件，注明时间、地点、交谈或答复电话的主要内容等，并由承办人签字。④ 不需要复文的文件，注明"已阅""已办""已摘记"等字样。

相关链接

收文处理单

来文单位：		来文日期：	来文字号：
		标题：	
事由：		附件：	
拟办： 签字：　　　　日期：			
批示： 签字：　　　　日期：			
承办：			
备注：			

任务实训

- 收集文件材料，分组、分角色模拟收文办理的程序，然后进行交流、讨论。
- 参观学校办公室或到文书处理部门进行实践，掌握收文办理的过程、方法和要求，写一份总结。

第五节　发文办理程序

模拟情景

乔梅将一份领导签发过的文件送到办公室于主任面前说马上要打印并下发，于主任说："红头文件的收发是件严肃的事情，一定按程序履行职责，要保证质量，维护其权威。"于主任让她在正式付印前再核一遍手续是否完备等情况。乔梅觉得于主任太小题大做了，但还是回去核了一遍，果然发现了一个问题，拟稿部门的校对栏没有签字，而且她还发现一个明显的错字，于是她赶紧找到有关部门补全了手续，并改正了错误。这时，她才明白于主任的良苦用心。

▶ 任务驱动

1. 乔梅在发文时应该注意哪些事项？
2. 乔梅应该如何提高发文处理的质量？

任务分解

➢ 掌握复核方法
➢ 掌握登记方法
➢ 掌握印制方法
➢ 掌握校对方法
➢ 掌握盖印方法
➢ 核发文书

任务解析

发文办理是以本单位名义制发文书的过程，主要包括复核、登记、印制、校对、盖印、核发。发文办理具有程序性和规范性的特点，只有理解和掌握各环节的关系、做法和要求，才能保证发文办理的正常运转和良好秩序。

（一）复核

复核是指公文正式印刷前，文书部门对文件定稿进行再次审核的工作，以防止遗漏和疏忽大意，确保成文的质量。

复核的重点有：审批、签发手续是否完备；附件材料是否齐全，有无遗失或缺页情况；格式是否统一、规范，是否有错别字、漏字，等等。

如果发现草拟的公文有重大问题或需要进行实质性修改，应及时提请领导批示，或按程序复审。

（二）登记

对复核后的公文，应当确定发文字号、分送范围和印制份数并详细记载。

发文登记是将文件的主要内容和基本要素记录于发文登记簿（见表4-6），以便对制发文件进行统计、核查等管理。

表4-6　发文登记簿

顺序号	发文日期	发文号	文件标题	附件	密级	份数	发往机关	备注

顺序号	发文日期	发文号	文件标题	附件	密级	份数	发往机关	备注

（三）印制

印制是将文书表达的意图书面化的过程，是使已经复核、登记的文件定稿成为正本，包括文书的排版、打字印刷与装订。印刷有复印、油印、铅印、胶印、数码印等形式。文书印制是否准确、规范、符合要求，直接影响文书效力的发挥，应具体做到以下四个方面。

1. 以签发的定稿为依据

不得擅自改动文字、格式，如发现定稿中确有错漏之处需要改正，应向上汇报，由拟稿人或审核人进行重新审核和修改。

2. 严格按规定的公文格式制版

公文的缮印过程也就是公文格式标准化、排印规范化的过程。定稿一般书写在发文稿纸上，缮印时将定稿的公文格式转化为符合国家统一标准的格式。

3. 在规定的时间范围内印制完成

急件要先印制；保密件要指定专门的印制单位或专人印制。

4. 建立规章制度

建立完善的文件印制管理规章制度及登记制度。印制登记表如表 4-7 所示。

表 4-7　印制登记表

文件名称	送文单位	送文时间	印文数量	印完时间	取件人	印制人	备注

（四）校对

校对是对印制出来的文本清样与定稿，从内容到形式进行全面对照检查的一道程序。校对是一项需要耐心、细致的工作，校对人员必须有高度的责任感、较高的文字理论水平和娴熟的文书工作知识，还要有一丝不苟的精神，维护发文的严肃性。校对的要求有以下几点。

1. 认真校对

校对人员应全神贯注，以定稿为依据，逐字逐句、逐个标点进行校对。对数字、地名、人名等关键词语，要反复校核，对公文的发文字号、密级、紧急程度、标题、主送单位、抄送单位、日期、印刷份数、页码等尤须逐一校核。

2. 统一规范

注意消灭和纠正排版错误，统一字体、字号、格式。使用统一的校对符号进行校对，防止因校对符号不一致而发生误解。

3. 全面把关

每次校对最好由不同的人员进行，以避免先入为主和一些个人因素的局限。如果文稿不长，一校、二校即可，如果文稿较长或很重要，校对的次数相对要多一些。重要公文还应将校对后的清样送领导人审阅、修改。发现原稿中有误时，不得擅自改动原稿，要与拟稿部门联系后再妥善解决。

（五）盖印

盖印是在印制好的文件上加盖发文单位印章，以示文件正式生效。

1. 盖印范围

印章是单位行使职权的凭证，是文件有效性的重要标志，也是公文格式的组成部分。公文中有发文机关署名的，应当加盖发文机关印章，并与署名机关相符。有特定发文机关标识的普发性公文和电报可以不加盖印章。

2. 盖印要求

（1）核对内容

以单位领导人或部门负责人签发的公文原稿为依据，经核对无误后用印。

（2）检查手续

如签发手续不完备的，在未补办手续前，不得用印。

（3）正确用印

用印要端正、清晰，不得模糊歪倒。盖印的位置要正确，端正地盖在成文日期上方，做到上不压正文，下要骑年盖月，使整个印模显得颜色鲜明，位置突出。

（4）合理用印

对于两个以上的单位或部门联合下发的公文，各单位部门都要加盖印章。公文用印一定要与制发公文的单位、部门相一致。公文用印要核实份数，超过份数的不能盖印，要防止将印章错盖在漏印的空白纸上面。

相关链接

×××公司印章使用登记表

用印类别				用印数	
用印事由					
经办人			部门负责人		
办公室审核			单位领导签批		
日 期	年 月 日		备 注		

（六）核发

核发是完成文书的印制后，对文书的文字、格式和印刷质量进行检查后分发。

核发文书的工作步骤如下。

步 骤

| 步骤一 | 检查文书 |

认真检查印制的成品文件的质量。登记发放文件的标题、字号、日期、签发人、份数等文件的基本要素。

| 步骤二 | 分发准备 |

明确发送单位、密级、有无附件。对发出的文件数量进行认真清点，确保份数无误。注意附件是否有漏缺，文件有无缺页、倒页、错页等现象，文件有无漏盖印章等问题。确认无误后填写发文通知单。

| 步骤三 | 封装文书 |

确保封装文件正确齐全、封口牢靠、地址清楚。文书装入封套时要短于封口，封口要牢靠、严实，有密级的文件还要按密封的要求贴上密封条并骑缝加盖密封章。封面的书写必须清楚、明白、正确，邮编地址、部门名称、姓名称谓书写工整，不得滥用简称和不规范的字体。

| 步骤四 | 发送文书 |

发送要按照文书的自身情况选择不同的传递手段和渠道进行。发送的形式有直达、中转和交换，渠道有电信传送和人工传送。电信传送指通过电传、传真、网络等形式传输文件。发送文书应做到及时、准确、保密，必要时进行催办、督办，对机密文件的传输采用加密方式。

相关链接

发文通知单

文件名称：　　　　　　　　　　发文时间：

序号	部门	份数	签字

任务实训

● 收集文件材料，分组、分角色模拟发文办理的程序，然后进行交流、讨论。

● 参观学校办公室或到文书处理部门进行实践，掌握发文办理的过程、方法和要求，写一份总结。

本 章 小 结

知识梳理

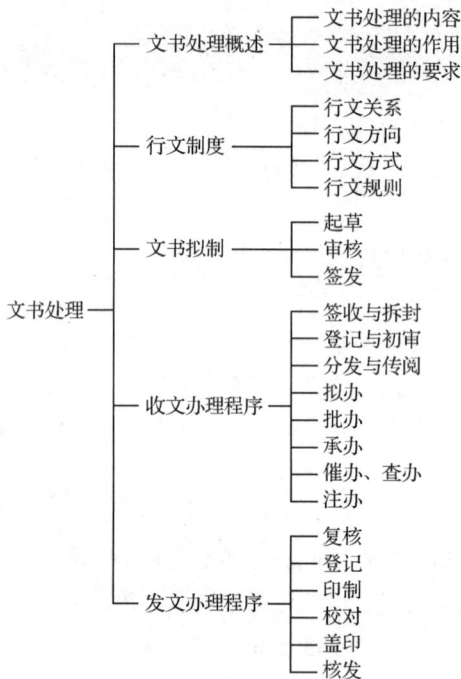

分析思考

1. 文书处理的具体要求是什么？

2. 如何理解文书办理的原则？

3. 如何把握行文规则？

4. 如何提高文书处理的质量和效率？

目 标 检 测

一、名词解释

文书处理　行文制度　收文办理　发文办理　审核　签发　登记　拟办　批办　承办　催办

二、填空题

1. 文书处理工作的内容包括文书的制发、_____和管理。

2. 文书处理是一项政策性、_____、技术性、服务性很强的工作。

3. 行文方向可以分为上行方向、下行方向和_____。

三、选择题（1~4为单选题，5~6为多选题）

1. 上行文中最基本、最常用的方式是（　　）。

A. 多级行文　　　　　B. 逐级行文　　　　　C. 越级行文　　　　　D. 直达行文

2. 领导签发应在（　　）程序之后。

A. 起草　　　　　　　B. 审核　　　　　　　C. 用印　　　　　　　D. 分发

3. 收文处理程序的最后一个环节是（　　）。

A. 登记　　　　　　　B. 催办　　　　　　　C. 批办　　　　　　　D. 注办

4. 盖章应该以（　　）为准。

A. 签发稿　　　　　　B. 草拟稿　　　　　　C. 校对稿　　　　　　D. 审核稿

5. 下列哪些属于收文办理程序的内容（　　）。

A. 签收　　　　　　　B. 承办　　　　　　　C. 审核　　　　　　　D. 签发

6. 催办形式包括（　　）。

A. 口头催办　　　　　B. 信函催办　　　　　C. 电话催办　　　　　D. 传真催办

四、问答题

1. 文书处理的内容是什么？
2. 文书拟制的程序与要求是什么？
3. 收文办理的程序与要求是什么？
4. 发文办理的程序与要求是什么？
5. 文书审核的重点是什么？
6. 文书登记的作用是什么？

📖 阅读材料

公文处理的规范化、制度化、科学化

公文处理工作要达到优质、及时、高效、安全、可靠，必须有统一的标准和行为规范，还须建立并完善必要的制度，使各项工作有章可循，要用科学的思想来指导公文处理工作的每一个环节，以改善服务、提高效率。

一、公文处理的规范化

公文处理各个工作环节都有规范的内容和处理程序，公文撰拟的每个数据项目及其所在的位置都不能差之分毫，收文、发文处理的整个程序的基本环节不能任意削减或削弱；各个环节的排列次序不能任意地颠倒和打乱；整个公文处理系统目标的实现可根据具体的组织需求或文件效用而合并、删繁就简、随机制宜。标准化管理，才能发挥整体系统的功能作用。

二、公文处理的制度化

公文处理的制度化是这项活动内在客观规律的反映。各类人员分工协作，就需要建立高度稳定的秩序，依靠制度为管理工具，使责任权利分明。在实践中应建立行之有效的制度并不断改进和完善，如审核制度就是根据新形势的发展要求，制定的部门领导审核、专职秘书审核、签发领导审核三级审核制度，以达到层层把关的目的。此外，公文处理的制度应具有高度的统一性、可操作性和相对稳定性，以避免沟通的障碍和不必要的转换、加工环节。各体系之间的差异应不超过客观所必需的限度（如党、政两大系统公文趋同性）。制度必须精细具体、清晰明

确，使人能一看便知。制定制度时要深入调查、细化分析，使之对客观情况的变化具有一定的适应性。制度建立后，关键的问题在于富有力度的实施和监督。例如，实行公文处理情况通报制度、不合格公文退办制度、依法处理违反公文处理制度等。

三、公文处理的科学化

公文处理是一个动态、环节众多、相互影响的工作过程，最终公文的效用和质量是众人共同努力的成果。没有科学的理念指引、没有科学的管理和培训、没有科学的安排和协作分工、没有科学的制度建立和实施，要做到公文处理工作的高效率、高质量是不可能的，也很难真正实现公文处理的规范化和制度化。

（资料来源：中华秘书网）

第五章　文书整理归档

学习目标

知 识 点	能 力 点
● 文书整理归档的概念及含义 ● 文书整理归档的制度	● 初步整理文书 ● 系统整理文书

第一节　文书整理归档概述

模拟情景

新年伊始，集团公司办公室主任将一大叠散乱的文件材料交给乔梅，并对乔梅说："这些是我们公司去年一年积累的文件材料。你近期的主要工作就是整理好这些文件，按照要求要在 6 月底前归档移交给档案室。"乔梅面对这有几尺厚的"文山"无从下手，在大学时也从没有亲自整理过，只好再去找老李请教。老李交给她一份《集团公司文书整理归档制度》，笑着说："你仔细研究下这个制度，然后试着慢慢整理，有问题时再来找我吧！"经过对这个制度的学习研究，乔梅对文件的整理工作有了清晰的思路，自信地拿起工具开始整理文件。

任务驱动

1. 乔梅应怎样理解档案行业标准《归档文件整理规则》中"件"的标准？
2. 档案行业标准《归档文件整理规则》是如何规定文书档案中的"件"的？

任务分解

➤ 掌握文书整理归档的概念及含义
➤ 了解文书整理归档工作的改革内容

📋 **任务解析**

（一）文书整理归档的概念及含义

文书整理归档是机关文书部门将已经办理完毕、具有一定查考利用价值的文件材料，按照它们在形成过程中的联系和一定的规律，以"件"为单位，分类整理，并进行装盒、归档的过程。文书整理归档的概念有以下几方面的含义。

1. 整理归档已经办理完毕的文书

正在办理的文书是不能整理归档的。文书办理完毕并不是指文书中所涉及的事件已经全部办完，而是指文书在处理程序上已经办理完毕。文书办理完毕，可进行整理归档的有以下几种情况。

① 文书中提到的事情只须近期办理，并确定已经办理完毕，方可整理归档。如请示与批复、问函与复函等，这种询问答复性文书，可随时整理归档。在发文机关发出或对方机关单位收到后就算办理完毕的文书，也可随即整理归档。

② 文件需要长期办理或执行，如重大问题、上级机关发布的指导性法规及重要决议、年度计划、长远规划等，从发文机关来说，在文件发出前就可以将定稿整理归档；而收文机关，则经有关领导人阅知、研究、传达并采取了具体执行的措施后，方可整理归档。

③ 不需要办复的文书，如上级机关发来的任免令、通知、通报等，经机关领导人阅批或传阅等文书办理程序完毕，就可以整理归档。

🎬 **相关链接**

什么是归档文件

《归档文件整理规则》对"归档文件"这一概念的使用和限制，具有专指性的意义，概括为："立档单位在其职能活动中形成的、办理完毕、应作为文书档案保存的各种纸质文件材料"。其中，"办理完毕"是指文件相应的文书处理程序已经完成，而不论文件本身在实际工作中是否还在发挥作用。例如，请示与批复，在复文发出或收到以后，在文书处理程序上就算办理完毕。《归档文件整理规则》对适用的归档文件载体、种类做了限定，明确为纸质文书材料。这个标准的主要用意在于对文书档案立卷工作进行改革，暂不涉及科技档案、会计档案等专门档案，也不涉及声像、电子等特殊载体的整理工作。

2. 整理归档具有查考利用价值的文书

对于日常工作中形成的大量文书，没有必要都作为档案保存起来，没有查考利用价值的文书不需要整理归档。

3. 文书归档前的科学整理

需要整理归档的文书，必须按照它们在形成过程中的自然联系分类整理。日常工作中形成的文书是逐渐产生的，处于相对杂乱的状态。为了检索的便利，应该把有密切联系的文件材料以"件"为单位进行分类整理。整理好的文书，应立即装盒，以便于保管和利用，同时将装入档案盒的文书向档案部门进行移交，即归档。

需要注意的是，归档文书材料必须是以纸质为载体的文件材料，其他载体的文书不属于归档文件整理范畴。

文书整理归档工作是介于文书处理工作和档案管理工作之间的一项重要工作，文书部门必须进行文书整理。经过文书整理，剔除非重要的、临时性的文书材料，将重要的、有查考利用价值的文书材料归档。文书材料如果不进行整理归档，而任其处于零散状态，就可能造成文书材料的损坏或丢失。同时，文书整理的质量，直接影响档案的收集、整理、保管、查找和利用等各项工作，所以说，文书整理可以为档案工作奠定坚实的基础。

相关链接

《归档文件整理规则》的意义

制定《归档文件整理规则》（以下简称《规则》），是我国机关档案工作改革的一项重要举措。《规则》从我国机关档案工作的现状出发，适应档案管理现代化的需要，在借鉴传统立卷方法合理性的基础上，对归档文件整理工作的原则和具体方法做出了规定。《规则》的制定，弥补了我国档案工作法规标准体系中归档文件整理工作方面的空白，为新形势下规范、高效地进行归档文件整理工作提供了依据，因此，对我国机关档案工作的持续发展具有重要意义。

1. 对机关档案工作的意义

制定《规则》的目的正是适应这种变化的需要，调整和简化归档文件整理方法，为机关档案工作的持续发展提供保障，其具体意义有以下几点。

（1）缓解机关档案工作的压力

《规则》的颁布实施，满足了机关简化手工劳动的要求，在保证归档文件整理工作质量的同时，减少了人力占用，缩短了工作时间，提高了工作效率。同时，由于其方法简便，也更容易被机关文档人员理解和掌握。这就为机关档案工作以自身改革来适应新的形势打下了良好的基础。

（2）节省机关的财力、物力

机关档案工作是一项条件性很强的工作，所需财力、物力等资源不可能依靠自身经济效益来解决，而须依赖所在机关提供。由于机关各方面条件的限制，这种资源往往是有限的，因此更需要合理分配。《规则》推行文件级管理，取消了案卷，不再对档案原件进行形式上的加工，也就避免了上述不利因素，在完整地保持档案原貌的同时，也减少了归档文件整理工作所占用的财力、物力，有效地节省了资金，有利于档案管理现代化及机关档案工作其他方面的建设。

（3）理顺机关档案工作的职能

《规则》推行以"件"为保管单位，从根本上克服了人力、财力、物力方面的弊端，同时通过简化归档文件整理工作，对整理和利用之间的矛盾进行了调整，引导机关档案人员将注意力更多地投向深化检索体系、丰富检索途径和完善利用服务等。

2. 对档案馆工作的意义

文件材料整理归档后，在档案室保存阶段，如果有永久和长期保存价值的档案，最终都要移交档案馆继续保管和利用。机关归档文件整理工作的质量，决定了档案在档案馆保存的状态，必然也会对档案馆各项管理工作产生影响。采用适宜的归档文件整理方法，从档案室工作阶段就能为移交进档案馆打下良好的基础，因此具有重要意义，具体如下。

（1）便于档案馆控制档案进馆质量

档案由机关档案室向档案馆移交时，常常需要按照进馆标准进行局部的调整。以"件"为保管单位，即使需要再加工，也不存在拆卷问题，直接按件剔除或补充即可。这对档案馆接收档案，以及进馆档案重新进行专题整理等工作是十分有利的。

（2）有利于档案馆向社会开放

《中华人民共和国档案法》规定：国家档案馆保管的档案，一般应当自形成之日起满30年可以向社会开放。制定《规则》，推行文件级管理则可以很好地解决提供利用的问题，为馆藏档案向社会开放利用铺平了道路。

此外，在缓解档案馆库房压力、提高检索效率及查全率、查准率等方面，《规则》也可以发挥明显的作用。

3. 对档案管理现代化的意义

当今社会，人们对获取信息的要求是全面、迅速、准确。仍然以传统的、手工作业式的、小生产式的方法管理档案，已远不能适应机关工作发展的需要。有步骤地、全面地实现档案管理现代化，已经成为全体档案工作者的共识。

（1）为以计算机技术为中心的现代化科学技术在档案管理工作中的有效应用铺平道路。

（2）促进机关文档一体化管理的实现。

（3）为设计合理的电子文件整理方法打下基础。

《规则》从简化、高效出发提出的文件级管理思路，既满足了现阶段归档文件整理工作的需要，也具有一定的引导性，与电子文件整理在目的、原则等方面具有许多共同之处，因而为制订、规范电子文件整理方法，协调纸质文件和电子文件在整理方法使用上的关系奠定了良好的基础。

（二）文书整理归档工作的改革内容

2015年10月25日，国家档案局发布修订后的《归档文件整理规则》（DA/T 22—2015，代替DA/T 22—2000）。新规则在适应当前档案工作和总结过去工作经验的基础上，在结构和内容上做了多处调整，细化了文书档案整理的工作流程，明确了具体的工作要求，对文件材料的归档整理工作提供了更具针对性的指导。学习、贯彻和执行新规则，对提升档案工作水平和档案工作人员的业务素质，具有较强的指导意义。主要修订内容如下。

1. 扩大适用范围

归档文件由纸质文件材料扩展为纸质和电子文件材料，纳入了电子文件整理。

2. 优化整理流程

增加了编页、排架要求，组件、修整环节更加规范具体，电子文件还包括格式转换、元数据收集、归档数据包组织和存储。

3. 归档章调整

将室编件号和馆编件号统一为件号，增加了页数必备项。

4. 归档文件目录格式调整

格式调整为横向格式，件号改成了序号，增加了档号、密级项目。

5. 档案盒编目项目调整

将室编件起止件号和馆编件起止件号统一为起止件号。

6. 增加了档号

明确档号结构和编制方法：全宗号-档案门类代码·年度-保管期限-机构（问题）代码-件号。全宗号用 4 位代码标识，档案门类代码用"文书"或"WS"标识，年度用 4 位阿拉伯数字标注，保管期限分为永久、定期 30 年、定期 10 年，分别用代码"Y""D30""D10"标识，件号用 4 位阿拉伯数字标识，不足的用 0 补足。

7. 重新明确了装订要求

根据保管期限的不同，确定装订方式。永久、定期保管的、需要向综合档案馆移交的归档文件，采用线装（直角装订和三孔一线）、不锈钢订书针或糨糊装订，不使用不锈钢夹或封套装订。定期保管的、不需要向综合档案馆移交的归档文件，采用线装法、不锈钢订书针或糨糊装订，也可以使用不锈钢夹或封套装订。

8. 增加编页、排架要求

页码用铅笔标注在文件正面的右上角和背面左上角。文件材料已经印制成册并编有页码的，可保持原有页码不变。档案盒排架应与本单位归档文件分类方案一致，按照从上到下，从左到右排列。

相关链接

《归档文件整理规则》的特点

《归档文件整理规则》（以下简称《规则》）采用与传统立卷方法完全不同的思路，从"简化整理、深化检索"出发，对归档文件整理工作的许多环节进行了调整和简化，使《规则》体现出了鲜明的特点。

1. 简化。制定行业标准《规则》时，以"简化整理、深化检索"为宗旨，对原有的归档文件整理方法——立卷进行了改革，推行文件级管理，大幅度地简化了整理工作中的手工操作。通过对整理环节的调整，《规则》简化操作的特点已是一目了然。这既减轻了档案工作人员的工作量，同时又对降低业务培训难度起到了良好的作用。

2. 兼容。制定《规则》的一个重要原则，就是兼顾计算机和手工两种管理方式。《规则》从实用性考虑，在立足适应现代化管理需要的前提下，兼顾手工管理的方式，做到既有导向性，又体现出过渡性。《规则》能够使档案管理水平不同的机关有统一的归档文件整理方法；《规则》在简化机关档案室操作的同时，也兼顾了档案馆管理的需要；《规则》适用范围的界定同样体现了兼容性。此外，由于《规则》兼顾档案现代化管理方式和传统手工管理方式，因此适用范围中未将现代化管理水平作为明确的限定标准提出，以方便地方档案行政管理部门根据本地区实际情况自行掌握《规则》的推广进度和推广面。但要注意，实施《规则》应从一个新的整理年度开始，在此之前已经按照立卷的方法整理归档的档案，不应要求按《规则》做法返工重整，以免造成人力、物力的浪费。

3．灵活。条款规定具有一定的灵活性，是《规则》的又一大特点。作为通用的行业标准，《规则》必须具有普适性，能适用于我国各级、各类机关。不同机关由于工作职能、文件的数量和种类、文书处理程序和归档环节等方面各有不同，在遵循《规则》、保证整理质量、便于检索的前提下，具体做法可以有所不同。

任务实训

● 采用《归档文件整理规则》进行文件整理时，难以做出归档文件的判断与"件"的判定，找出几份应归档的文件材料，判断归档文件"件"的组成。

● 参观档案室，以小组为单位翻看已整理好的案卷盒，了解其中案卷的构成，体会《归档文件整理规则》与案卷整理的不同要求，写一份总结材料。

第二节　文书整理归档制度

模拟情景

乔梅在老郑的指导下，学习了一些文书整理归档业务。一次老郑不在，乔梅独自判断需要归档与不需要归档的文件材料，想让老郑看看这几个月来自己的进步。老郑回来后，看到乔梅的工作成果很是高兴，夸奖乔梅头脑灵活，业务能力有所长进，并指出了乔梅判定应归档文件材料的几个错误的地方。看来在文件归档范围判定上既要依据标准，又要灵活处置。

任务驱动

1．乔梅应如何准确判断文件材料归不归档？
2．乔梅怎样确保归档文件整理质量符合要求？

任务分解

➤ 了解文书整理归档的范围
➤ 了解文书整理归档的时间
➤ 了解文书整理归档的质量要求
➤ 了解归档手续

任务解析

文书整理归档制度包括文书整理归档的范围、文书整理归档的时间、文书整理归档的质量要求及归档手续等几方面的内容。

（一）文书整理归档的范围

文书整理归档的范围概括来说，包括本机关（单位）在工作活动中形成和使用、反映本机关（单位）工作活动、具有查考利用价值的文件及其他有关材料（照片、图表、印模、录音带、录像带等）。

在文书整理归档范围的确定上必须做到准确，以避免归档文书的遗漏和不必要的重复。文书整理归档的重点应该以本机关单位直接产生的文书为主，着重保存记载和反映本机关主要职能的、具有重要和长远查考价值的文书。应该整理归档的文件材料如表 5-1 所示。

表 5-1　整理归档的文件材料

序号	内容
1	上级发来的与本单位业务有关的决定、命令、条令、规定、计划等
2	本单位重要的会议材料，包括会议的通知、报告、会议纪要、领导人讲话、典型发言、会议简报、录音带、照片等
3	党政工团的工作计划、报告、会议记录、统计材料等
4	本单位的主要活动报告、总结
5	本单位对外的正式发文，如命令、条令、通报、通知等
6	本单位的请示与上级单位的批复、下级单位的请示与本单位的批复
7	本单位各种工作计划、统计报表等
8	本单位与有关单位协商工作的往来文书
9	本单位的人民来信和处理人民来信、来访等的工作材料
10	本单位与有关单位签订的合同、协议书等
11	本单位干部任免的文件、职工的录用、转正、定级调资、评定职称、退职、退休、离休、奖惩、抚恤、死亡等有关文件材料
12	本单位的组织规则、规章制度，人员编制材料，干部、职工、党团员名册，干部年报表，干部、职工转移行政、党团组织关系介绍信存根
13	本单位及本单位批准的下属单位的成立、合并、撤销、更改名称、启用印签的文件
14	本单位的历史沿革、大事件及反映本单位重要活动的简报、照片、录音带、录像带等
15	本单位或本单位批准的关于区域变化、征用土地的文件材料
16	本单位财产、物资、档案等的交接凭证及产权材料
17	本单位在外事活动中形成的材料
18	同级单位或非隶属机关发出的、与本单位业务有关的、有参考价值的文件，如条例、规定、通知等
19	下级单位报送的有关方针政策性的、请示性的或反映重要活动及反映较长时间内全面情况的文件，如年度总结、工作报告、统计报表等

不具有查考利用价值的文件不需要归档，并于年底可按制度销毁。在所产生的文件中，其中不需要整理归档的文件材料如表 5-2 所示。

表 5-2　不需整理归档的文件材料

序号	内容
1	重份文件
2	无查考利用价值的事务性、临时性的文件材料，如一般性会议通知、不相隶属单位的迁址通知、洽谈业务的介绍信、节假日通知等
3	未经签发的文电草稿，一般性文件的历次修改稿
4	无特殊保存价值的信封
5	内部互相抄送的文件，其他单位抄送来的供参考的文件材料或征求意见的未定稿
6	本单位负责人兼任外单位职务时形成的文件
7	越级抄送或下级单位送来的不必抄送的文件

相关链接

不归档文件的管理和处理

对不属于归档范围的文件材料和没有保存价值的文件材料，应分不同情况，进行合理、合法的处置。如有些通过本机关工作人员从外地或国外参观、考察搜集而来的，虽不记载和反映本机关的职能活动，但对发展本地区、本系统文化、科学、技术和经济建设有参考价值的文件材料，包括复印件和重份文件，可作为资料由有关业务部门自行管理；如有些同级机关和非隶属机关的文件材料或抄送本机关而不需要办理的文件材料，若对本机关研究某项工作有一定的借鉴作用的，也可作为参考资料由有关业务部门或综合部门暂存备用；又如上级和本级制定的一些正在执行或须长期执行的重要法律法规和方针政策性文件，除按规定归档的份数外，其不应归档的重份文件也应视情况由各部门作依据性资料保存一段时间，以便于工作中随时查考。也就是说，有些不属于归档范围内而工作中需要查考的文件材料，应作为资料保存一段时间，以避免因需要参考而不得不重新收集、复印，造成不必要的浪费。因此，对不归档文件应按两种情况分别处理：一是留在部门或个人手中作为资料保存；二是销毁。不论是保存还是销毁，都必须纳入统一的管理制度，由档案部门或档案工作人员监督实施。

不归档文件材料留在部门或个人手中，应当得到档案部门的同意，同时还要配备必要的设施，并指定专人将其妥善管理或掌握去向。有密级的文件，应按照有关规定登记在册，确保安全使用。

已确定无保存价值的不归档文件材料，档案部门应组织有关部门或有关人员将其逐件登记造册，经主管领导审查批准后，指派专人监销（一般作为再生纸原料）。任何组织或个人不得将机关不归档文件材料随意处理。

（二）文书整理归档的时间

文书整理归档的时间是指文书处理部门或有关业务部门将需要归档的文件向机关档案室移交的时间。

1．一般文书的归档时间

按照《机关档案工作条例》的规定，文书部门或业务部门一般应在第二年的6月底前向档案部门移交全部案盒档案，交接双方根据移交目录清点核对。

2．特殊文书的归档时间

在文书归档时间的判定上，为便于日常查找和利用，要注意对一些专门性的文件、特殊载体的文件、机密性强的文件或驻地比较分散的机关文件及形成规律特殊的个别业务单位的文件，根据实际情况商定适当的归档时间。

在文书的归档时间判断上，还要注意到对一些小的机关单位、单位内部机构简单或没有内部机构、平时文书数量较少的单位，实行集中处理。文书处理与档案工作由一人兼管的，可以采用"随办随归"的原则。

（三）文书整理归档的质量要求

1．完整、齐全地整理归档文书材料

文书工作人员在进行文书材料的整理归档时应做到：保持文书材料的完整、齐全，没有缺页、漏页、破损、字迹模糊等现象的发生。在整理过程中，要将有关联、能反映同一事物的文件材料收集齐全，特别是对能够反映事物本质的重要材料应力求收集齐全，否则，就不能更客观、更真实地反映事物的本来面貌。在整理过程中为保障整理归档的文书材料的完整与齐全，对于残缺、损坏的文件材料需要进行修补，对字迹不清楚或易褪色的文字给予复制等。

2．保持归档文件之间的有机联系

机关工作除具有规律性外，机关内部的各项活动之间、本机关与其他机关之间，必然存在着各种联系。这种活动或工作的联系就决定了文书形成过程中必然是相互联系的。例如，做一次接待工作，从接待前的方案制作、接待中的活动安排，到接待后的总结，这些文件材料真实反映了接待工作的全过程。因此，文书工作人员在整理文件时应保持文件之间的有机联系，以便于客观地反映出本机关单位的工作基本情况。

3．严格、准确地界定文书材料的保管期限

文书工作人员在文书的整理工作中，要根据国家档案局制定的《文书档案保管期限表》的规定，正确判断保管期限，并结合本单位的实际情况，将不同保管期限的文书分别整理，以方便今后档案的鉴定留存与销毁。

4．归档文件所用材料要符合档案保护要求

整理归档文件所使用的书写材料、纸张、装订材料等应符合档案保护的要求。以纸为物质载体、以书写材料为附着物、以文字表述为具体内容的文件，随着时间的推移与保护条件的变化会逐渐地老化，不利于档案资料的长久保存。为了充分发挥归档文件的价值，要求归档文件所用材料要符合档案保护的要求。

（四）归档手续

档案室在接收归档案盒时应按照以上要求对每一案盒进行检查验收。对符合质量标准的案盒文件，检查人员要在备考表上签字，以示负责；对不符合质量标准的案盒文件，要退回文书部门重新整理，达到标准后再予以接收。符合质量标准的案盒文件，档案部门应及时接收，交接双方根据移交目录清点核对案盒，并履行签字手续。

📋 任务实训

● 收集经过判断的需要归档与不需要归档的文件材料，仔细比对，认真判读它们之间的不同。

● 参观档案室，以小组为单位翻阅已经整理完毕的归档文件，了解案卷的整理情况，体会归档文书整理的质量要求，写一份总结材料。

第三节　文书整理归档步骤

🖥 模拟情景

办公室于主任让乔梅在文件材料的保管上多下一些功夫，将堆在文件柜中的文件材料进行系统整理，以解决时常找不到所需文件的状况。乔梅利用专业知识和从老郑那儿学到的方法，用了将近1个月的时间，按照文书整理归档的步骤和要求，把原本散乱的文件材料整理得井然有序。为此，于主任在会上对乔梅进行了表扬，乔梅也为自己的付出得到肯定而感到高兴。

▶ 任务驱动

1. 乔梅应如何进行文书整理？
2. 乔梅怎样确保整理后的文书归档正确？

🧩 任务分解

➤ 了解分类方案类目
➤ 初步整理
➤ 系统整理

🗔 任务解析

文书整理归档的步骤主要有编制分类方案类目、初步整理、系统整理和归档四个环节。

（一）编制分类方案类目

分类方案类目是文书整理归档的计划，是文书部门在文书没有形成之前，根据最近两年机关工作活动的规律及当年的工作计划，在研究机关的工作性质、职权范围、内部组织机构及分工情况的基础上，预测下一年度可能形成的文书，并按照文书整理的原则和方法，拟制出归档文书的类别与条目。分类方案类目的编制须提前一年或在当年年初进行。文书部门编制出的分类方案类目一般应与本机关的档案室的分类相适应。

条目是类别之下按照文书整理归档的原则与方法概括出来的一组文件的总标题。条目的编制要求准确、细致，符合实际，在文字表述上要简明扼要。

相关链接

××高校文字整理归档分类方案类目

一、教务处

1-1	教育工作计划	定期
1-2	教育工作总结	永久
1-3	教育工作进展情况	定期
1-4	教育工作报告	永久
1-5	20××年度招生情况	定期

二、宣传部

2-1	上级机关有关指导宣传工作的文件材料	永久
2-2	宣传工作计划、总结	定期
2-3	宣传工作会议材料	永久
2-4	宣传工作进展情况	定期
2-5	宣传工作经验材料	定期

三、组织部

3-1	上级机关有关指导组织工作的文件材料	永久
3-2	组织工作计划、总结	定期
3-3	组织工作报告	永久
3-4	下级机关上报的有关组织工作的材料	定期
3-5	组织工作进展情况	定期

……

在此分类方案类目中，教务处、宣传部、组织部等是按照组织机构分类划分出的类别，而在每一类别下，又细致划分并编制的一组文件的总标题就是条目。这样文书的整理归档就能方便、准确、快捷地实现了。

相关链接

复式分类法与分类方案

在机关档案室的实际工作中，当归档文件数量较多时，分类工作需要分层进行，单纯采用一种分类方法的情况是比较少见的，较多的是将几种分类方法结合使用，称为复式分类法。《规则》提供的年度、保管期限、机构（问题）三种分类方法，可以组合成多种复式分类法。

《规则》不限定年度、保管期限、机构（问题）在组合成复式分类法时的先后顺序，但对三种分类方法的可选择性做出了规定。其中，年度、保管期限是必选项，任何复式分类法都必须具备，也就是任何机关整理归档文件都必须分年度、分保管期限进行。机构（问题）作为选择项，是因为基层单位或小机关，每年形成的文件数量少，或者内部机构设置简单，这种情况下无须再按机构（问题）进一步细分；而大的机关，文件一般由各文书处理部门分工整理归档，机构（问题）则往往是必选项。

为使分类方法更切合各单位的实际情况，《规则》并未限定机关档案部门必须采用的复式分类法，只推荐了常用的复式分类方法，即"年度-机构（问题）-保管期限"或"保管期限-年度-机构（问题）"分类法。

在选定分类方法的基础上，应联系机关实际情况编制出分类方案。分类方案就是在确定的分类方法的基础上，标列各级类目名称，固定全宗内分类体系的分类纲要。分类方案是机关档案室工作的基础，是档案室规范化管理的起点，因此任何一个档案室都必须具备切合实际的分类方案，并且使其保持相对稳定。

分类方法与分类方案互为因果，相互制约。

（二）初步整理

初步整理指的是平时整理，是指文书部门的工作人员依据文书的分类方案将已经处理完毕的文件，随时收集、整理，以"件"为单位进行装订，并按有关类目随时归整，装入案盒，到年终或第二年年初再按归档的要求进行必要的调整。

做好平时整理的工作有利于把文件收集完整，防止丢失或遗漏；有利于机关承办人员平时查找利用，方便工作；有利于分门别类地整理，保证归档的质量；有利于节省人力和时间，为年终的整理归档工作做好准备。

步 —— 骤

| 步骤一 | 及时收集处理完毕的文件 |

文书工作人员在日常工作中，要养成将办理完毕的文件及时归整的习惯，并积极主动地经常催促承办人员清退处理完毕的文件。对外发文应在文件发出时，同时将定稿、存本整理归档。收来的文件，可以在文件登记批办后结合催办工作，及时清退整理归档。机关内部使用的文件、会议文件、有关人员外出带回的文件等，要及时进行登记和收集。总之，平时整理，要做到随办随收，随收随归。

| 步骤二 | 做好文件的装订工作 |

对于收集到的应该归档的文件要做好平时的装订工作。装订文件一般应做到：装订成册的应保持原样不变；装订一般采用线装方式，左侧或左上角装订；装订时应以"件"为单位，应注意"件"的判断与排列顺序。

| 步骤三 | 做好定期检查和调整工作 |

在平时整理归档过程中应进行定期检查，如发现文件归错类别等现象，应及时进行调整。具体工作如下。

① 在平时整理过程中调整、修改分类方案类目，因为事先编制的分类方案类目，不可能完全适合实际形成的文件。

② 实际形成的文件在类别内产生的数量已经很多，预计可能还会产生相当数量的文件时，可以增添一定数量的档案盒并根据条目编写新号。

③ 实际形成的文件在类别内没有相应的位置时，可以增补新的条目。

④ 在确认条目下无文件可整理归档时，可取消或更换条目内容。

相关链接

重视平时积累

虽然归档工作一般按年度进行，但不是一定要等到每年年终才开始着手。实践证明，如果重视文件的平时积累，及时收集日常工作中形成的、办理完毕的文件材料，随办随归、妥善管理，既有利于保证归档文件的齐全完整，又能使年终的整理工作变得十分轻松。做好文件材料的平时积累工作，应注意以下几点。

1. 严格登记

收发文件的登记是文件来往的必经关口，因此，把好这一关，就能保证机关单位主要文件的齐全完整。

2. 及时收集

及时收集是确保归档文件齐全完整的关键。收集工作不要等到年底要整理了才进行，而应区分不同情况，明确归档时限。

3. 严格检查

对收集来的各种文件材料，应逐件对以下各方面情况进行检查。首先，同一事由的文件是否办理完毕，包括每份文件是否已完成公文处理的每个程序，是否是生效文件。其次，文件材料是否齐全完整。同一事由的文件是否收集在一起，包括机关内部所有机构的文件种类、类型是否齐全完整，每份文件的正本、定稿、重要的草稿、附件等是否齐全完整。最后，这些文件材料的字迹、用纸是否符合归档要求。

4. 随办随归

这里的"办"是指办理完毕，"归"是指整理后归入档案盒。

5. 妥善管理

管理的对象既包括办理完毕后经过整理的归档文件材料，也包括没有办理完毕和不需要办理的阅文和备案材料。这些文件材料在综合部门或业务部门必须指定专职或兼职人员来管理，应配备专用的文件柜和文件夹（盒）。文件夹（盒）可以根据机构、职能或问题、事由等因素进行分类标识，以便于平时文件的归类和利用。妥善管理应做到分门别类、有目可查、运转有序、保管安全。

（三）系统整理

系统整理是文书部门根据国家档案局发布的《归档文件整理规则》，将一个年度全部处理完毕的文书材料，在平时整理归档的基础上，进一步系统地加以整理并编制目录，以便向档案室移交及日后对档案文件进行管理和利用的工作。

------ 步 ---- 骤 ------

步骤一　　整理案盒内的文件

（1）检查案盒内的文件是否齐全完整

案盒内所归整的文件必须做到齐全完整。文书人员应及时检查文件的清退情况，把所有应归档的文件材料收集齐全；检查借阅文件登记本，将借出的文件全部收回。

（2）检查案盒内的文件是否符合归档范围

在进行文书整理归档时，要检查归档的文件材料是否符合归档范围的要求。对重份的文件要剔除，对不符合归档要求的文件，要剔除并另外处理。

（3）检查案盒内的文件是否科学、合理

检查案盒内的文件是否符合保管期限，归类是否合理，是否将相同事由的文件集中排列；检查是否以"件"为单位；检查案盒内的文件数量是否适宜等。发现不合理的地方，要进行调整和补充。

步骤二　　排列案盒内的文件

案盒内的文件必须按照一定的规律排序，以保持文件之间的有机联系，使每份文件在案盒内都有一个固定的位置。

（1）排序原则和方法

《归档文件整理规则》强调了"事由原则"，即同一主题有密切联系的文件材料应当排列在一起。按事由原则排列归档文件，其中对事由的界定有较大的灵活性。一般来说，事由原则有针对性地使用于确有密切联系的文件材料，如一次会议、一个案件、一项活动的文件材料等。但应注意，围绕同一问题的来文与复文，包括请示与批复，同在一个年度形成的，应当遵循事由原则排列在一起，在不同年度形成的，可分开单独归档。盒内的文件可以按下列三种方法进行排列。

① 事由结合时间排列。排列案盒中的文件，可先按事由排列，将相同事由的文件排列在一起，然后再将相同事由的文件按时间顺序先后进行排列。

② 事由结合重要程度排列。排列案盒中的文件，可先按事由排列，将相同事由的文件排列在一起，然后再将相同事由的文件按重要程度排列，即重要的文件排在前，次要的文件排在后，依次进行。

③ 成套文件集中排列。一次事件所产生的所有文件可排列在一起，如一次会议，会议进行过程中产生的所有文件可依次排列在一起，然后结合时间或重要程度进行排列。

（2）归档文件的编号

归档文件的编号是指以归档文件在全宗中的位置标识为符号，并以归档章的形式在归档文件上注明。编号是编目工作的起点，其目的是反映分类、排列这些系统化的成果。

归档章一般加盖在归档文件首页上端居中的空白位置。归档章一般规格为长 45mm，宽16mm，分为均匀的 6 格，各项目位置排列顺序如表 5-3 所示。

表 5-3　项目位置排列顺序

（全宗号）	（年度号）	（件号）
（机构或问题）	（保管期限）	（页数）

注：

长：15×3＝45

宽：8×2＝16　　　　　　（单位：mm）

归档章各项目的填写方法是：

① 全宗号，填写同级国家综合档案馆给立档单位编制的代号。

② 年度号，填写文件形成的年份，以四位阿拉伯数字标注，如将 2020 年度形成的文件标注为"2020"。

③ 件号，即文件的排列顺序号，它是反映归档文件在全宗中的位置和固定归档文件的排列先后顺序的重要标识。

④ 机构或问题，填写该文件的组织机构全称，如果机构名称太长，可使用机构内部规范的简称，如"中华全国妇女联合会"可简称"全国妇联"。

⑤ 保管期限，标注"永久"或"定期"。

⑥ 页数，每一件归档文件的页面总数。文件中有图文的页面为一页。

步骤三　归档文件的编目与装盒

（1）归档文件目录的编制

《规则》规定：归档文件应依据分类方案和室编件号顺序编制归档文件目录。即应按照分类、排列、编号的结果，逐类、逐件编制目录，以系统、全面地揭示文件的全貌。《规则》还规定，编目以"件"为单位进行，每一件文件在归档文件目录中都只体现为一个条目。

① 归档文件目录项目设置。《规则》规定：归档文件目录设置序号、档号、文号、责任者、题名、日期、密级、页数、备注等项目，如表 5-4 所示。

表 5-4　归档文件目录

序号	档号	文号	责任者	题名	日期	密级	页数	备注

● 序号：填写归档文件顺序号。

● 档号：档号的结构宜为全宗号-档案门类代码·年度-保管期限-机构（问题）代码-件号。上、下位代码之间用"-"连接，同一级代码之间用"·"隔开。如"Z109-WS·2020-Y-BGS-0001"。

- 文号：文件的发文字号。没有文号的，不用标识。
- 责任者：制发文件的组织或个人，即文件的发文机关或署名者。
- 题名：文件标题。没有标题、标题不规范，或者标题不能反映文件主要内容、不方便检索的，应全部或部分自拟标题，自拟内容外加方括号"[ ]"。
- 日期：文件的形成时间，以国际标准日期表示法标注年月日，如20200909。
- 密级：文件密级按文件实际标注情况填写。没有密级的，不用标识。
- 页数：每一件归档文件的页面总数。文件中有图文的页面为一页。
- 备注：注释文件须说明的情况。

② 归档文件目录封面项目设置。归档文件目录封面项目除设置归档文件目录名称外，应设置全宗号、全宗名称，并依据编制的分类方案设置年度、保管期限、机构（问题）等类目名称，如图5-1所示。

归 档 文 件 目 录

全 宗 号＿＿＿＿＿＿＿
全宗名称＿＿＿＿＿＿＿
年　　度＿＿＿＿＿＿＿
保管期限＿＿＿＿＿＿＿
*机构（问题）＿＿＿＿＿

图5-1　归档文件目录封面

③ 归档文件目录编制成册。归档文件目录及其封面应编制装订成册，这样既整齐、美观，又不易损坏，同时还方便传递、携带、阅读。归档文件目录编制成册的方法，应与分类方案一致。如按年度-保管期限-机构（问题）进行分类的单位，可以按不同保管期限装订成目录，每本目录中要指明不同机构，或者在目录表格右上方标注机构名称。归档文件目录应编制两套。在移交档案时，交档案馆一套，本机关档案室留一套。

（2）归档文件的装盒

归档文件的装盒步骤如下。

① 档案盒的规格和封面设置。档案盒外形尺寸为长310mm，宽220mm，厚度一般为20mm、30mm、40mm、50mm的长方体，也可以根据需要设置其厚度。

在档案盒封面上设置全宗名称，在全宗名称下加双横线。可以在制作档案盒时印制全宗名称，也可以先打印好全宗名称，再贴到档案盒上。

② 档案盒摆放方式。档案盒摆放方式分为竖式和横式两种。不同的摆放方式，盒脊项目位置的设置也随之相应变化。采用不同的摆放方式是为了保护档案，以及出于档案盒不同尺寸的考虑。

③ 归档文件的装盒要求。归档文件应严格按照分类体系中盒件号的先后顺序分别装入档案盒，与归档文件目录中相应各条目的排列顺序应完全一致，以保证检索到文件条目后能对应找到文件实体。装盒具体要求如下：

● 不同年度的归档文件不能放入同一档案盒；

● 不同保管期限的归档文件不能放入同一档案盒；

● 不同机构或问题类目的归档文件不能放入同一档案盒；

● 当遇到同一类目的归档文件数量少、不够一盒时，也不能将这些文件材料装入其他档案盒，只能通过不同厚度的档案盒来解决；

● 档案盒只是归档文件的装具，不具有保管单位的性质和作用，因此并不要求同一事由的文件材料必须装入同一档案盒内，只要按照先后顺序依次装盒即可。

④ 盒内文件目录与备考表的填写。档案盒内设置文件目录，是为了便于盒内文件材料的保管、利用和进出核查。盒内文件目录在项目设置、项目内容和要求上与归档文件目录完全一致。

备考表放在盒内文件材料之后，用于注明盒内文件材料的情况。填写备考表是对盒内文件材料进行动态管理的有效措施。备考表设置的项目包括盒内文件情况说明、整理人、检查人和日期等，备考表式样如图 5-2 所示。

备考表是用来注明案盒内文件情况的表格，以备移交到档案部门后，管理人员了解情况。备考表放置于案盒文件的最后，其项目一般有盒内文件情况说明、整理人、检查人、日期四项。其中，盒内文件情况说明，主要是盒内文件状况说明，如该盒内文件缺损、移出、补充、销毁及其他需要说明的问题；整理人，即负责整理文件的人员；检查人，即负责检查审核归档文件整理质量的人员；日期，即登记日期。备考表由整理人填写。

⑤ 填写案盒封面、盒脊。档案盒的盒脊和底边设置的内容一般包括全宗号、年度、保管期限、机构（问题）、起止件号、盒号等。其中，全宗号是档案馆给立档单位编制的代号；年度按此盒文件所产生的时间编写；保管期限可按永久、定期填写；起止件号是盒内文件的第一个文件编号和最后一个文件编号，中间用"—"号将两者连接；盒号，是档案盒的排列顺序号，在归档移交档案时填写。档案盒盒脊及底边式样如图 5-3 所示。

图 5-2　备考表式样

图 5-3　档案盒盒脊及底边式样

相关链接

《规则》所使用的档案盒与文书案卷盒有什么区别

在归档文件装具——档案盒的设计方面，《规则》采用了文书案卷盒的样式和规格，但具体的项目设置有了较大变化，封面只设全宗名称项，取消了类目名称、案卷题名、起止时间、保管期限、件页数量、全宗号、目录号、案卷号、归档号等项目；盒脊取消了目录号、案卷号项，保留了全宗号、年度项，增设了保管期限、机构（问题）、起止件号、盒号项。

为适应归档文件整理的需要，档案盒在一些规格上进行了调整。例如，根据修改后的《国务院公文处理办法》中公文用纸只采用 A4 纸张的要求，只设计了能够盛放 A4 规格纸张的档案盒，而不再有 16 开规格的档案盒。为了方便档案人员在装满归档文件的档案盒中进行档案取放操作，档案盒的平面长宽稍稍增加了一些。档案盒的厚度由 30mm、40mm、50mm 三种规格扩展为 20mm、30mm、40mm 等多种规格，档案人员可以根据本单位归档文件的整理情况，选择厚度适宜的档案盒。对档案盒的材质不再做硬性规定，由各级档案行政管理部门负责制定本地区各级档案部门的档案盒材质要求，并将无酸纸作为档案盒推荐材质。

（四）归档

归档是指文书部门将整理好的案盒文件定期向档案部门进行移交以便集中保管的工作。经过整理的案盒文件一般在第二年的上半年向档案部门进行移交。档案室在接收档案盒时应对每一案盒进行检查验收，并履行登记、签字手续。案盒文件的归档，要满足本机关对档案的查找和利用，保证机关档案的齐全完整，为国家积累档案财富。

任务实训

● 收集不同单位的文书整理归档的分类方案，对应不同单位的具体情况，分析其选择的分类标准与分类方案是否准确。

● 参观档案室，让文书工作人员或档案管理人员介绍他们进行文书整理工作的全过程，结合所学理论，写一份总结材料。

本 章 小 结

知识梳理

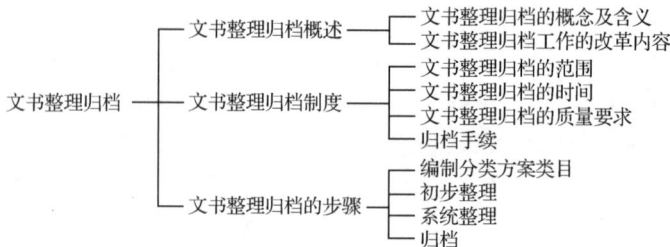

分析思考

1.《归档文件整理规则》实施的意义是什么？

2．文书整理归档的要求是什么？

3．归档章的各项目应如何填写？

目 标 检 测

一、名词解释

文书整理归档　分类方案类目　归档

二、填空题

1．文书整理归档是机关文书部门将_____、具有一定查考利用价值的文件材料，按照它们在形成过程中的联系和一定的规律，以_____为单位，分类整理，并进行_____、_____的过程。

2．以"案盒"作为保管单位，取消_____和软卷皮，这样减少了_____装订的手续，节约了装订的时间。

3．文书整理的根本目的，是便于_____。

4．文书整理的方法和步骤主要有_____、初步整理、_____、归档整理四个环节。

5．文书的保管期限一般分为永久、_____两个期限。

6．档案盒摆放方式有_____和_____两种。

7．填写备考表是对盒内文件材料进行_____管理的有效措施。

8．按照《机关档案工作业务规范》的规定，文书部门一般在_____向档案部门移交全部案盒档案，以及一些专门性的文件或驻地比较分散的个别业务单位的文件，为便于日常查找和利用，也可根据实际情况商定_____时间。

9．档案室在接收归档案盒时应按照要求对每一案盒进行检查验收。对符合质量标准的案盒文件，检查人员要在_____上签字，以示负责；对不符合质量标准的案盒文件，要_____，达到标准后再予以接收。

三、多选题

1．文书整理归档的范围概括来说，就是本机关在工作活动中形成的，办理完毕的，具有查考价值的（　　）。

A．收发文件　　　　　　B．电报　　　　　　C．会议文件　　　　　　D．内部文件

2．应该整理归档的文件材料包括（　　）。

A．上级发来的与本单位业务有关的决定、命令

B．本单位重要的会议材料

C．非隶属机关发出的与本单位业务有关的、有参考价值的文件

D．下级单位报送的请示性的文件

3．文书归档的质量要求包括（　　）。

A．齐全完整地整理归档文书材料

B．严格准确地界定文书材料的保管期限

C. 严格判定归档范围

D. 准确区分不同机构或问题

4. 装订时应以"件"为单位，"件"的排列顺序应为（　　）。

A. 正本在前，定稿在后　　　　　　　B. 正文在前，附件在后

C. 原件在前，复制件在后　　　　　　D. 转发文在前，被转发文在后

5. 盒内文件的排列方法包括（　　）。

A. 事由结合时间排列　　　　　　　　B. 事由结合重要程度排列

C. 成套文件可集中排列　　　　　　　D. 时间顺序排列

6. 归档文件装盒要求（　　）。

A. 不同年度的归档文件不能放入同一档案盒

B. 不同保管期限的归档文件不能放入同一档案盒

C. 不同机构或问题类目的归档文件不能放入同一档案盒

D. 当遇到同一类目的归档文件数量少，不够一盒时，不能装入其他档案盒

四、问答题

1. 如何判断归档文件的"件"？

2. 归档文件的"件"应如何排列？

3. 案盒内文件排列的方法有哪些？

阅读材料

《机关文件材料归档范围和档案保管期限表》的制定

这是档案工作的一项基本制度，也是归档文件整理工作的依据文件之一。各机关在制定本机关此项具体规定时，必须依据国家档案局《关于机关文件材料归档与不归档的范围》和《机关档案保管期限的规定》和地方档案行政管理机关的规定，结合本机关形成文件的种类逐一进行对照分析，准确地划定归档的范围和保管的期限，并在实际工作中严格执行。制定本机关此项具体规定时，应注意以下几个问题。

1. 深入实际，摸清家底

凡是本机关在职能活动中形成、办理完毕、具有保存价值、应作为档案留存的文件材料都应该整理归档。档案部门在起草本项制度前，应首先深入本机关各工作部门，了解文件的形成和办理情况，将其工作活动中形成的各类收文、发文、会议文件、内部材料等，就其性质、种类、载体、数量等方面了解清楚，并按部门列出清单，将反映机关职能活动的文件都涵盖在此范围内。其次，依据国家的有关规定，对这些文件材料分别提出归档范围和保管期限，然后再将这些意见反馈给各部门，给予修改和补充。档案部门也可以通过同业务人员座谈，从文件材料的现实效用和历史查考作用两个角度给予正确的判定。

2. 切合实际，操作性强

在制定制度时切忌生搬照抄，不能只将国家或有关机关的规定拿来一抄了事。不同机关制定的制度必须体现出各自的特点，此机关制定出的制度往往并不能通用于其他机关。此外，鉴于这一制度是开展整理工作的基本依据之一，因此在起草时，条款宜细不宜粗，每一条款都必须针对某一种文件，而且尽量不要使用"重要的""一般的"等难以把握的限定词。

3. 以我为主，突出重点

机关工作过程中形成的文件，按来源可以分为两部分：一部分是本机关制发的文件，包括本机关的对外发文和本机关的内部文件；另一部分是本机关的收文，包括上级来文、平行机关和下级机关的来文。本机关的文件是与本机关的职责、主管的业务、工作活动密切相关的，它们的内容直接、系统、全面地记录了本机关的主要活动历史。整理归档后的本机关文件是工作考察和历史研究的一手材料，而机关的收文，只是从侧面间接地反映本机关的工作活动和工作历史。因此，在确定归档范围和保管期限时，本机关形成的文件材料是收集归档的重点。

在本机关制发的文件中，最容易被忽视的是那些内部使用的、没有发出的文件，也就是我们常说的账外文件。这些文件虽没有对外发出，但其中业务工作的调研报告、分析汇总材料等部分文件材料，对于记录和反映本机关的职能活动和历史真实面貌必不可少，因此决不能忽视对这部分文件的收集和鉴定。

判定一个文件该不该归档及保存价值大小，首先是要看它与本机关职能工作的联系及本身的作用如何。凡是联系密切、在工作中起重要作用的，价值就大；反之，价值就小或根本没有保存价值。

第六章　档案与档案工作

学习目标

知 识 点	能 力 点
● 档案的定义、属性、作用与价值、种类 ● 档案工作的含义、性质、原则 ● 档案机构的性质、任务、类型 ● 档案工作者的职责、素养	● 辨别档案的种类 ● 掌握档案工作内容与步骤

第一节　档案

模拟情景

乔梅将办公室文件柜中的文件整理完后，想到自己的办公桌抽屉、保险柜等处都有需要归档的文件。这些文件形态各异，除了主要的纸质文字材料，还有照片、图纸、会计报表、录音资料、录像资料，电脑中还有大量有价值的电子邮件等电子文档，而且这些资料的来源也不统一，有的是本公司内部的文件，有的是国家相关的法规政策文件，还有的是本公司与其他公司在合作过程中形成的协议等。乔梅看着这么多文档真不知该如何划分它们的种类，心想如果平时把这些文件分好种类，年终也就不会这么忙乱了。

任务驱动

1. 乔梅在日常工作中应如何做才能避免年终文件归档工作的忙乱？
2. 乔梅目前所面对的这些归档文件应如何分类？

任务分解

➢ 了解档案的定义及属性

> ➤ 了解档案形态的演变
> ➤ 认识档案的作用与价值
> ➤ 熟悉档案的种类
> ➤ 辨别档案的种类

任务解析

要学好档案管理的相关知识，首先要对档案及档案工作有一个初步的认识，这是学习档案管理相关理论和技术方法的前提。

（一）档案的定义及属性

1. 档案的定义

目前，学术界对档案的定义还不统一。《中华人民共和国档案法》指出："本法所称的档案，是指过去和现在的国家机构、社会组织及个人从事政治、军事、经济、科学、技术、文化、宗教等活动直接形成的对国家和社会具有保存价值的各种文字、图表、声像等不同形式的历史记录。"中华人民共和国国家标准《档案工作基本术语》关于档案的定义是："国家机构、社会组织或个人在社会活动中直接形成的有价值的各种形式的历史记录。"

据统计，国内外已有的档案定义有上百种，定义的角度及具体表述各不相同，而且随着人们认识的发展，档案的定义也在不断更新。根据档案管理的相关法律、法规和标准，以及档案工作的实践经验，对档案的定义总结为：档案是机关、组织和个人在社会活动过程中形成的保存起来以备查考的文字、图像、声音、电子文件等对国家和社会有保存价值的历史记录。档案的含义可以从以下几个方面理解。

（1）档案形成者广泛

档案由机构和个人产生，其形成者既有机关、团体、军队、企事业单位等组织，也有家庭、家族和个人。

（2）档案内容丰富

档案作为一种信息载体，与人们的社会生活紧密相关。只要有人类活动，就必然有档案产生。档案是人们在社会实践中直接形成的，对社会活动的过程及结论的真实记录，其内容反映社会经济、政治、军事、外交、科学、技术、文化教育等各方面的情况。

（3）档案形式多样

档案的形式包括载体形式、制作手段、表现方式等方面。从载体形式来看，有甲骨、金石、缣帛、简牍、纸张、胶片、磁盘等；从制作手段来看，有刀刻、笔写、印刷、复制、摄影、录音、摄像等；从表现方式来看，有文字、图表、声像等。

（4）档案具有查考价值

人们有目的地选择对日后有利用价值的文件作为档案保存，以备查考。文件是档案的前身和基础；档案是文件的归宿和精华。

（5）档案是历史记录

档案由文件转化而来，是已经办理完毕的文件按一定逻辑规律整理而成的信息单元。档案是对以往社会实践的真实记录，是一种历史文化遗产。它可以把过去带到现在和未来，也就是所谓"让过去告诉现在""让历史告诉未来"，使历史原貌重现，对今天和未来提供依据性、凭证性的信息。

2. 档案的属性

综合档案的定义及档案自身固有的特点，可以将档案的属性总结如下。

（1）原始记录性

档案的原始记录性是档案的本质属性，也是档案不同于其他信息的主要特征。档案是原生信息，由特定的形成者直接使用原始文件转化而来，不是事后编写或另外收集的再生信息，记载的内容真实、原始、详尽、具体，客观地反映了人类社会实践活动的过程与面貌。档案一经形成，任何人不得改变档案的内容记录信息。

（2）信息性

档案是一种信息，是国家信息资源的重要组成部分，可以扩充、浓缩、扩散、分享和替代，也可以收集、传递、存储、检索、处理、交换和利用。

（3）知识性

档案是人类对自然和社会运动形态与规律的认识与描述，是人们在社会实践中积累起来的经验，是人类知识的结晶。档案作为记录知识的载体，对知识的继承和发展具有重要作用，是人们获取知识的重要途径。

（4）文化性

档案既有储存文化的作用，又有传承文化的功能，是文化传播的重要媒介。档案作为人类的文化成果，是一种丰富的文化财富和资源，有着宝贵的文化价值，能够延续人类文化。

相关链接

档案的起源

档案是人类社会发展到一定历史阶段的文明产物，来源于人类社会实践活动。关于档案是如何产生的及档案为何会产生，历史上有多种说法。在我国何时有了真正意义上的档案，大家的观点各不相同，大致有以下三种。

观点一　结绳、刻契说

认为档案起源于文字未产生之前的"结绳刻契"时代。结绳是在绳子上打结，以绳结的大小、多少、位置、颜色等来表示不同的意思。刻契是在木头、竹片、石块、泥板等物体上刻画各种符号和标志，用于表示一定的意义。结绳、刻契的记事方法在一定程度上记录和反映了当时人们的社会实践活动，具有备忘、守信的作用。结绳刻契可被称为史前时期的档案。

观点二　文字说

认为文字是产生档案的前提条件。文字的发明及应用标志着人类步入了文明时代。文字是语言的记录符号，是人类最直接，也是最确切表达思想、交流信息的工具。自从人类发明了文字，就开始用文字记录和传递信息，并将这些记录保存下来，成为档案。

观点三 国家说

认为档案起源于国家出现以后。阶级的出现和国家的形成，需要有文字记录作为管理和交际的工具。当国家有意识地开始保存阶级统治和国家管理的文件时，档案就出现了。

（二）档案的形态演变

我国档案记录的方式、技术和载体经历了多次发展变化，主要有以下几种表现形态。

1. 甲骨档案

甲骨档案是指中国古代以龟甲、兽骨为载体的关于古代生产、生活情况的原始记录，主要产生于商代后期（约公元前 14 世纪—公元前 11 世纪）的占卜活动中。至今为止，甲骨档案是我国境内发现的最早的档案。

从甲骨文字记录的内容来看，商朝统治者十分崇尚迷信。凡国家大事、自然现象、帝王活动，如征战、出巡、祭祀、狩猎、耕种、婚丧、灾害等，都要用甲骨占卜，向上苍询问吉凶，以便决策。占卜的时间、人名、问事及结果都刻写在甲骨上，集中保存在宗庙内，以备查考。这就形成了今天我们所称的甲骨档案。甲骨档案所记载的商代政治、军事、经济、帝王活动、社会情况、天文地理等内容，成为后世研究商代社会历史和自然历史的珍贵资料。

2. 金石档案

金文是铸刻在金属鼎彝器上的一种铭文，也称钟鼎文，一般是指冶铸在青铜器上的文字，金文鼎盛时期在西周。据有关资料记载，商朝有少数刻石，东周以后逐渐增多，秦代以后石刻碑碣大量出现，石刻档案进入盛行时代。这些镌刻在青铜器、石头上的文字记录材料合称金石档案。

3. 简牍档案

自商周至东晋时期，特别是从周代到汉代一千余年间，多用竹片和木板撰写文书。书写于竹片上的称为竹简，书写在木板上的称为木牍。由于材质及形成过程相似，故将竹简和木牍合称为简牍档案。又由于简牍编连在一起称为简册，所以简牍档案又称为简册档案。

4. 缣帛档案

缣帛是丝织物的总称，质地优良、柔软轻便、幅面宽广，宜于绘画书写。缣帛是春秋战国时期出现的一种书写材料，用它记录并保存下来的文献资料，后世称为缣帛档案。

5. 纸质档案

由于纸的发明和社会生产的发展，其他书写材料逐渐被纸张代替，形成了大量的纸质档案。我国虽然从汉代就发明了纸张，但直到东晋以后，纸张才逐渐取代了缣帛，成为档案的主要载体材料。

6. 声像档案

声像档案也称音像档案或视听档案，以照片、影片、唱片、光盘、录音带、录像带等为载体记录知识信息。声像档案具有真实记录性、选材典型性、视听形象性、艺术美感性、交流通用性的特点。

7. 电子档案

电子档案是随着计算机技术的发展而产生的，以代码形式和特定结构记录于计算机的存储载体，是计算机能够识别处理的文件信息。电子档案包括办公自动化和无纸化办公系统形成并归档的电子文件，以及将传统类型档案信息输入计算机，转换而成的电子文件。

（三）档案的作用与价值

各个国家、各类社会组织和个人留存档案，是因为档案具有其他事物所不可替代的作用和价值。

1. 档案的作用

档案具有广泛的社会作用，主要表现在行政、业务、文化、法律、教育几个方面。

（1）行政作用

档案是各级各类机构、社会组织行使职能、从事管理活动的真实记录，它对保持政策、体制、秩序、工作方法的连续性、有效性及决策的科学性具有无可替代的凭证和参考作用。

（2）业务作用

档案记载了各行各业运营、发展的有关情况、成果、经验和教训，是以往业务活动的记录和继续开展业务活动的条件。

（3）文化作用

档案的文化作用主要指档案是人类创造的一种宝贵的精神文化财富，以及档案对于人类社会文化的积累、传播、发展与进步所发挥的各种功能。

（4）法律作用

档案的法律作用是指档案在解决争端、处理案件等活动中所发挥的证据作用。法律作用是档案凭证价值的集中表现。在政治斗争、军事斗争、经济斗争、外交斗争及解决领土争端等方面，档案的法律作用表现得十分突出。在维护国家、集体、个人合法权益方面，档案的法律作用也很突出。

（5）教育作用

在社会教育的诸多素材中，档案以其独特的历史性、直观性和原始性，成为宣传教育的重要材料。档案的教育作用大多通过展览的形式发挥出来，尽可能让更多人了解真相、接受历史教育。

2. 档案的价值

档案的价值指档案的使用和保存价值。档案价值的实现使档案的作用得以发挥和显现。

（1）档案的凭证价值

档案的凭证价值是由档案形成过程的客观性和档案内容的真实性所决定的。俗话说："口说无凭，立字为据"，就是对档案凭证价值的充分肯定。

（2）档案的参考价值

档案作为过去各项社会活动的真实记录，被称为"未掺水的史料"，可以为人们研究事物发展规律、开展宣传教育、查考既往情况、总结经验教训、进行发明创造等提供广泛而可靠的参考。"前事不忘，后事之师""前车之覆，后车之鉴""察往知今"等都说明了档案的参考价值。

（四）档案的种类

档案内容丰富、范围广泛。根据不同的需要和标准对档案进行种类划分，对于做好各种门类档案的管理工作非常重要。目前，大致形成了以下几种档案种类的划分方法。

1. 根据档案形成者划分

根据档案形成者的不同，可以将档案分为国家机构档案、党派团体档案、企业单位档案、事业单位档案、名人档案等。

2. 根据档案内容性质划分

根据档案内容性质的差异，可以将档案分为文书档案、科学技术档案和专门档案。文书档案指各级组织和单位在各项党群工作、行政事务、管理活动中形成的档案，如请示、命令、通告、计划、总结、会议记录、合同、图纸、科研成果报告等。科学技术档案是指在各类生产技术、科学实验、基本建设等自然科学技术活动中形成的档案。专门档案是指在特殊专业领域的活动中形成的档案，是人们从事各种专业性管理、业务与研究工作用到的专门信息，如诉讼档案、艺术档案、会计档案等。

3. 根据档案载体形式划分

根据档案载体形式的差异，可以将档案分为甲骨档案、金文档案、石刻档案、泥板档案、简牍档案、缣帛档案、纸质档案、电子档案、声像档案、缩微档案等。

4. 根据记录信息方式划分

根据档案记录信息方式的不同，可以将档案分为文字档案、图形档案、声像档案等。声像档案又可以细分为照片、录音、录像、影片档案等。上述类型的档案在管理和提供利用方式上都有各自的特殊性。

5. 根据档案所属时期划分

根据档案所属时期的不同，一般可以将档案分为古代档案、近代档案、现代档案等。

古代档案和近代档案常被统称为历史档案。在中国，通常将档案分为中华人民共和国时期档案和中华人民共和国成立前档案两大类。中华人民共和国成立前档案又分为历代王朝档案、中华民国时期档案和新民主主义革命时期档案。

相关链接

不同国家对档案种类的划分

法国国家档案馆把馆藏档案划分为古代档案、近代档案和现代档案。英国公共档案馆把馆藏档案划分为中世纪档案、近代档案和现代档案。中国第一历史档案馆把馆藏档案划分为明代档案和清代档案，清代档案又分为内阁、军机处、宫中、内务府、宗人府几个全宗。中国第二历史档案馆首先按照中华民国时期各个政权划分为南京临时政府档案、广州大元帅府档案、广州国民政府档案、武汉政府档案、北洋政府档案、国民政府档案、汪伪政府档案等几大类别，然后再按全宗的联系分类。中国中央档案馆首先把馆藏档案分为新民主主义革命时期档案和中华人民共和国时期档案，然后再按全宗的联系分类。

6. 根据档案所有权形式划分

根据档案所有权形式的不同，可以将档案分为国家所有档案、集体所有档案、个人所有档案等。

国外根据档案所有权形式的不同，通常将档案分为公共档案和私人档案。对不同所有权的档案，要按照档案法规的规定分别采取不同的收集和管理方法。属于国家所有的档案，要按规定向国家档案馆移交；属于集体或个人所有的档案，其所有权的转让一般要在自愿、合法的基础上进行，档案所有者可向国家档案馆捐赠、出售或寄存等。

（五）辨别档案的种类

辨别档案的种类，对档案进行分门别类，可以按照由外在标识到内在档案内容的顺序进行识别，具体步骤如下。

步 — 骤

| 步骤一 | 看档案的形成者 |

按照档案的来源，即按照档案形成者的性质对档案的种类进行辨别。档案的形成者可能是个人，也可能是国家或集体。

| 步骤二 | 看档案的载体形式 |

按照档案的载体形式，即按照档案所用纸张或其他载体形式，对档案所属种类进行辨别。

| 步骤三 | 看档案的所有权 |

按照档案的所有权，即按照档案所属部门的不同，对档案种类进行区分。

| 步骤四 | 看档案的形成时间 |

按照档案形成时间的差异，将档案分为不同时间段的档案。

| 步骤五 | 看档案的具体内容 |

按照档案的内容，即按照档案内容所反映的工作职能的性质，对档案所属种类进行辨别。

任务实训

- 收集档案为社会发挥作用的若干实例，在对实例进行讨论分析的基础上，写一篇1000字左右的关于档案作用的演讲稿。
- 到档案室或档案馆了解档案存储载体的类型和特点，谈谈对档案形态发展的看法。
- 参观学院或某公司的档案室，了解学院或某公司主要档案的种类及特点，了解档案的存储情况及特点，并按照不同的标准对档案种类进行辨别。

第二节　档案工作

模拟情景

由于公司档案管理的需要，乔梅的主要工作由文书处理转向档案管理。其他的秘书包括总经理助理都很羡慕她，说乔梅的工作轻闲，又不用每天在经理身边担惊受怕。其实，乔梅知道要想做好档案工作还真不是件容易的事，因为档案管理是一项比较复杂的工作，她也经常会为文件要不要保存、如何分类、保存多久、怎样才能快速找到档案查阅者所需要的档案等一系列问题而发愁。

任务驱动

1. 档案工作者主要做什么？具体工作内容有哪些？
2. 乔梅怎样才能更好地做好档案工作？

任务分解

➤ 了解档案工作的含义
➤ 了解档案工作的性质
➤ 了解档案工作的原则
➤ 掌握档案工作的内容与步骤

任务解析

要做好档案工作，首先要对档案工作的含义、性质、原则、步骤档案机构及其职责、档案工作者的素质要求等有一个清晰的认识和了解。

（一）档案工作的含义

档案工作就是用科学的原则和方法管理档案，为党和国家的各项工作服务。它是维护党和国家历史真实面貌的重要事业，是党和国家各项建设事业必不可少的环节。档案工作有广义和狭义两种理解。

广义的档案工作指整个档案事业，包括档案室工作、档案馆工作、档案行政管理工作、档案业务工作、档案教育工作、档案宣传出版工作、档案科学研究工作等。

狭义的档案工作指档案馆、档案室及其他档案保管机构对档案的具体管理工作，包括收集、整理、鉴定、保管、统计、检索、利用及编研环节。档案工作各环节既有其自身的特殊性，又构成有机的系统，互相制约，相互作用。

相关链接

档案工作的基本任务

档案工作的基本任务是：坚持集中统一的档案管理，建立国家档案工作制度，科学管理档案，大力开发利用档案信息资源，逐步实现档案管理现代化，使档案工作更好地为党的总任务、总目标服务，为建设社会主义物质文明和精神文明服务。

（二）档案工作的性质

档案工作就其基本性质和主要作用来说，是一项集管理性、服务性、政治性、机要性于一体的工作。

1．档案工作的管理性

档案工作专门管理各部门形成的历史文件，是一项管理性工作。但是档案管理系统不是孤立的，而是各项社会管理系统中不可缺少的组成部分。档案管理工作是国家与社会管理的一个重要组成部分。

2．档案工作的科学性

档案工作不是对档案的简单管理，而是采取科学的理论原则和技术方法管理档案。档案工作的每一个业务环节，都必须遵循档案形成、管理、利用的规律与特点，运用科学规范的管理方法和科技手段来组织开展工作，既符合单位档案工作的实际情况，又体现档案管理基础理论和形式逻辑原则，理论与实践相结合，有发展、有创新。档案工作者要具备自然科学、社会科学、思维科学的知识和专门业务技能，才能做好各个环节的业务工作，否则，档案工作将处于混乱无序的状态。

3．档案工作的服务性

档案工作在科学管理档案的基础上，为各项工作提供档案信息服务，满足社会对档案的需求。服务性是发挥档案工作重要作用的基本属性，是档案工作赖以存在和发展的基本因素和前提条件。档案可以为资政决策服务，为人们解决疑难问题提供帮助，为在工作中了解情况、总结经验、研究问题提供参考。

4．档案工作的政治性

在社会发展的各个阶段，档案工作必然在一定程度上为政治、经济、文化服务，否则就不会存在，也难以发展。这个服务方向是档案工作政治性的集中表现。

5．档案工作的机要性

档案内容可能涉及国家的政治、军事、经济和技术秘密以及单位和个人的利益或隐私。关系到国家利益和民族利益的档案，必须严格按照《中华人民共和国保密法》做好保密工作。任何违反国家保密规定，泄露国家秘密，使国家利益遭受损失的行为，都将依法受到惩治。

（三）档案工作的原则

《中华人民共和国档案法》明确规定，档案工作的基本原则是：统一领导、分级管理，维护档案的完整与安全，便于社会各方面的利用。具体内容如下。

1．统一领导、分级管理

统一领导、分级管理的含义有三层：一是档案事业由国家统一领导，各级地方党委和人民政府应当加强对本地区档案工作的领导；二是在国家档案行政管理部门或上一级档案行政管理部门的指导下和同级党委和人民政府的领导下，各级地方档案行政管理部门主管本行政区域内的档案事业，对档案工作实行监督和指导；三是按照国家统一规定，对档案实体由各级档案机构分别集中统一管理。

2．维护档案的完整与安全

维护档案的完整有两方面的含义：一是从数量上保证档案齐全，将有保存价值的档案收集完整，应该集中保存和实际保存的档案不得残缺不全；二是从质量上保持档案的有机联系，不人为割裂分散或零乱堆砌，以便系统、完整地反映历史面貌。

维护档案的安全也有两方面的含义：一是力求档案实体不受任何人为或自然的损毁，尽量延长档案的寿命；二是保证档案内容的政治安全，档案机密不被盗窃和泄露。

3. 便于社会各方面的利用

便于社会各方面的利用是档案工作的根本目的，是档案管理活动的出发点和归宿，是检验档案和档案工作质量的重要标准，体现了档案工作的服务性质，支配着档案工作的全过程。档案的收集、整理、鉴定、保管、编目等各项工作，都应着眼于便于利用，不能脱离系统总目标。档案工作必须不断地提高服务效率和服务质量，做好各个环节的业务工作，大力开发档案信息资源，以达到提供档案信息为各项社会实践服务的最终目的，充分满足社会对档案的利用需求。

档案工作的基本原则是一个辩证统一的有机整体，只有遵循这一基本原则，档案工作才能健康有序地发展。

（四）档案工作的内容与步骤

档案工作的基本内容及开展档案工作的基本步骤如下所述。

步　骤

| 步骤一 | 档案收集 |

为了解决文件分散形成和集中利用之间的矛盾，需要按照一定的制度对有利用价值的零散文件集中保存，这就形成了档案收集工作。档案收集即接收和征集档案，是将各立档单位在工作活动中形成的文件集中到单位档案室和国家档案馆进行科学管理的业务活动。

| 步骤二 | 档案整理 |

收集起来的档案内容庞杂、形式凌乱，需要进一步分门别类，加以系统化，以便查找利用，这就形成了档案整理工作。档案整理的基本任务是建立档案实体的管理秩序，使保存的档案秩序化、条理化。档案整理是检验档案收集工作质量的重要依据，是发挥档案效用的前提条件。

| 步骤三 | 档案鉴定 |

随着工作的开展和时间的推移，新的档案不断产生，档案库存日益增加，需要对档案进行审查，去粗取精、去伪存真，剔除确已失去保存价值的档案，这就形成了档案鉴定工作。档案鉴定是对档案价值的鉴别与判定，决定了档案的存毁，使档案馆（室）的库藏由庞杂趋向精练。档案鉴定不仅关系到档案的命运、库藏档案的优化及档案作用的发挥，而且关系到档案工作的质量与效益。

| 步骤四 | 档案保管 |

由于自然和社会的原因，档案面临着渐进性的自毁或突发性的破坏，需要采取各种有效措施，防止档案遭受损坏，这就形成了档案保管工作。档案保管是指根据档案的成分和状况，通过日常性工作，采取存放和安全保护措施，最大限度地防止和减少档案的损毁，延长档案的寿

命，维护档案的安全。档案保管工作的内容主要包括档案的库房管理、档案流动过程中的保护和档案保护的技术措施三个方面。

步骤五	档案统计

科学地管理好档案，需要全面了解档案的基本情况，对档案的状况进行数量的观察和分析，做到心中有数，这就形成了档案统计工作。档案统计是指以表册、数字的形式，对档案管理各个方面的情况进行记录和量化描述，从而分析研究档案管理的状态、趋势及规律，为整个档案管理工作提供真实可靠的原始数据和基本事实，增强档案工作决策的科学性，提高档案管理水平。档案统计包括统计调查、统计整理、统计分析、提供统计资料等环节。

步骤六	档案检索

档案检索是围绕档案信息的存储与查找而开展的一系列工作。档案检索工作是指对档案信息进行加工处理，编制功能齐全的检索工具，从各种途径揭示档案的内容与形式，帮助利用者运用检索工具快速获取所需的档案信息。

步骤七	档案利用

档案利用是查找、使用档案馆（室）保管的档案，实现档案价值的活动。档案利用是档案工作的根本目的，对整个档案工作的发展有决定性影响，是带动整个档案工作发展的关键。

步骤八	档案编研

档案编研是指根据社会利用的需要，充分有效地挖掘档案信息的潜在价值，对利用价值高的档案内容进行研究、选择、编辑、出版，主动提供给有关部门和社会公众，从而促进档案信息资源的开发与利用。

任务实训

- 参观学院办公室或某公司档案室，了解档案工作的内容。
- 参观档案室，对档案室做全面细致的观察，了解档案工作的步骤及要求，以座谈会的形式分享对档案室的整体印象和自己的感受。

第三节 档案机构与档案工作者

模拟情景

广通集团成立20周年了，公司总部决定策划一次大规模的庆祝活动，其目的主要是扩大公司影响，答谢公司新老客户。为了让客户更好地了解本公司，公司决定出版一本关于本公司发展历程的公司志，便把此任务交给了乔梅。乔梅在搜集资料的时候发现，公司在发展过程中的一些资料是残缺的。因为广通集团成立 20 年来就没有专门的档案管理机构，材料的收集和整理均由各个科室来负责，这样很多材料的管理就缺乏系统性，保留下来的材料都是与保留科室的利益相关的，因此很多材料都遗失了。乔梅很是苦恼这本公司志如何去写。

任务驱动

1. 乔梅为何感到苦恼？
2. 广通集团应该设置什么样的档案管理机构？
3. 应该如何看待档案管理工作？
4. 档案工作者的职责有哪些？

任务分解

➢ 了解档案机构的主要类型、职能
➢ 了解档案馆、档案室的性质、任务、类型
➢ 了解档案工作者的职责与素养

任务解析

档案机构是指管理档案和档案工作的机构。目前，我国档案机构一般分为以下三种类型：档案行政管理机构、各级各类档案馆、企事业单位档案室。

（一）档案行政管理机构

档案行政管理机构是党和国家领导、监督和检查档案工作的管理机构，其职能是对档案馆、档案室的业务工作进行管理。

1. 档案行政管理机构的性质

档案行政管理机构是我国档案工作组织体系中的行政系统，是党和国家指导和管理档案工作的行政部门，在各级党组织和人民政府的统一领导下，掌管全国和地方系统的档案事务。

2. 档案行政管理机构的任务

档案行政管理机构的基本任务是对全国档案工作分层次、分专业地进行业务指导、监督和检查。具体内容包括：制定档案工作的规章、办法；制定档案工作的发展规划；对档案工作进行科学管理，促进档案事业发展；协调档案机构与其他部门的关系。

3. 档案行政管理机构的类型

我国从中央到地方都设有档案行政管理机构。在各级人民政府内设立档案局，在中央和地方专业主管机关内设立档案处（科），分别负责管理本地区、本系统的档案工作。档案行政管理机构分为以下三种类型。

（1）国家档案局

国家档案局是全国档案事业的最高领导机关，是统一掌管党和国家档案事业的职能机构。

（2）地方档案局

地方档案局是地方党和政府的工作部门，是掌管行政区内档案工作的职能机构。

（3）档案处、科

中央和地方专业主管机关及军队系统设有档案处、科，在业务上受国家档案局统一指导。

（二）档案馆

档案馆是收集、保管档案的机构，负责接收、征集、管理档案和开展档案利用等工作。我国周代的天府、汉代的石渠阁、唐代的甲库、宋元时期的架阁库、明清时期的皇史宬等，都是历代保管档案的机构。新中国成立后，从中央到地方都成立了档案馆。

1．档案馆的性质

档案馆是党和国家的科学文化事业机构，是永久保管档案、进行爱国主义教育的基地，是面向社会的档案利用中心和档案信息服务中心。

档案馆是我国档案工作组织体系中的重要业务系统，是档案事业的主体，居于主导地位。设立档案馆的目的就是保管和利用档案这一历史文化财富，为科学研究和其他各方面的工作提供档案史料。

2．档案馆的任务

档案馆的基本任务是集中统一地管理党和国家需要长久保管的档案和历史资料，维护历史的真实面貌，积极提供利用，为社会主义现代化建设和历史的长远需要服务。

档案馆的具体任务主要体现在以下几个方面。

（1）接收和征集档案

档案馆接收和征集本级各机关、团体及其所属单位的，以及对国家和社会具有长远保存价值的、各种载体的档案和有关资料。

（2）科学地管理档案

对接收进馆的档案、资料，严格按照规定整理、存储和保管，实行标准化、规范化、现代化的管理，构成多层分布的档案信息数据库，保障档案的安全。

（3）开展档案的利用

大力开发档案信息资源，通过各种形式和途径积极开展利用工作，为社会利用档案资源提供服务，实现档案信息资源的社会共享。

（4）编辑与出版史志

立足馆藏档案资料，广泛征集各种载体的历史档案、资料，编史修志，编辑出版档案史料。

3．档案馆的类型

我国已经形成了功能比较完善的全国档案馆网络系统。由于档案馆的级别、职责、所属区域等方面的差异，档案馆的类型可以按以下几种不同标准进行划分。

（1）按级别划分

按级别划分，档案馆可划分为中央级档案馆和地方级档案馆。

① 中央级档案馆，如中央档案馆、中国第一历史档案馆、中国第二历史档案馆、中国电影资料馆等。

② 地方级档案馆，有省（自治区、直辖市）、地区（市、自治州）、县级档案馆，如北京市档案馆、新疆维吾尔自治区档案馆、柳州市档案馆、桂林市档案馆、绍兴市档案馆。

（2）按专业划分

按专业划分，档案馆可划分为综合性档案馆和专业性档案馆。

① 综合性档案馆，即中央和地方的国家档案馆，是集中保存、管理档案的文化事业机构。如中央档案馆、江西省档案馆等。

② 专业性档案馆，指专门管理某一方面、某一专业或某种载体形态档案的事业机构。目前我国已建立的专门性或部门性档案馆有中国人民解放军档案馆、中国照片档案馆、中国电影资料馆、中国现代文学馆、外交部档案馆、交通部档案馆、铁道部档案馆、测绘档案馆、气象档案馆及城建档案馆等。

（3）按地区结合专业划分

按地区结合专业划分，档案馆可划分为中央级综合档案馆（如中央档案馆）、中央级专业档案（如中国照片档案馆）、地方综合性档案馆（如天津市档案馆）、地方专业性档案馆（如包头市城市建设档案馆）等。

相关链接

中央档案馆

中央档案馆是中央级综合性档案馆，1959 年 10 月正式开馆。作为中共中央、国务院直属的文化事业机构，负责集中统一管理党和国家中央机关各个历史时期形成的重要档案和资料，对史料进行考证、研究、编纂和出版，为维护党和国家历史的真实面貌服务、为党和国家各项工作服务、为文献编辑出版和历史研究服务。

（三）档案室

档案室是统一管理本单位在工作活动中形成的全部档案，指导、监督、检查本单位各部门的档案工作，提供档案为各项工作服务的机构。

1. 档案室的性质

档案室是单位中具有档案业务管理和档案行政管理职能的内部机构，是档案信息存储、加工和传输的服务部门，为领导决策、工作处理、组织生产、科研等活动提供依据和参考资料。档案室是单位机构的组成部分和不可缺少的环节。

档案室是国家档案事业组织系统中的基层组织，是档案馆工作的基础。档案室保存的档案对本单位的工作、生产和科研有现实查考价值，而且其中具有长久保存价值的档案是国家的档案财富，具有历史文化价值。因此，档案室具有为国家档案馆积累和输送档案文化财富的责任，其移交档案的完整程度、价值高低、整理质量、保管状况等，都会直接影响档案馆的馆藏质量。

2. 档案室的任务

档案室的基本任务是集中统一管理本单位全部档案，为本单位各项工作提供帮助，为档案馆积累和输送档案。具体来说，有以下几个方面。

（1）对本单位各部门形成的各种文件材料的收集、整理、立卷、归档等进行监督和指导。

（2）集中统一管理本单位全部档案，并积极提供利用，为本单位工作服务。

（3）在统一领导、分级管理的原则下，各专业主管机关对所属单位和本专业的档案工作进行监督和指导。

（4）定期向档案馆移交具有长远保存价值的档案。

（5）办理领导交办的其他有关的档案业务工作。

3. 档案室的类型

我国档案室的数量多、分布广、类型复杂。一般可归纳为以下几种类型。

（1）文书档案室

文书档案室主要负责集中管理本单位党、政、工、团等组织形成的档案，在业务上受同级和上级档案事业管理机关的指导、监督和检查。

（2）综合档案室

综合档案室指单位建立的综合性档案保管机构，统管本单位形成的各种类型的档案。综合档案室是单位档案机构设置的一个发展趋势，它有利于加强本单位档案工作的统一管理，便于综合开发和利用档案信息资源，也符合机构精简原则。

（3）档案资料信息中心

档案资料信息中心是指一些大型企业、事业单位建立的统一管理档案、图书、情报、资料的机构，实行信息资源一体化管理，为本单位提供综合利用信息的服务。

（4）声像档案室

声像档案室是专门管理电影片、电视片、录音带、录像带、唱片、照片的档案室。电影制片厂、电视制作中心、新闻摄影部门、图片社、唱片公司、广播电台等部门一般都设有管理某些或某一种类声像档案的档案室。

（5）人事档案室

专门管理本单位人力资源管理活动中形成的记载员工个人经历和德才表现的人事档案的档案室。

（6）联合档案室

性质相近、关系密切、驻地集中的若干单位联合成立的共同管理各单位档案的档案室。联合档案室利于档案的管理和利用，能节约人力、物力和财力。

（四）档案工作者的职责与素养

随着经济的发展和社会的进步，档案事业不断拓展。档案工作者只有明确职责，具备良好的素质，才能解决新情况、新问题、新矛盾，才能不辱使命。

1. 档案工作者的职责

档案工作者的职责是维护档案的完整与安全，科学管理档案，为社会提供优质的档案服务。具体体现在以下几个方面。

（1）集中好档案

认真贯彻执行《中华人民共和国档案法》，兢兢业业做好档案工作；坚持平时立卷，做好档案材料的收集、鉴别、整理工作，使属于归档范围的档案材料都能得到集中保存。

（2）保管好档案

将档案完好无损地保管好，不致因各种不利因素而受到损坏；对已破损的档案，及时修复和抢救；保证档案实体和内容的安全，避免因工作疏忽而使档案遗失或被窃；防止档案分散而不便管理，甚至造成档案损坏或丢失；日常档案保管工作有条不紊，档案排列整齐规范，有规可循、有目可查。

（3）管理好档案

增强档案意识，提高管理水平，使档案管理标准化、系统化、规范化，保质保量地开展档案工作。

（4）利用好档案

严格遵循制度规定，严守保密制度；积极开发档案信息资源，主动开展档案的利用服务工作，在利用服务工作中认真负责，态度热情，优质高效。

2. 档案工作者的素养

档案工作者的素养直接影响到档案工作业务的水平，关系到提供服务的质量、辅助决策的能力及文化的传承与延续。档案工作具有政治性、机要性、管理性、科学性的特点，正是档案工作的这些特性要求档案工作者必须具有以下三种素养。

（1）政治素养

档案工作者的政治素养包括思想过硬、有责任心、作风严谨三个方面。

① 思想过硬。档案是党和国家的宝贵财富，档案工作具有政治性。档案工作者必须热爱党，热爱社会主义，热爱祖国和人民，不断增强政治意识，把讲政治、守规矩放在首要位置，坚持政治建档、研究立档、人才兴档、依法管档。坚决执行党和国家的各项法律和方针政策，讲道德，守纪律，全面履行档案工作职责，为档案事业发展不懈努力。

② 有责任心。热爱和忠于本职工作，不断提高对档案事业在新形势下的地位和作用的认识。全面理解和掌握党和国家有关档案工作的规定，认真落实各级领导关于档案工作的部署。从工作大局出发谋划、部署、定位档案业务，全面系统地收集和保管档案，加大档案编研成果转化力度，服务经济社会发展。甘当无名英雄，做到尽职尽责，勤勤恳恳、任劳任怨，有奉献精神，担负起党和国家赋予的历史使命。

③ 作风严谨。坚持实事求是的工作作风，树立扎实、勤恳的工作态度，客观、辩证、全面地分析档案工作的新情况、新问题，认真负责地开展档案工作。

（2）业务素养

档案工作者的业务素养包括有知识、懂业务、专技术三个方面。

① 有知识。具有丰富的档案专业理论知识，熟悉和掌握档案管理的一般原理、知识及应用；具备情报学、目录学、图书馆学、博物馆学、行政管理学等相关学科知识；了解广博的社会、历史、经济和科学理论知识，加快知识更新步伐。档案管理数字化是信息时代档案工作的必然趋势。要适应信息技术发展带来的挑战，必须注重互联网、大数据、新技术的学习和掌握。

② 懂业务。有刻苦钻研业务的精神，熟悉档案工作的内容、原则、程序与要求，档案业务熟练，能够胜任本职工作。在档案数字化建设过程中，做到规范、有序，不断完善档案信息系统安全治理制度，确保档案信息系统的安全。

③ 专技术。提升档案管理专业化水平，精通岗位业务技术，能够区分档案门类，具备档案分类、组卷、鉴定、整理、案卷标题拟写、档案编研及提供利用等业务能力。善于将自身的专业知识与档案需求相结合，按照一定的标准进行档案深加工，有效整合档案信息资源，促进档案信息系统化、规范化，大力开发档案价值，提升档案服务能力。

（3）职业道德素养

档案工作职业道德素养指档案工作者在档案行政、档案保管和利用服务等职能活动中，应当遵循的基本行为准则。档案工作者的职业道德素养主要有热心服务、尊重历史、严守机密三个方面。

① 热心服务。档案工作的专业性、实践性、服务性很强，档案工作者要把档案服务置于重要位置，树立服务观念，强化服务意识，做好服务工作，积极主动、及时有效、准确无误地提供档案信息服务。

② 尊重历史。档案是社会活动的原始历史记录。维护档案的原貌，保持历史事实的真实性，这既是档案工作者的工作职责，又是职业的道德准则。不允许任意篡改和歪曲档案的内容和外形特征，不能按个人的主观臆断随意鉴别档案。必须坚持据实立档、据实用档、实事求是、尊重历史。

③ 严守机密。档案工作者必须在法律法规的范围内履行职责，要具有严格的保密观念和良好的保密习惯，确保档案在政治上的安全，正确处理好档案保密与利用的关系。

相关链接

档案工作者的界定

档案工作者是对档案部门业务人员的通称，档案工作者的界定范围在各国略有不同。按国际档案理事会所编的《档案术语词典》，档案工作者是指专门从事档案管理和档案馆管理工作的人员。美国档案工作者协会规定的范围是：在一个档案机构中负责或从事以下一种或多种活动的人，如鉴定、处理、接收、保护、整理、著录、参考服务、展览和出版。在中国，档案工作者泛指在档案行政管理部门、档案馆和机关、团体、企业事业单位档案室及档案教学、科研机构的业务人员。

根据工作任务的不同，档案工作者分为业务人员、技术人员和行政管理人员。

从人员职称来看，各国档案工作者的类别有所不同。法国有总保管员（最高职称）、保管员、文书档案员、档案员和助理档案员；美国实行"档案学家"证书制度，凡有 5～7 年档案专业资历和硕士学位、学士学位的人，经过申请、考核，可获得专业证书。中国自 1983 年实行档案专业干部业务职称制度，1986 年改为档案专业人员职务聘任制，设有研究馆员和副研究馆员（均为高级职务）、馆员（中级职务）、助理馆员和管理员（均为初级职务）5 个级别，同时对专业职务各档次的岗位都规定了相应的任职条件和职责。

任务实训

- 观看档案馆建设的相关教学录像，了解档案机构的设置情况。
- 到学校或某企业档案室实习，了解档案室的特点及功能。
- 到学院档案室参加实习，体验档案工作者的工作内容及意义。

● 通过观看教学录像、参观档案机构、查阅网络资料等多种途径搜集档案工作者所需掌握的知识和技能，完成一篇小论文，不少于 3000 字。

本 章 小 结

知识梳理

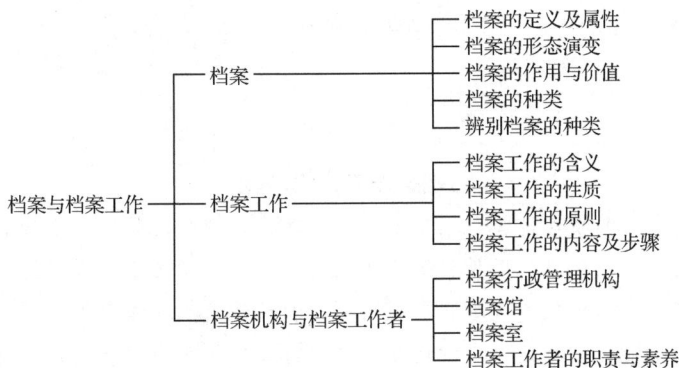

分析思考

1．如何理解档案的定义？

2．如何发挥档案的作用？

3．如何理解档案工作的基本原则？

4．提高档案工作者素质的途径是什么？

目 标 检 测

一、名词解释

档案　档案工作　档案馆　档案室　档案工作者

二、填空题

1．档案的价值是指_____和_____。

2．我国的档案机构一般划分为_____、_____、_____三种类型。

3．狭义的档案工作内容包括收集、整理、_____、_____、_____、_____、统计、编研。

三、单选题

1．单位在行政事务中形成的档案属于（　　）。

A．专门档案　　　　　　B．事务档案　　　　　C．文书档案　　　　　　D．业务档案

2．将档案分为纸质档案、胶片档案、磁带档案等，依据的划分标准是（　　）。

A．档案来源　　　　　　　　　　　B．档案内容

C．档案载体形式　　　　　　　　　D．档案信息记录方式

3．档案室工作的基本出发点是（　　）。

A．为本单位提供档案信息服务

B．为国家积累档案财富

C. 指导、监督本单位文件材料的归档工作

D. 对本系统所属单位的档案工作进行指导、监督、检查

四、问答题

1. 联系实际谈谈档案工作的意义是什么。

2. 档案工作的性质是什么？

3. 档案工作的原则是什么？

4. 档案馆、档案室的特点、任务、类型是什么？

📖 阅读材料

档案馆的文化功能

档案馆是社会文化的聚集地，积累了丰富的具有文化内容的档案，承担着保存历史文化遗产、传播社会文化知识与信息、开展社会文化教育、发展科学文化的责任。档案馆文化是社会文化的重要组成部分，在文化建设中具有独特的功能和作用，具体承担了以下几种功能。

（1）文化记忆功能。档案是人类的记忆，是存储文化信息资源和保存社会发展历史的最有效的手段，反映一个国家或民族从古至今的政治法律、军事外交、文化教育、科学技术以及风俗民情等状况。档案馆作为集中保管档案的基地，存储记录了人们文化创造和文化传播成果的档案，是文化的存储中心，是整个人类文化的资源宝库。

（2）文化传播功能。档案记载着丰富的历史文化知识，这些知识可供后人学习、借鉴和继承。档案馆有强大的信息积累，是文化交流和信息传播的中心。档案馆文化传播功能的发挥主要通过档案原件实现，人们通过阅览档案原件获得档案中记载的历史文化信息。利用档案制作电影、电视、纪录片、广播节目，创办档案网站及制作档案文化产品等，也是档案馆实现文化传播功能的具体形式。

（3）文化教育功能。档案蕴含着人类的思想观念、人文精神和道德规范，是文化宣传和爱国主义教育最生动的教材，利用档案开展各项宣传教育活动，极具说服力和感染力。档案馆作为重要的教育阵地，从保存的大量历史记录和文化资源中，提炼具有历史价值和现实意义的文化精髓，通过陈列档案、公开出版档案史料、摄制文献专题纪录片、巡回演讲来传播知识，对社会公众进行爱国主义教育、革命传统教育、历史教育和科学文化教育，能够提高人们的科学文化和思想道德水平，弘扬民族精神，培养人们的爱国主义情怀，增强国家、民族凝聚力。

（4）文化休闲功能。档案包含社会各个领域的大量原始信息，可以帮助人们了解历史，满足人们对文化生活的需要，提高人们的知识素养和文化品位。档案馆应承担起为社会积累文化资源、传播中华民族优秀文化的重任。积极构建文化休闲功能，不仅能为档案用户提供文化休闲场所，而且可以利用馆藏资源优势，开发档案文化休闲产品，为公众服务。档案馆的休闲功能与纯娱乐性机构相比更具有严肃性，可以通过举办档案展览、利用档案复制品、开放公布档案信息和发展档案馆网络的形式，使档案和档案信息产品进入社会，让休闲娱乐活动更高雅、更富有社会文化气息，提升人们的文化意识和水平，并且树立和提高档案馆的文化形象，使档案馆文化事业在良好的社会环境中发展。

第七章　档案收集与整理

学习目标

知 识 点	能 力 点
● 档案收集与整理的内容 ● 档案收集与整理的方法 ● 档案收集与整理的要求	● 收集档案材料 ● 进行档案分类 ● 整理档案材料

第一节　档案收集

模拟情景

广通集团召开了一个新产品开发研讨会，乔梅是会务组的工作人员，负责会议文件准备工作。乔梅很好地完成了会前文件的准备和会中文件的分发工作。会议结束时，办公室于主任提醒乔梅把本次会议形成的有价值的文件材料收集齐全，以免不及时收集导致归档时文件丢失或遗漏。乔梅说："我还真忽视了这个问题，幸亏您提醒，不然归档时又要遇到麻烦了。"

任务驱动

1. 乔梅应如何保证收齐会议文件？
2. 乔梅怎样确保档案收集的质量？

任务分解

➤ 了解档案收集的内容
➤ 了解档案收集的方式与途径
➤ 了解档案收集的要求
➤ 收集档案材料

任务解析

（一）档案收集的内容

档案收集是指按照党和国家的规定，通过例行的接收制度和专门的征集办法，把分散在各单位、部门、个人手中和散失在社会上的档案分别集中到各有关单位档案室和各级档案馆，实行统一管理。档案收集的内容包括以下三个方面。

1．对本单位需要归档档案的接收

档案室按照归档制度的要求，定期接收本单位文书部门和业务部门移交的经过系统整理的归档文件。单位各部门办理完毕的文件是档案室档案的主要来源，建立、健全单位内文件材料的归档工作制度是档案部门开展档案收集工作的主要途径。

档案室接收归档文件要先检查移交的目录与归档文件是否相符，审核归档文件是否齐全完整、系统规范，再履行交接手续。

2．对现行单位和撤销单位具有长久保存价值的档案的集中收集和接收

接收现行单位和撤销单位的档案是各级档案馆收集工作的任务。现行单位的档案是指现在正在进行工作活动的单位形成的档案。撤销单位的档案一般是指中华人民共和国成立后被撤销的单位形成的档案。档案馆应将属于本馆收集范围内的各种门类、载体的具有长久保存价值的档案齐全完整地收集进馆。

3．对历史档案的接收和征集

档案征集是指档案部门按照国家规定征收与本馆业务范围有关的档案、文献的活动，是档案部门丰富馆藏档案史料的必要补充渠道。档案征集主要是把流失在社会上或个人手中的历史档案收集进馆。

历史档案是指中华人民共和国成立前，各机关、团体、企事业单位及著名人物在社会活动中形成的档案，包括革命历史档案和旧政权档案，是珍贵的历史文化遗产。接收、征集历史档案是档案馆丰富馆藏的重要手段。历史档案流失的原因复杂，所以征集工作难度大。既要正确把握政策与策略，又要讲究方法和技巧，应统一规划，有组织、有计划、有重点、有目标地开展征集工作，防止征集工作的盲目性。主动进行调查研究，摸清档案流散情况，以对历史负责的精神，做好档案资料的征集、保管、利用工作。对散失在民间的珍贵档案，可采取接受捐赠、代为保管、征购等形式进行征集。

征集对国家和社会有保存价值的档案资料，是一项具有历史和现实意义的重要工作，各单位、团体及社会各界人士应给予积极支持和配合，形成强大的征集工作的社会合力。

（二）档案收集的方式与途径

为了确保档案收集及时、准确、完整，应根据文件形成的特点和实际的工作情况，通过多种收集方式和途径收集档案。

1．档案收集的方式

档案收集的方式有平时收集、定期收集和年终收集三种。

（1）平时收集

根据文件材料的承办、形成运转情况，在办理完毕后，归档单位及时收集。

（2）定期收集

对于平时收集有困难的各种文件材料，应根据其形成的实际情况，定期适时收集，以防散失。

（3）年终收集

每年年终时，各部门、单位领导和业务人员对应归档的文件材料进行一次清查、清退，移交给负责立卷的归档人员，以保证应归档的文件材料齐全完整。

2. 档案收集的途径

档案收集最常用、最有效、最直接的途径是依据收发文登记簿进行核对收集。由于收集工作涉及面广、情况复杂，要尽量把握好文件材料形成的规律和特征，有针对性地收集文件材料。可以根据文中提供的线索进行跟踪式收集；可以按照文种的对应关系、收文的文号、图纸的图幅编号进行收集；可以以领导人、承办人在文件处理单上的签署意见所提供的线索进行收集；可以根据工程建设、重要设备开箱等实际情况，深入现场收集；可以通过走访领导、承办人或当事人所获得的线索进行收集。

相关链接

开辟档案收集的新渠道

档案资源是档案工作服务构建和谐社会的基本保障。实现档案资源的极大丰富，馆藏结构的最优化，是档案工作的首要任务，也是档案工作服务构建和谐社会的物质基础。因此，要拓宽档案资源建设的新渠道，既要保证目前应归档的文件材料收集齐全，又要研究探索档案收集的新渠道、新领域，把档案的收集范围向外延伸。通过拓展档案工作监督与指导的新领域，开辟档案收集的新渠道，获取一些科研单位、经济部门、专业领域形成的有现实作用的档案资料，大量收集具有地方特色、区域特色、民族特色的档案资料，最大限度地收集散落在民间的具有重要意义的档案资料，使档案库内容丰富、形式多样。

（三）档案收集的要求

档案收集是指档案部门将应归档保存的文件材料进行集中和接收，要按照一定的制度规定和要求进行，具体要求如下。

1. 齐全完整

档案的齐全是指应集中保存的各种门类和载体的档案，均收集进档案部门，不能有遗漏或残缺。档案的完整是指归档的每一份材料都完好无缺。

一个组织的活动不是孤立进行的，而是与各方面都有着密切联系。要确保所收集档案的齐全完整，必须采取以下有效的措施。

第一，制定各种有约束力的规章制度，强化人们的档案意识，提高文书和档案人员的素质，建立正常的档案工作秩序。

第二，认真执行《机关文件材料归档范围和文书档案保管期限规定》，结合本单位的情况，确定符合实际的具体的归档范围、办法和要求，便于遵照执行。凡是本单位工作活动中形成的具有查考利用价值的文字、图表、簿册、声像、光盘、磁盘等各种载体的文件材料，均应列入收集范围。

重点收集反映本单位主要职能活动和基本历史面貌的文件材料，包括单位自己制成的有价值的文件材料，上下级机关、同级平行机关及其他单位与本单位主管业务往来密切所产生的各类文件材料。

第三，将单位立卷归档工作纳入业务部门的职责范围，作为岗位责任制或其他制度中的一项内容，从组织上保证档案的完整齐全。

第四，严格按照鉴定原则和档案保管期限表的规定，对收集的文件材料进行鉴定，准确地确定档案的存毁，以便反映本单位重要实践活动和重要事件的材料都能归档。

2．准确、系统

档案能反映单位的历史面貌和工作特点。档案部门应保证归档文件材料的准确性、系统性，做到执行归档制度与归档外的收集相结合；账内文件与账外文件的收集相结合；红头文件与图纸、报表、会议记录等非正式文件的收集相结合；纸质文件与非纸质文件的收集相结合。充分考虑档案的科学文化价值及其在当前的工作、生产、科研活动中的积极作用，着重收集反映本单位及其内部职能活动和历史发展状况的档案，保证收集的档案能够反映一个地区、部门、专业系统、单位的历史脉络。

3．及时归档

及时归档是指将应当收集或征集的档案及时收集到档案部门，避免拖延迟误。

档案是单位的一种资产、财富，是社会宝贵的信息资源，是国家档案全宗不可分割的组成部分。任何单位和个人都应按国家和地方档案行政管理部门的有关规定，将本单位的文件处理部门及其他业务部门形成的属于归档范围的文件及时归档。要掌握单位的活动情况，加强与各部门联系，了解其工作情况，对于应该归档的文件材料做到心中有数，必要时采用跟踪收集的方式集中文件材料。

档案馆应将属于本馆接收范围的所有立档单位形成的具有长远保存价值的档案，及时接收进馆。

4．有针对性

全面了解档案的利用动向、特点和规律，掌握应入档案馆（室）的档案的形成、流动、管理和使用情况，根据档案收集的范围，有计划、有目的、有重点地主动进行收集工作，使收集的档案符合档案用户当前和今后的利用需要。

5．保证质量

档案收集工作受档案形成者的档案意识水平、价值观及档案馆（室）的保管条件等多种因素的制约，需要统筹规划、综合研究。制定切实可行的接收制度和要求，对档案的形成进行指导、监督和检查，加强档案标准化和规范化工作，按照制度规定检查入档案馆（室）的档案，合理安排各类档案的接收时间，确保档案收集工作的质量。

相关链接

档案馆的档案收集

根据《中华人民共和国档案法》的规定，各单位对国家和社会有保存价值的、需要长远保管的档案，要集中由国家设立的各级各类档案馆保存。档案馆档案的主要来源有：接收现行机关的档案，这是档案馆档案不断增长和丰富的主要源泉；接收撤销机关的档案；征集历史档案；档案馆之间交换档案。

根据《档案馆工作通则》和《各级国家档案馆收集档案范围的规定》的内容，各级各类档案馆收集档案总的范围是：中央与省（自治区、直辖市）级档案馆接收本级各机关、团体及所属单位具有永久保存价值的现行机关和撤销机关的档案，以及具有全国或全省意义的历史档案和资料；市（地）、县档案馆接收本级各机关、团体及所属单位具有永久和长期保存价值的现行机关和撤销机关的档案，以及本市、县的历史档案和资料；中央和地方的各种专门的、专业性的档案馆，分别接收、征集、保管具有全国或地方意义的与本馆对口的机关的专门档案及资料。

（四）收集档案

档案收集是按照归档制度，把单位在工作活动中形成的经过整理立卷的文书，接收到档案部门集中保存。文书归档是档案收集的主要方式。秘书人员应注意日常工作中文书的收集，做好文书的立卷归档工作。收集档案的基本步骤如下。

— 步 — 骤 —

步骤一　核准数量

根据目录对案卷及案卷内文件材料的数量进行清点和检查。

步骤二　审查质量

应从以下几个方面检查归档文件的质量。

① 归档文件材料是否完整齐全。
② 归档文件材料是否一式一份。
③ 归档文件材料的载体和字迹是否符合耐久性要求。
④ 非纸质文件材料是否与其文字说明一并归档。
⑤ 卷内文件是否经过系统地整理和编目。
⑥ 归档案卷封面的项目是否填写清楚。
⑦ 案卷题名是否简明、确切。
⑧ 归档案卷是否系统地排列和编目。

步骤三　加工案卷

对审查不合格的案卷进行重新整理，直至达到审查质量要求。

步骤四　履行手续

填写移交清单，交接双方履行签字手续，移交清单各留一份以备查考。

📋 任务实训

● 收集不同种类的文件材料，根据归档文件的范围，挑选出应归档的文件材料，剔除不需要归档的文件材料。

● 参观学校档案室，以小组为单位翻阅几册高质量的案卷，了解案卷的构成，体会案卷质量的具体要求，写一份参观总结。

第二节 档案整理

🖼 模拟情景

乔梅自负责公司档案工作以后，档案意识不断增强，她重视档案知识的学习，积极参加各种档案培训，积累了较丰富的工作经验。根据公司内部机构比较稳定、分工明确等实际情况，她采用年度—组织机构分类法对档案进行分类，按照整理工作程序将档案整理得井井有条，使档案利于查找。在年终总结中她写到：档案整理是档案工作的重要环节，按照一定的原则进行档案整理工作，就能使档案整理处于有序状态，便于档案的保管和利用。

▶ 任务驱动

1. 乔梅是如何做好档案整理工作的？
2. 乔梅为什么采用年度–组织机构分类法？
3. 乔梅如何进行档案分类来达到便于保管和利用的目的？
4. 你认为应该如何选择合适的档案分类方法？

🧩 任务分解

➢ 了解档案整理的内容
➢ 了解档案整理的原则
➢ 了解全宗的含义及其作用
➢ 了解全宗内档案的分类方法
➢ 对档案进行分类
➢ 整理档案材料

🖥 任务解析

（一）档案整理的内容

档案整理是按照一定的原则和方法，把处于相对零乱状态的档案进行分类、组合、排列和编目，使之系统化的工作。档案整理能够建立档案实体秩序，为档案管理和开发利用奠定基础。

其内容包括区分全宗、全宗内档案的分类、文件材料的组卷整序和目录的编制。档案整理的内容主要表现为以下三种情况。

1．系统排列和编目

在正常情况下，档案室主要接收文书部门和业务部门按照归档要求组好的案卷，档案馆主要接收档案室根据入馆要求整理移交的案卷。因此，档案室、档案馆的档案整理工作，主要是对按制度规定接收的档案，在检验验收原有整理质量的基础上，根据本室（馆）库房管理的特点和需要，在更大的范围内进一步系统整理，如全宗和案卷的排列、案卷目录的加工等条理化、系统化的工作。

2．局部调整

经过管理实践的检验或专门的质量检查，人们会发现有些已经整理的保存于档案部门的档案不符合整理质量要求，不便于保管和利用。档案馆和档案室要对其进行一定的加工，以提高其质量。对于保存时间较长的档案，当其自身或档案整理体系发生变化时，要进行重新分类、组件装盒或立卷、系统排列和编目等整理工作。

3．全过程整理

对于档案馆、档案室接收和征集的有价值的零散档案材料，要进行全面的加工整理，包括区分全宗、全宗内档案的分类、组卷、案卷排列、编定档号、编制案卷目录、全宗档案的系统排放。当馆藏体系遭到严重破坏时，应对档案进行全过程的整理。

（二）档案整理的原则

档案整理是档案工作的重要基础环节，对于充分发挥档案的作用，实现档案的有效利用，具有重要意义。档案整理工作有一定的标准和依据，应按照一定的原则进行。档案整理工作的原则是遵循文件的形成规律、保持文件之间的有机联系、充分利用原有的整理基础、区分档案的不同价值、便于档案的保管和利用。

1．遵循文件的形成规律

文件材料是单位工作活动的产物，其内容反映了单位历史活动的性质、职能、任务和发展历程。根据形成文件的内容特点与规律进行整理，才能对档案进行恰当的分类与合理的组织。

文件材料是在文书处理过程中形成的，体现了文书格式、语言文风、行文关系、载体材料和技术环境的特征。只有依照形成文件的形式特点与规律整理，才能正确处理档案材料的特殊问题。

正确认识和理解文件材料在内容和形式上形成的特点与规律，在整理工作中将两者有机地结合，就能客观地反映一定时期内单位各项活动的历史真实面貌，使档案的分类、组合工作有效进行。

2．保持文件之间的有机联系

文件材料是在工作活动中有规律地形成的，彼此之间具有来源、时间、内容和形式方面的联系。整理档案时，要注意保持它们之间的有机联系。

（1）来源联系

文件材料在来源方面的联系，是指产生和处理这些文件的内部机构、组织和个人的相互关系。文件不是凭空产生的，而是由具有一定职权和职责的组织或个人在其活动中形成的。文件的形成者构成了文件来源方面不可分割的联系。整理档案要保持文件来源方面的固有联系，把同一来源的文件集中，以便完整、全面地反映该组织或个人的职权、职责和工作活动情况。从档案整理的全部工作程序上看，来源联系是档案文件间的首要联系。只有保持文件来源联系，才能进一步通过文件的时间、内容和形式联系，深入反映工作活动的面貌。

（2）时间联系

文件材料在时间方面的联系，是指文件在产生和处理的时间范畴上的相互关系，表现为自然的先后顺序和一定的起止过程或阶段。任何单位的工作活动都是在一定的时间范围内进行的，有一定的过程和阶段，因而文件在产生和处理过程中，必然会形成自然的时间联系。整理档案必须保持文件的时间联系，按其形成的先后顺序分类排列，以反映单位工作活动的发展过程，便于按过程、分阶段管理和利用档案。

（3）内容联系

文件材料在内容方面的联系，是指文件在产生和处理过程中所反映和涉及的工作、活动、问题、事物、事件、人物方面的相互关系。文件形成者的特定活动，如业务处理、工作调查、专业会议、案件承办，必然形成内容密切相关的文件。整理档案必须保持文件的内容联系，使人们在履行职责、解决问题过程中形成的同一内容的文件集中，以反映机构或个人在某项职责、某方面工作活动的基本面貌，便于按内容集中管理和利用档案。

（4）形式联系

文件材料在形式方面的联系，是指文件在制作材料、记录表达方式、种类名称等方面的相互关系。文件材料是以一定形式存在的，整理档案必须保持文件材料形式方面的联系，把相同载体、同一记录表达方式和同一种类的文件集中，便于按形式上的特征管理和利用档案。

3．充分利用原有的整理基础

充分利用原有的整理基础，既可以保持文件材料之间原有的有机联系，维护单位的历史真实面貌，又可以节省人、财、物力和时间，保证整理质量，降低整理成本，提高工作效率。

整理档案要尽量在原有整理基础上进行，充分尊重和利用档案原有的整理成果，不轻易打乱已有的整理体系。如果原有整理结果基本能用，可以维持原有状态；如果原有整理结果局部不合理、不可用，可以进行局部调整，纠正其中整理不当和整理有误的地方；如果原有整理基础混乱，不能达到有效管理的目的，则重新整理，做必要的加工。

4．区分档案的不同价值

在档案整理过程中，区分档案的不同价值、划分保管期限是一个关键的环节，既有利于减轻日益增多的档案给保管场所和设备带来的压力，又有利于集中人力、物力妥善保管价值较大的档案。通过判定档案的价值，档案工作者能够进一步掌握档案的内容和效用，针对实际情况提出开发利用档案的具体建议，指导档案的利用工作，充分发挥档案的作用。

5．便于档案的保管和利用

收集起来的文件材料，内容复杂，数量庞大，价值各异，要经过整理、鉴定，区分它们的价值，便于保管和利用。

档案整理是档案基础工作的组成部分，在档案业务实践中具有举足轻重的作用。便于档案的保管和利用是档案整理工作的目的和任务，是检验和衡量档案整理工作质量的基本标准。

档案的保管和利用要以档案整理有序为基础，而具体档案的保管和利用又能集中反映档案整理状况和整理工作的水平。全宗、类别、一个案卷或一份档案，既是档案的整理单位，也是档案的保管单位和利用单位。在整理档案时，必须依次做好区分全宗、全宗内档案的分类、档案的组合排列及目录编制等工作，遵守简洁、便利、有效的基本要求，为便于保管和利用提供前提条件。

相关链接

顺利实现档案整理目标应注意的问题

为了达到档案整理目标，使档案便于保管和利用，在实际的档案整理工作中，要注意区分档案的价值，并解决好以下两个方面的问题。

第一，全面认识文件材料之间的有机联系。文件材料之间的有机联系是相互交叉的，要分清主次。在档案整理工作中，应该根据单位的特点和档案的数量、成分，协调好档案来源、时间、内容、形式之间的主次关系和取舍关系。

第二，处理好档案整理工作与档案管理其他工作之间的关系。便于保管和利用不仅是档案整理工作的根本目的，也是整个档案管理工作的最终目的。单独做好整理环节不能完全达到这个目的，必须加强档案整理工作与档案管理其他工作的联系与配合，才能全面实现便于保管和利用的最终目标。

（三）全宗

档案馆（室）是按照全宗进行档案管理的。依照全宗整理档案，能够维护单位或个人历史的完整性。

1. 全宗的概念

全宗是一个具有社会独立性的组织或个人形成的具有有机联系的档案整体。一个机关、社会组织或著名人物在工作活动中形成的全部档案称为一个全宗。

全宗是档案的基本分类和管理单位，是国家对档案进行统计的基本单位。一个全宗是由特定的来源单位在履行职能任务过程中积累下来的原始记录组成的不可分割的有机体系，其成分包括该单位各种门类的档案，各种记录方式、各种载体和文种形式的内部文件、收文和发文。

按全宗整理档案，能保持文件之间的来源联系，全面反映某一特定单位的历史面貌，便于档案馆（室）科学地组织档案的收集、整理、鉴定、保管、利用、统计等工作。区分全宗是档案整理工作的第一步，也是确定档案整理范围的关键一步。在档案的整理、流转和保管过程中，同一全宗的档案不得分散，不同全宗的档案不得混杂，这是档案管理中全宗的不可分散性原则。

2. 立档单位

立档单位是形成档案全宗的单位，又称全宗构成者。

构成立档单位有三个条件：第一，可以独立行使职权，并能以自己的名义对外行文；第二，是一个会计单位或经济核算单位，自己可以编制预算或财务计划；第三，设有管理人事的机构或人员，且有一定的人事任免权。这三个条件是统一且互相联系的，以独立行使职权并能以自己的名义对外行文为主要条件。

确定一个单位是否为立档单位，可以查阅与该单位有关的法规性文件，分析该单位的实际活动情况，看其是否具有法人地位，是否具有独立的文书处理工作制度和法定的印信等。

3. 全宗的设立

设立全宗主要有以下几种情形。

（1）独立全宗

独立全宗指一个独立的立档单位在工作活动中形成的各种档案的整体。独立全宗是全宗的主体形式。独立全宗分为人物全宗和组织全宗。

① 人物全宗。这是社会知名人士一生或著名家庭、家族在一定时期内所形成的档案整体，包括著作、手稿、日记、信件、财务记录、遗嘱和记载其社会活动的各种记录材料。

② 组织全宗。这是一个主体单位形成的全部档案。档案馆馆藏档案以每一个独立机构所形成的档案作为一个全宗进行管理。

（2）联合全宗

联合全宗指若干独立单位形成的档案，由于混在一起难以区分全宗构成者而联合组成的一个全宗。构成联合全宗有两种原因：一是前后有密切联系、为期较短而又相互更替的单位，其文件材料混在一起很难区分；二是职能上有密切联系的单位，甚至合署办公的单位，其文件材料混在一起无法分开。

（3）档案汇集

由不明所属全宗的零散残缺文件，按一定特点集中起来的一种档案混合体。它不是一个全宗，只是作为全宗来进行管理。

（4）全宗汇集

按照一定特征和联系，把档案数量很少的若干全宗组成一个全宗集合体。

（5）全宗群

为了维护同一类型或专业系统的全宗的不可分散性，保持文件材料在更大范围内的历史联系，便于保管和开发利用，档案馆可以把同一时期或地区，在纵向或横向方面具有相同性质的立档单位形成的若干个全宗构成一个有机群体，即全宗群。

全宗群不是一个固定的实体单位，是档案馆进行全宗排列的一种组合方法，便于对档案进行分群管理。全宗群的组织方法比较灵活，可以按一定的系统、地区、单位性质或其他方面的联系组成。

相关链接

档案全宗的重新确定和划分

立档单位的增设、撤销、合并会引起新全宗的产生和已有全宗的变化，需要对档案全宗进行重新确定和划分。要分析立档单位的基本职能变化和非基本职能变化，根据立档单位的基本职能变化情况确定和划分档案全宗。如果属于非基本职能变化，则不必成立新的立档单位和全宗；如果立档单位职能变化情况比较复杂，则要以有利于保持文件来源上的联系、方便档案的保管和利用为原则进行重新确定和划分。

（四）全宗内档案的分类方法

全宗内档案的分类是按照来源、时间、内容和形式等方面的异同，将立档单位的档案划分为若干层次和类别，使其进一步条理化、系统化，构成有机体系的工作。对档案进行科学合理的分类，能有效揭示文件材料间的内在联系，使全宗成为一个有机整体，便于系统地提供利用，对排列、编目等后续工作的开展，以及将来组织库藏和排架管理有重要意义。

1. 常用的全宗内档案分类方法

常用的全宗内档案分类方法有年度分类法、组织机构分类法和问题分类法三种。

（1）年度分类法

年度分类法以形成和处理文件的年度为标准，将档案分成各个类别。年度分类法是运用最为广泛的档案分类方法，能够保持文件材料在形成时间上的紧密联系，反映一个单位每年工作的特点和发展变化情况，简单易行，适用于组织机构界限不清、档案数量少的单位。

运用年度分类法应正确判定文件的所属年度。文件上有属于不同年度的几种日期，以最能说明该文件特点的日期作为分类的根据。例如，法律、法令和条例等法规性文件，以批准日期为根据（公布生效的文件，以公布日期为根据）；指示、命令等领导性文件以签署日期为根据；会议记录以开会日期为根据；计划、总结、预算、决算、统计报表以内容针对时间为根据，跨年度的计划可放在开始年度，跨年度的总结可放在最后年度。

如果文件上没有注明日期，则通过分析文件的内容，研究文件的制成材料、格式、字体和各种标记，或者与已有准确日期的同类文件比较、对照来判定该文件的日期。

如果立档单位的主要业务工作是按专门年度进行的，其他工作按一般年度进行，则在采用年度分类法时，以专门年度形成的文件材料一般按专门年度归类，不以专门年度形成的文件材料按一般年度归类；或者按一般年度与专门年度分别归类，然后有规律地合并在一起，形成交错的年度类别。

（2）组织机构分类法

组织机构分类法是按照立档单位的内部组织机构将档案分成若干类别。组织机构分类法能够保持档案在来源上的紧密联系，归档比较准确，共同来源的文件相对集中，便于查找利用档案，适用于内部机构比较稳定的单位。

运用组织机构分类法应正确判断档案文件所属机构。对涉及几个机构的文件，要遵循有关规定，将文件合理且有规律地归入相应的类别。有统一规定的，则按规定归类；没有统一规定的，一般按发文字号归类；如果是部门代为起草的，则归入该部门；联合办理的，可归入主办部门或最后承办部门。类别的设置要以机构的构成、工作职能和文件材料状况为依据。

如果采用组织机构分类法，中小型单位按内部第一层次组织机构设置类别，组织机构名称就是类别名称。大型单位可划分到内部组织机构的第二层或第三层来设置类别，先按内部第一层次的组织机构设置一级类别，再在一级类别下按第二层次、第三层次组织机构设置二级类别、三级类别。设置类别层次主要根据立档单位内部组织机构的设置情况及文件材料形成的数量来进行。

类别排列次序可根据有关文件的规定或按照习惯确定。一般按照先领导机构后下属机构，先综合部门后职能部门的顺序排列。例如，党的机构在前，行政机构在后；办公厅（室）在前，其他处室在后。如果是独立机构，则应单独设置一类，排列在最后。如果是合署办公的机构，则归入所附的常设机构之后合成一类。

（3）问题分类法

问题分类法是以文件内容所涉及的问题为根据，将档案分成各个类别。问题分类法能够较好地反映文件在内容上的密切联系，使相同性质的档案得到集中，便于档案的查找，但文件的归类有一定难度。适用于职能分工界限不清、档案数量少的单位。

运用问题分类法应合理设置问题的类别。要参照立档单位职权范围的基本任务，分析研究其工作性质，根据文件材料形成的实际情况来合理设置类别。

类目设置要符合实际，能够反映立档单位的主要面貌，按文件的主要内容有规律地归类，不任意划分类别，不随意设虚类。

类目体系要简明、合乎逻辑。一般情况下，类目设置的层次不宜过多，通常要设置"综合类"，解决一些难以明确归类的文件材料的归类问题。各级分类标准要统一，同级类别的划分只能按照一个标准进行，类与类之间必须是并列关系。归类时，应按照文件的主要内容来进行，对于一些不易归类的文件材料，应制定一个统一的规则来妥善解决其归类问题。

2．档案分类方法的结合运用

在全宗内档案分类工作中，通常将几种分类方法结合使用，形成复式分类法。如果归档的文书数量大、形式多，单纯采用一种分类方法不能达到实际分类的要求，则可以进行多层次分类，将两种或两种以上的分类标准结合运用，不同层次适用不同的分类方法。

（1）年度—组织机构分类法

先将立档单位内的档案按年度分开，然后在每个年度内再按组织机构进行分类。

例如，

2018 年

        办公室

        开发部

        规划发展部

        ……

2019 年

        办公室

        开发部

        规划发展部

        ……

2020 年

        办公室

        开发部

        规划发展部

        ……

年度—组织机构分类法适用于立档单位内部组织机构时有变化但不复杂的全宗。

（2）年度—问题分类法

先将立档单位内的档案按年度分开，然后在每个年度内再按问题进行分类。这种分类方法适用于内部机构变化复杂、组织机构分工不是很明确、内部机构较少或内部机构间的档案难以区分所属机构的单位。

例如，

2019 年

　　　　综合类

　　　　销售类

　　　　研发类

　　　　生产类

　　　　……

2020 年

　　　　综合类

　　　　销售类

　　　　研发类

　　　　生产类

　　　　……

（3）组织机构—年度分类法

先将立档单位内的档案按照内部机构分类，然后在每个内部机构类下再按年度分类。这种分类方法适用于内部机构比较稳定的单位或撤销单位的档案分类。

例如，

办公室

　　　　2018 年

　　　　2019 年

　　　　2020 年

　　　　……

开发部

　　　　2018 年

　　　　2019 年

　　　　2020 年

　　　　……

规划发展部

　　　　2018 年

　　　　2019 年

　　　　2020 年

　　　　……

（4）问题—年度分类法

先将立档单位内的档案按照问题分类，然后在每个类下按年度再进行分类。这种分类方法适用于撤销机关或历史档案的分类。

例如，

综合类

      2018 年

      2019 年

      2020 年

      ……

销售类

      2018 年

      2019 年

      2020 年

      ……

研发类

      2018 年

      2019 年

      2020 年

      ……

在实际工作中，人们往往结合保管期限进行分类，例如，年度-组织机构-保管期限分类法、年度-问题-保管期限分类法、年度-保管期限-组织机构分类法、年度-保管期限-问题分类法、保管期限-年度-组织机构分类法及保管期限-年度-问题分类法。

3．全宗内档案分类的要求

为了确保每份文件材料都能正确归类，构成一个适合保管和利用的全宗内档案的有机联系体系，便于科学地管理和系统地利用，为文件材料的组合排列与编目创造便利条件，要按照科学的原则进行分类，其分类要求有以下几点。

（1）客观性

分类要从客观实际出发，保持文件材料之间原有的历史联系。应根据全宗内档案形成的特点和档案成分的实际情况，按照文件在立档单位活动中原来形成的联系分类。

（2）逻辑性

全宗内档案的类、属类、细目的等级层次必须分明，等级层次的设立以够用为度。等级层次过多，则分类过细，会增加不必要的整理工作量；等级层次过少，则分类较粗，不便于利用。

每一级分类只能使用一个分类标准，并且其标准必须保持一致，不能使用两个及两个以上的标准。

每一级类别必须做到概念明确、范围界限清楚，即同一级类别必须是并列关系，不能互相包容和交叉。

（3）实用性

每个单位工作活动都不是完全一样的，各有侧重，形成的档案也各有特点，因而在具体分类时，应该实事求是，根据全宗内档案形成的特点和档案成分的实际情况，选用对档案部门在分类保管、检索利用方面最有实用价值的分类方法。

（4）排斥性

各级分类的结果必须互相排斥，同级分类所得到的属类或细目不能互相包含或交叉。一般应对各类目的范围和归类方法加以说明，以便具体归类时易于操作。

（5）伸缩性

设计分类方案要从本单位档案和档案工作的实际出发，尽量充分地考虑组织机构、档案内容可能发生的变化，设置类目留有余地，以便根据实际情况的变化做适当的增删、调整。

（6）联系性

档案是单位在工作活动中形成的。单位活动多种多样，有着各自特定的工作程序和规律。作为工作活动历史记录的档案，必然要揭示这种程序和规律，使档案之间形成有机联系。分类要突出体现档案内容的成套性和档案来源的同一性，保持文件材料之间的联系。

相关链接

档案分类方法的确定

档案馆或档案室在对某一全宗档案，尤其对积存的零散文件进行整理时，首先要了解情况，写出分类方法，这是档案整理必不可少的准备工作。了解情况主要是了解两方面的情况：一是立档单位的情况，包括立档单位成立、变动和撤销的时间和原因，立档单位的职能、任务、隶属关系，内部组织机构的设置和文书处理的工作情况；二是全宗内档案的情况，包括档案的数量、内容、成分和所属年度，档案的保管情况、整理情况、完整程度，对原整理状况的基本评估。要通过认真审读和仔细分析单位的法规性文件和业务文件，了解单位的工作性质、职能范围和业务情况，了解档案形成的特点及主要内容，以便确定恰当的分类方法。

（五）对档案进行分类

档案分类是选择科学、适用的类目划分标准，合理地组织分类层次及类目内容的工作。档案分类的基本步骤如下。

步 骤

步骤一 了解文件情况

在单位的工作活动中会不断地产生文件材料，由于单位工作性质、规模的不同，形成的档案文件的数量、成分、内容也存在差异，因此，要搞清楚形成的档案文件的具体情况，研究全宗的基本构成。

步骤二 分析单位状况

了解单位的职能范围和业务情况，充分考虑单位的规模、内部组织机构的稳定状况和组织机构界限的清晰程度。

步骤三	选择分类方法

档案分类的方法各有特点，适用范围也不同。要充分利用单位原有的档案分类基础，依据单位的实际情况和文书档案的状况选择适用的分类方法，对档案进行分门别类。

步骤四	文件归类

根据文件的形成时间、形成者和内容，将文件材料归入相应的类别中。

（六）整理档案

档案的整理工作包括档案的系统化和基本编目两部分内容。系统化包括档案分类、案卷排列和档号编制；基本编目主要是指编制案卷目录。整理档案的基本步骤如下。

步 骤

步骤一	档案分类

将归档的文书分门别类地组织在一起，构成一个有机整体。分类采用的一般方法是，先将文书按形成年度或内容针对的年度分开，同一年度的文书集中在一起，然后再按保管期限、内部组织机构或问题进行分类。

步骤二	案卷排列

案卷排列是将一个立档单位的全部案卷，按照系统整理的要求，采用一定的方法，确定每类内案卷的前后顺序，并保持案卷之间的某种联系的档案整理工作。

全宗内档案经过分类、立卷后，应进行必要的系统排列，将一个年度、一个组织机构的案卷有序化，使卷与卷之间保持一定的联系，系统地反映单位工作的全貌。

全宗内案卷按不同门类、载体和保管期限分别排列。排列方法主要有两种：一种是先将案卷按保管期限分开，在同一保管期限下再按组织机构或问题类别排列；另一种是先将案卷按组织机构或问题分开，再按不同保管期限排列。

类内案卷排列的方法很多，一般按照工作上的联系和重要程度、案卷所反映的一定问题及地区、案卷所属的起止日期、文件的作者和名称排列。各种案卷的排列方法既能够单独使用，也可以有层次地结合使用。

案卷排列的方法应根据单位的规模、每年组成的案卷数量、以往的案卷排列方法等具体情况而定。一个全宗内不同类别的案卷排列方法可以一致也可以不一致，但是一个类内一个层次上的案卷排列只能使用同一种方法，要做到方法统一，前后保持一致。

步骤三	案卷编号

案卷排列好后，根据案卷排列顺序的先后，给每个案卷依次编上一个固定的号码。

| 步骤四 | 编制案卷目录 |

案卷目录即案卷名册，是著录案卷内容和形式特征并按一定次序编排的表册。一个全宗内的全部档案，经过分类、立卷、系统排列后，应将案卷逐个登记，形成案卷目录。案卷目录的项目有案卷顺序号、案卷标题、卷内文件起止日期、卷内文件张数、保管期限、备注等。

案卷目录一般采用书本式，以档案案卷为基本单位，依据档案整理结果和库藏排架顺序编制。其作用是固定档案实体整理与排架的顺序；揭示一个单位一年内形成的全部案卷的状况；便于统计案卷的数量；作为日常保管和查找利用档案的基本依据和向档案室移交档案的凭证；便于从档案形成部门、时间或活动过程角度检索档案。

案卷目录是传统档案管理中最基本的档案检索工具。一般单位一年的档案立卷装订完毕，编一本目录；如果是大型单位，一年形成的档案数量很多，可以编若干本目录。为了易于管理，便于向档案馆移交档案，可以把一年的档案按保管期限或档案种类分别编写目录。

填写案卷目录，要求按照案卷的排列和编号的顺序，将案卷封面上的各个项目逐卷、逐项填入案卷目录表。

| 步骤五 | 编制档号 |

档号是反映和固定全宗内案卷及案卷内文件的排列顺序的一组符号。编制档号要遵循唯一性、合理性、稳定性和简明性原则。

档号由全宗号、案卷目录号、案卷号、件号和页（张）号组成。

全宗号是一个立档单位全部档案的代号。全宗号的编制有大流水编号法和分类流水编号法两种。大流水编号法是指按照全宗进入档案馆的先后顺序依次编定号码；分类流水编号法是指先将档案馆的所有全宗划分大类，以固定的代字或代码作为标志，然后在各大类中再按全宗进入档案馆的先后顺序编号。

案卷目录号是全宗内每本案卷目录的排列顺序号。

案卷号是每本案卷目录内案卷排列的顺序号。

件号是针对不装订的案卷，一份文件编一个号。

页号是装订案卷的顺序号。

📋 任务实训

● 从收集的档案中挑选出属于归档范围的文件材料，按年度、组织机构、问题进行分类。

● 将分类后的文件材料进行组卷，编制案卷目录。

本 章 小 结

知识梳理

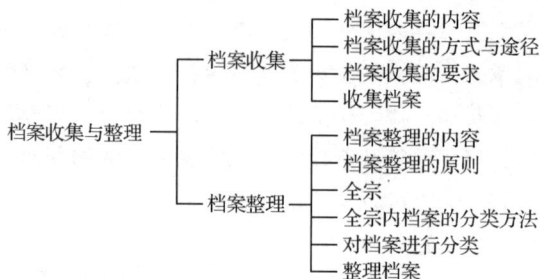

分析思考

1. 档案收集的意义是什么？

2. 如何完整、准确地收集档案？

3. 如何保持文件之间的历史联系？

4. 如何确保档案整理的质量？

目 标 检 测

一、名词解释

归档　档案收集　档案整理　档案全宗　档案分类

二、填空题

1. 档案收集的内容包括_____、_____和_____。

2. 档案收集的方式有_____、定期收集和年终收集。

3. 档案收集的要求有完整、系统和_____。

4. 档案整理是使处于零乱状态的档案_____的工作。

5. 档案整理的原则要求在整理档案时遵循文件的_____。

6. 档案整理要以便于保管和_____为目的。

7. 全宗是一个具有社会独立性的_____或个人形成的档案整体。

8. 全宗内档案分类是按照_____、时间、内容和形式的异同，将档案分门别类。

9. 组织机构分类法能够保持档案的_____联系。

10. 档号是反映和固定_____及案卷内文件的排列顺序的一组符号。

三、选择题（1~5为单选题，6~9为多选题）

1. 归档的文件材料一般（　　）。

A．一式一份　　　　　　B．一式两份　　　　　C．一式三份　　　　　D．没有限制

2. 档案收集要履行手续，填写（　　）。

A．登记卡片　　　　　　B．移交清单　　　　　C．签收文簿　　　　　D．分类目录

3. 按照一定的特征和联系，把档案数量很少的若干全宗组成一个全宗集合体称为（　　）。

A．联合全宗　　　　　　B．组合全宗　　　　　C．档案汇集　　　　　D．全宗汇集

4. 将几种分类方法结合使用形成的分类法称为（　　）。

A. 联合分类法　　　　B. 系列分类法　　　　C. 复式分类法　　　　D. 统一分类法

5. 全宗内档案经过分类后，应进行（　　）。

A. 全宗区分　　　　　B. 档案统计　　　　　C. 报表编制　　　　　D. 系统排列

6. 档案整理的内容包括（　　）。

A. 全宗区分　　　　　B. 档案统计　　　　　C. 印制文书　　　　　D. 编制目录

7. 常用的档案分类方法有（　　）。

A. 问题分类法　　　　B. 年度分类法　　　　C. 汇集分类法　　　　D. 全宗分类法

8. 全宗内档案分类的要求包括（　　）。

A. 复杂性　　　　　　B. 逻辑性　　　　　　C. 客观性　　　　　　D. 实用性

9. 档号是由（　　）组成的。

A. 全宗号　　　　　　B. 案卷号　　　　　　C. 分类号　　　　　　D. 登记号

四、问答题

1. 档案收集的内容有哪些？

2. 档案收集的方式是什么？

3. 档案收集的要求是什么？

4. 档案整理的原则是什么？

5. 如何判断一个单位是否为立档单位？

6. 档案分类方法的形式和特点是什么？

7. 进行档案分类应注意哪些问题？

8. 如何进行档案的整理？

阅读材料

档案收集的意义

档案收集是档案工作的首要环节，在档案管理业务中处于重要地位，对整个档案工作具有以下重要意义。

第一，档案收集是贯彻档案工作基本原则的重要内容和具体措施。档案工作的基本原则是实行集中统一管理。集中统一管理档案，既是由档案工作的客观规律所决定的，也是档案工作的一个极其重要的指导原则。档案收集工作是贯彻集中统一管理原则的具体措施，档案收集工作的任务就是把分散形成的档案通过接收、征集等方法集中到档案室或档案馆进行统一管理。通过搜集、接收、移交、归档等环节，把分散在各部门或个人手中的、对组织有保存价值的原始记录集中起来进行统一管理，是档案工作的任务和档案人员的职责。

第二，档案收集为档案工作提供物质前提。档案是开展档案管理的物质基础，是档案信息资源开发的必要条件。档案收集是接收和征集档案及有关文献资料的活动，将单位直接形成的文件材料集中到档案部门管理，使零散的文件材料从个体走向整体，从分散无序走向集中有序。档案收集工作是档案工作的起点，是整个档案工作得以正常进行的首要环节。可以说，如果没有档案收集工作，档案部门就没有工作的物质对象，更无从谈起档案的其他管理活动。只有拥有内容丰富、齐全完整的档案信息资源，才能提供优质、高效的信息服务，以满足用户不断增长的利用需求。因此，档案收集工作是档案管理的基础和前提，是整个档案管理工作实现全面协调可持续发展的基石。收集工作开展得好坏，直接影响档案的库藏资源建设，关系到档案作用的发挥。

第三，档案收集直接影响档案工作的其他环节。档案收集是档案管理的重要组成部分，是实现档案集中统一管理的基本手段，是档案管理其他业务环节的基础，是决定档案存在和发展的前提条件。从档案工作的业务流程来说，收集工作是档案业务工作的第一个环节，是整个档案工作得以正常进行的首要环节，为档案整理、编目、鉴定、保管、统计和利用提供物质保证。没有收集工作这个源头，就没有档案工作，其他各项档案业务工作将无法开展。在简化档案整理工作、强调档案开发利用、突出馆藏特色的今天，档案收集工作越显重要。

第四，档案收集是积累历史文化财富的重要渠道。作为组织和个人在社会实践活动中直接形成的真凭实据的档案，是一种财富，是人类智慧的结晶，是社会信息资源的重要组成部分，能综合反映一定地区、部门在政治、经济、科学和文化教育等方面的情况。通过收集工作，将记录社会实践活动的各种事实、数据、方法、经验完整齐全地集中保存下来、流传下去，使之成为国家、组织的文化遗产，这正是档案收集工作的意义和价值所在。档案收集工作是维护党和国家历史真实面貌的重要手段。

第五，档案收集是直接影响整个档案工作质量的重要因素。档案收集工作的质量直接决定了档案工作的质量，能够衡量一个单位档案管理水平的高低，关系到档案信息资源的开发与有效利用。因此，档案收集工作务必做到及时、完整、真实可靠，这不仅有利于优化档案馆藏结构，对档案的整理、鉴定、保管、编研、利用等业务环节起到决定性的作用，为档案管理的各个环节奠定良好的基础，而且有利于集中力量对档案进行深入研究，广泛开展档案的开发利用工作。

第八章 档案鉴定、保管与统计

学习目标

知 识 点	能 力 点
● 档案鉴定的含义、意义、原则 ● 档案保管期限 ● 档案保管的任务、物质条件 ● 档案库房管理及档案修复技术 ● 档案统计的意义、内容、原则	● 鉴定档案 ● 保管档案 ● 统计档案

第一节 档案鉴定

模拟情景

临近年底了，乔梅决定打扫一下办公室。首先，对堆放在办公桌、文件柜、抽屉里的文件进行清理。在整理过程中，她发现了一份本公司在 2006 年的时候和一家大型企业的合作备忘录。备忘录中的合作单位已经被另一家单位兼并了。乔梅想：单位都不存在了，备忘录留着也没什么用了，于是就随手丢掉了。但过了没多久，广通集团要与另外一家企业商谈合作事宜，想要参考一下以前的谈判备忘录，乔梅因此被认定为失职。

任务驱动

1. 乔梅为什么被认定为失职呢？
2. 乔梅在丢弃文件之前应该怎么做？

任务分解

➤ 了解档案鉴定的含义
➤ 了解档案鉴定的意义
➤ 了解档案鉴定的原则

> ➤ 鉴定档案
> ➤ 了解档案保管期限表的结构、类型
> ➤ 掌握档案销毁工作的步骤
> ➤ 了解档案鉴定工作的步骤

任务解析

档案作为各项社会活动真实的历史记录，是重要的信息资源。随着社会的进步、经济的发展，档案的数量与日俱增，因此，档案价值的鉴定就成为保证档案质量、提高档案利用价值的关键。

（一）档案鉴定的含义

档案鉴定是指按照一定的原则、方法和标准，判定档案的价值，确定档案的保管期限，对于失去保存价值的档案予以销毁处理。

一般来说，档案鉴定工作包括两个方面：一是对档案文件真伪的鉴定，判定档案的形式和内容是否属实；二是对档案文件价值进行区分，根据档案价值的大小决定档案保存时间的长短。在档案馆（室）业务工作中进行的鉴定工作主要是鉴定档案的价值。

（二）档案鉴定的意义

档案鉴定是档案管理中一项必不可少的工作，对于档案的存亡、档案的科学管理、提高档案保存质量有着以下重要的意义。

1. 档案鉴定有利于提高存储档案的质量

随着社会实践和各项工作的发展，档案的数量不断增加。一方面，为丰富库藏创造了有利条件；另一方面，由于各种因素的制约，库藏档案的质量受到影响，从而制约了档案工作的开展。通过档案的鉴定，可以处理好质和量的关系，正确判定档案价值，去粗取精，剔除失去保存价值的档案，以保证库藏档案既完整又精练，从而提高档案保存的质量，便于更好地利用档案。

2. 档案鉴定是提高档案管理效益的科学措施

档案数量无限增加，而档案部门保存档案的能力总是有限的。档案鉴定正是解决这一矛盾的有效方法，是精练库藏，把有限的保存能力投入到具有更高价值的档案中，促进珍贵、有价值的档案充分发挥作用。如果不对档案进行鉴别筛选，大量失去价值的档案占据库房，与有价值的珍贵档案同样被整理和保管，就会影响档案工作效率，妨碍珍贵档案保管条件的改善。通过档案鉴定，分清价值，区分主次，剔除失去保存价值的档案，防止价值不同的档案混杂在一起，利于有价值的档案得到有效的开发利用；利于在必要时及时抢救重要的、珍贵的档案，尽可能地减少损失；利于在档案工作中，人财物的投入得以更加有效、积极地发挥作用，提高档案工作的效益。

3. 档案鉴定有利于资源的合理使用

伴随着社会活动日益进行，产生的档案将越来越多，档案库房紧张、设备短缺、经费不足的问题日益凸显。通过鉴定工作，剔除确实已失去保存价值的档案，有助于在一定程度上缓解档案存放空间和保管设备紧张的压力，更有效地利用库房、设备、经费、人员等资源。

4．档案鉴定有利于提高档案的服务水平

通过档案鉴定工作，可以发现档案收集、整理、保管、统计、编目等工作环节的缺陷和不足，并采取适当措施加以补救，从而提高档案工作的整体水平，实现优质服务，使档案工作更加健康地发展。

总之，档案鉴定关系到对珍贵、有价值的档案的妥善保管和充分利用，在整个档案管理过程中有着重要、特殊的地位。

（三）档案鉴定的原则

档案是国家和人民宝贵的历史文化财富。档案的鉴定必须从党和国家的根本利益出发，用历史唯物主义的观点，坚持全面、历史、发展的眼光，客观看待档案的历史作用和现实价值。档案的鉴定需要遵循以下几个原则。

1．全面性原则

档案的形成与历史背景、周围环境和特定事件有着内在联系，只有在一定范围内全面考虑、准确定位，才能合理判断档案的价值。首先，档案的作用是多方面的，在考虑档案的价值时要从它的多个作用出发，综合掌握档案资源的真实面貌。鉴定时，不仅要看到局部，还要看到整体；既要考虑本单位的利用，也要考虑社会的需求。其次，从档案间的相互关系上分析价值，兼顾有机联系的特征。鉴定时，不仅要看到全宗之间及全宗群的关系，甚至还要考虑到国家的全部档案。最后，从档案移交到档案馆的角度考虑，既要考虑进馆档案的完整性，也要考虑避免馆内档案的过多重复。

2．历史性原则

档案本身是在一定的历史条件下产生的，是历史的真实记录。鉴定档案应当用历史唯物主义的观点来分析档案的价值，从档案产生的时代背景、具体的事件、本身的历史作用等方面来判断档案的价值。

3．发展性原则

社会是发展的，档案利用的需求是变化的，因而档案价值也是处于变化之中的。档案价值具有时效性和扩展性的特点，现在利用率高的档案，将来可能没有用处；现在未被利用的档案，将来可能会被利用。因此，鉴别、判定档案的价值，要用发展的眼光对档案价值进行预测，既要看到其在当前的作用，也要预测其在未来的意义。

（四）档案鉴定的方法

档案鉴定是对档案保存价值进行判定的过程。最常用、最有效的方法是直接鉴定法，即直接、具体地审查档案。档案的自身特点及社会利用需要决定了档案的保存价值，具体鉴定方法如下所述。

1．分析文件的来源

根据文件的形成者分析档案的价值，文件来源不同往往价值也有差异。一般来讲，本部门形成的重要文件及党政领导机关、上级主管机关和著名人物形成的文件，保存价值较大；以单位名义形成的文件比以单位内部机构名义形成的文件保存价值大。

2．分析文件的内容

文件内容是决定档案价值最重要、最本质的因素。对文件内容的分析可围绕内容的重要性、时效性、独特性、真实性进行，主要看档案材料与本单位主要职能的关系。一般来说，具有实

际查证意义、记述和反映本单位主要职能活动和基本历史面貌的文件，保存价值较大，保管期限长；反映非主要职能活动、一般事务性活动、内容重复的文件，保存价值较小；一般业务性、技术性的文件材料划为定期保管。

3. 分析文件的产生时间

文件产生的时间不同，其保存价值也有所区别。一般而言，文件产生的时间距今越远，保留下来的数量越少，就越珍贵，保存期限就应该越长。

4. 分析文件的形式特征

文件的形式特征包括文件的名称、作者、文本、载体形态、记录方式等，都有可能影响档案的价值。通常情况下，命令、指示、条例、决定往往比通知、往来信函等文件的保存价值高；文件的定稿比草稿的保存价值大，文件的正本比副本的保存价值大；文件的外形特征、文字、图案等具有艺术、科学、观赏的价值，或者文件上有著名人物的签名、题词的笔迹等，保存价值自然会相应增大。

5. 分析文件的有效性

文件的有效性是指文件在一定时间内具有法律和行政效力。如合同条约、协定、合同、协议书、契约、借据等文件，一般在特定的时间和条件下具有效力，一旦超出了特定的时限，其有效性就会消失，合同的价值也就会降低，甚至失去保存价值。

6. 分析文件的完整性

文件的完整性是指档案全宗中文件的完整程度。如果全宗和全宗群内档案的保存比较完整，则应严格遵循鉴定标准鉴定档案的价值。如果一个全宗及相关全宗内的档案保存不齐全，则档案价值鉴定标准就可以放宽一些。

档案价值鉴定过程的各个方面都是相互联系、不可分割的，应全面、系统地分析档案的特征，避免以偏概全，科学地判定档案的价值。

（五）档案保管期限表

档案鉴定是一项主观性较强的工作，要求运用一定的鉴定方法和技巧，根据档案保管期限表对档案进行鉴定。

1. 档案保管期限表的含义与结构

档案保管期限表是指用表册的形式列举档案的来源、内容和形式，并指明档案保管期限的指导性文件。它是档案管理机构鉴定档案价值、确定档案保管期限的依据和标准。

档案保管期限表一般由顺序号、条款、保管期限、附注及总的说明等部分组成，其中条款和保管期限是最基本的项目。

（1）顺序号

顺序号是在制定档案保管期限表时，对各条款的统一编号。编号的目的是固定条款的位置，同时也可以作为档案工作者在使用档案保管期限表时引用条款的代码。

（2）条款

档案保管期限表中的条款是一组同类型文件的名称或标题。一般要求每一条款都能反映出同一组文件的来源、内容和形式，文字要简明、确切、合乎语法逻辑。

（3）保管期限

保管期限是根据各类文件的保存价值所确定的保存年限，列于每一条款之后。机关文书档案的保管期限有永久、定期两种。定期一般分为 30 年和 10 年。

（4）附注

附注是在条款之后对条款及保管期限所做的必要的注解和说明。

（5）总的说明

总的说明一般用于说明档案保管期限表的适用范围，是制定档案保管期限表的依据。

2. 档案保管期限表的类型

根据档案保管期限表适用性的差异，可以将档案保管期限表分为以下几种类型。

（1）通用档案保管期限表

通用档案保管期限表是由国家档案行政机关编制的，供全国各机关、团体、企事业单位鉴定档案时使用，也叫作标准档案保管期限表。通用档案保管期限表概括了全国各机关、团体、企事业单位普遍产生的文件及其保管期限，具有普遍性、依据性等特点，是全国各机关确定一般性档案材料保管期限的依据和标准。

（2）机关档案保管期限表

机关档案保管期限表是由各机关根据本机关的具体情况编制的，供本机关鉴定档案价值时使用。

（3）专门档案保管期限表

专门档案保管期限表是由国家档案行政机关会同有关主管部门编制的，供各机关、团体、企事业单位鉴定专门档案时使用。

（4）同系统机关档案保管期限表

同系统机关档案保管期限表是由档案行政部门或主管领导机关编制的，供同系统各机关、单位鉴定档案价值时使用。

（5）同类型机关档案保管期限表

同类型机关档案保管期限表是由档案行政部门或档案主管领导机构编制的，供同类型机关（如医院、学校等）鉴定档案价值时使用。

相关链接

××档案鉴定情况统计表

年　月　日

类别	总计数量					永久数量					定期数量					备注
	案卷/卷	底图/张	照片/张	录像片/盘	其他	案卷/卷	底图/张	照片/张	录像片/盘	其他	案卷/卷	底图/张	照片/张	录像片/盘	其他	

（六）档案销毁工作

按照规定，档案管理部门应定期对超过保管期限的档案进行鉴定。对鉴定为的确无保存价值的档案登记入册，经审查批准后销毁。档案销毁的步骤如下。

步 骤

| 步骤一 | 编制档案销毁清册 |

需要销毁的档案应编制档案销毁清册，便于单位领导或主管领导机关审查批准及日后查考档案销毁情况时使用。

档案销毁清册由封面和主表两部分组成。档案销毁清册封面的项目有全宗号、全宗名称、立档单位名称、编制档案销毁清册单位名称、编制时间等。档案销毁清册主表的项目一般有序号、案卷或文件题名、年代、目录号、卷号或文号、卷内文件数量、原保管期限、销毁原因、备注等。

档案销毁清册一般以全宗为单位进行编制，每一清册至少应一式两份，一份留在档案馆（室），另一份送有关领导审查批准，如果还要报档案行政机关备案，则需一式三份。

相关链接

档案销毁清册主表

序号	案卷（文件）题名	目录号	卷（文）号	卷内文件数量	销毁原因	备注

鉴定小组负责人：　　　　　销毁人：　　　　　监销人：　　　　　销毁时间：

步骤二	撰写立档单位

为了便于有关机关及领导了解待销毁档案的必要情况，在送审档案销毁清册时，要附送一份关于立档单位和全宗情况的简要说明。内容包括立档单位的成立时间、内部机构的名称、工作职能、全宗档案的所属年代、保管期限、准备销毁的档案数量和内容、鉴定的概况和销毁的理由等。

步骤三	销毁档案的监督执行和延缓执行

未经鉴定和批准，不得销毁任何档案。准备销毁的档案在未获批准前，应单独保管，以便审批时检查或未批准时恢复保存。获得销毁批准后，一般可以将档案送到造纸厂作原料。如果档案室（馆）距离造纸厂远，或被销毁档案特别机密，可以自行销毁。

销毁准销的档案，实行监销制度，指派两名以上专人监督执行。档案监销人员要确认档案确实已经销毁完毕，在销毁清册上注明"已销毁"字样和日期，并签名盖章。

如果有个别档案没有获得销毁批准，尚需继续保存的，也应该在档案销毁清册上进行适当的说明。

（七）档案鉴定的工作步骤

档案鉴定分以下三个工作步骤完成。

步　骤

步骤一	确定归档文件

归档是对文件的选择、文件的价值进行初步判断的过程。归档文件时应确定归档范围，剔除没有保存价值的文件，由文书处理部门或业务部门保存 1～2 年后销毁。国家档案局对文件归档范围做了明确规定，各单位可根据国家档案局的原则及具体情况确定本单位的归档范围。文书与档案工作人员在归档工作中应增强档案价值意识，以档案价值鉴定的原则和方法来指导对归档文件的选择。

步骤二	确定保管期限

对属于归档范围的文件材料，鉴别其保存价值及日后发挥作用的大小，从而划分文件的保存时间、确定保管期限。这一阶段的工作主要由机关文书人员具体实施。

步骤三	档案价值复审

档案价值复审是对库藏档案价值的重新鉴定，主要有两种方式。

移交复审，向档案馆移交档案时，移交单位档案人员和档案馆接收人员共同审查移交档案的保管期限。档案馆工作人员既要考察进馆档案自身的价值，还要从馆藏整体出发审核档案的内容特色，以防止出现馆内档案重复等情况。

到期复审，对保管期限已满的定期保管档案重新进行审核，鉴别其是否还有保存价值。如果档案确实丧失了保存价值，就予以销毁；如果仍然具有一定保存价值，则重新认定保管期限，继续保存。

档案馆可以通过审查档案开放范围、编写全宗指南等工作，检查档案的价值鉴定是否准确，必要时加以调整。

任务实训

● 教师提供所在学校或专业的文件材料，让学生进行档案鉴定，掌握档案鉴定的方法和程序。

第二节　档案保管

模拟情景

一天，经理要乔梅在档案室找一份几年前的档案，当她在档案室查找经理所要的档案时，才发现经理所要的那份文件已经受潮损坏了，根本辨别不出上面的字迹。乔梅又翻阅了档案室保存的其他档案，发现大部分档案的状况都很差，不是装具坏了，就是文件不见了，或者文件受潮、腐烂了。

乔梅拿着那份已经损坏的文件发愁了，不知道自己该如何收拾这个烂摊子。

任务驱动

1. 乔梅应该如何处理经理所要档案的事？
2. 乔梅怎样才能收拾好这个"烂摊子"？

任务分解

➢ 了解档案保管的任务
➢ 了解档案保管的物质条件
➢ 掌握档案库房管理的方法
➢ 掌握必要的档案保护及修复技术
➢ 保管档案

任务解析

（一）档案保管的任务

档案保管是指对已整理好并排架入库的档案进行日常性的维护、保护等工作，这是档案管理的基本环节之一。档案保管主要有以下三个方面的任务。

1. 防止损坏

防止损坏是档案保管工作的一项最主要任务。从总体上看，档案的损坏是不可避免的，这就要求我们采取必要的措施，尽可能地消除危害档案的因素、改善档案保存的环境，让档案得到妥善的保护。

2. 延长寿命

延长寿命是档案保管工作的总体目标。档案保护措施和技术手段应该围绕延长档案的寿命展开。如果在档案保护工作中，为了解决出现的某种危害，结果造成新的伤害，这就有违于延长档案寿命的要求。

3. 维护安全

档案是一种物质存在的形态，应针对一切可能损毁档案的不利因素，采取预防和保护措施、维护档案的安全。一方面，最大限度地让档案安全存在；另一方面，使档案不致因保管失当或条件恶劣丢失或发生泄密，造成政治上的不良后果。

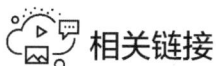

相关链接

运用信息化技术保护档案安全

信息技术在档案工作中的运用，提高了档案管理的效率，使档案保护管理系统逐步完善，档案保护的安全性提升。档案保护管理系统包括访问控制、信息加密、漏洞扫描等程序。访问控制对到访用户进行判别，确定其是否可以进入档案库，从源头降低档案系统的安全风险，成为档案有效保护的重要环节。信息加密是在对信息加密程序实施监控的情况下，确保系统处于正常运行状态，防止档案信息被泄露和破坏，发挥其安全保护的作用。漏洞扫描程序主要是对系统进行全面的检测，对系统产生的漏洞问题进行有效的复原，确保系统安全、稳定运行。

（二）档案保管的物质条件

档案保管必须借助一定的物质条件才能进行，物质条件的好坏在一定程度上决定着档案保管质量的高低。档案保管所要凭借的物质条件主要包括以下几种。

1. 档案装具

档案装具是用于存放档案的档案箱、档案架、档案柜等。档案装具首先要坚固耐用、存取方便、密封性能好，并且还要求防水、防火，因此，最好由金属材料制成。

（1）档案箱

档案箱一般为金属制品，5个为一套叠放使用。与其他档案装具相比，档案箱便于挪动，能防火、防光、防尘。但造价较高，调用档案不如档案架方便。

（2）档案架

档案架一般也是金属制品，能够充分利用库房的空间，存取档案方便，利用效率高，要求具有较理想的库房保护条件。档案架分为以下两种。

① 活动式密集架。活动式密集架分为手摇式和电支式两种。优点是容量大、占地小、可自由组合、防尘、防光、防火。缺点有体积大、负重大、库房须按其负载能力进行设计和建造，

地面还要铺设小铁轨，费用较高，一般单位难以承受。

② 双面栏架。双面栏架分为单柱式和复柱式两种。优点是安装固定，装载量大。缺点是不易搬迁，安装时必须充分考虑库房布局和技术要求，一次定位。

（3）档案柜

档案柜多为金属结构，一般与五节档案箱高度大体相同。优点是坚固耐用，防火、防潮、防盗、防光等。缺点是档案柜移动不便，造价略高。档案柜分为以下三种。

① 旋转柜。旋转柜由多面体木柜和金属支架组成，固定安装，查档时存取方便；但装载量不大，占地面积大，经常翻滚易使档案受损，防火、防盗、防潮性能差。

② 普通木柜。普通木柜有的外装金属板可以防火、防盗、防潮。

③ 五节铁皮柜。五节铁皮柜的优点有防尘、防光、防火、防盗、易搬迁。根据国家规定和相关标准，五节铁皮柜需由档案行政部门负责监制。

2. 档案包装材料

用于档案包装的材料主要有卷皮、卷盒、包装纸三种。

（1）卷皮

卷皮是包装档案的基本材料，可以保护档案材料不受磨损，用作案卷的封面。卷皮分硬卷皮和软卷皮两种。

硬卷皮一般采用 250 克牛皮纸制作，封面尺寸规格采用 300mm×220mm 或 280mm×210mm。封底尺寸同封面尺寸。封底三边（上、下、翻口处）要另有 70mm 宽的折叠纸舌。卷脊可根据需要分别设 10mm、15mm、20mm 三种厚度。用于成卷装订的卷皮，上、下侧装订处要各有 20mm 宽的装订纸舌。

软卷皮设封皮和封底。封皮和封底可根据需要采用长宽为 297mm×210mm（供 A4 纸用）或 260mm×185mm（供 16 开纸用）的规格。使用软卷皮装订的案卷，必须装入卷盒内进行保存。

（2）卷盒

卷盒外形尺寸为 300mm×220mm，高度可根据需要设置成 30mm、40mm、50mm 等不同的规格。盒盖翻口处中部设置绳带，便于系紧卷盒。

（3）包装纸

对于那些不经常使用或不适于装订又不便于盒装的档案，可以用较为结实的包装纸包装，必要的时候，再采取措施妥善保管。

3. 档案保管设备

档案保管设备是档案保管工作中使用的机械、器具、仪器、仪表等技术设备，包括空气调节装置、消防设备、防盗装备和其他保管设备，如空调、灭火器、防盗门、防盗报警装置、去湿机、加湿器、闭路电视监控设备、消毒灭菌设备等。应根据档案保管的条件和要求，配备适当的档案保管设备，尽量避免档案受到自然和人为的破坏。

4. 消耗品

消耗品主要指档案保管过程中使用的干燥剂、防虫剂等各种低值易耗品。

（三）档案库房管理

1. 档案库房管理基本要求

档案库房是存放档案的建筑物，其质量直接影响档案保管中各项设备的采用与效果。档案库房的建造要依据《档案馆建筑设计规范》，建成适宜的防热性能更好、排水效果更强的坡顶房屋。

档案库房的使用应该做到：专用，即库房独立，不与办公室合用，不存放其他物品；坚固，即正规的建筑物，安全性好；远离水源、火源、污染源；门窗具有良好的封闭性，设施符合档案保管的要求。

2. 档案柜架的排列与编号

形状、规格、质地不同的柜架要分类集中。档案柜架的排放要整齐，最大限度地利用库房空间，柜架的两端应与墙壁保持一定距离，与窗户呈垂直走向排列，避免阳光直射、通风。档案柜架号自房间入口处开始，从左到右依次编排；搁板号以一组档案柜架为准，从上到下依次编排。

3. 库房环境条件控制

档案存放空间中影响档案耐久性的环境因素主要有温度、湿度、光线、污染物等，它们对档案寿命起着决定性的作用。

（1）温度

不适宜的库房温度会对档案造成破坏，如温度过高，会加速纸张的老化，使耐热性差的字迹发生油渗扩散，减低特殊载体档案的耐久性。一般认为库房温度低对档案保护有利，能减缓不利因素引起的化学反应速度，不易发霉生虫，但温度不能过低。

为了最大限度地延长档案的寿命，必须对档案库房的温度进行控制与调节，尽量使其保持在一个合适的范围内。各个国家对库房温度的要求不完全一致。研究表明档案保管最适宜的库房温度在 14℃～20℃。

（2）湿度

据有关研究结果表明，较为适宜的档案库房的相对湿度应在 50%～65%。加湿的方法是通过增加库房内空气中水蒸气的量，使库房内相对湿度升高。减湿主要用去湿机和吸湿剂。

（3）光线

无论是自然光线还是人工光线对档案都有破坏作用，光波越短，破坏性越大。光会直接使档案载体材料中的高分子化合物因发生光解作用而受到破坏，加速氧对档案载体材料的作用，发生光氧化降解。光会促进档案载体材料中存在的许多杂质，如金属离子，发生光化学反应。在高温潮湿的情况下，强光线会使档案载体材料变黄、发脆、老化变质。

库房适宜采用窄窗，选用毛玻璃或花玻璃，并安装窗帘。做到尽量减少光照时间，避免光对档案的直接照射。

（4）污染物

档案的污染物有酸性有害气体、氧化性有害气体和固体杂质——颗粒物。酸性有害气体如二氧化硫、二氧化氮、硫化氢、氯气等与库房空气中的水蒸气和档案中的水分结合产生酸，导致纸张中的酸度逐渐增加，催化纸张纤维素水解，从而使纸张老化变质、失去强度，耐酸性差的字迹则会变色和褪色。颗粒物即烟尘和粉尘，通常称为灰尘，能在一定程度上使纸张纤维素和非纤维素发生水解和氧化反应，造成字迹褪变，使纸质档案粘连，成为"档案砖"。

防止有害污染物对档案的损坏，应对档案库房采取密闭措施，绿化库房周边和库内环境，过滤和净化库房空气，保持库房和装具的清洁卫生，经常除尘。

相关链接

档案库房温湿度的调节

库房内的温湿度是直接影响档案自然寿命的环境因素，因此，库房温湿度的控制与调节是档案保管工作的一个重要部分。

为了掌握库房温湿度情况，配置精确、可靠的温湿度测量仪器，随时测量并记录库房温湿度的具体指标。

对库房实行严格密闭，隔绝库房内外温湿度的相互交流，在库房内采用空调或恒温、恒湿技术设备，将库房温湿度人为调控在适宜的指标范围之内。

采用一些机械性或自然性的措施对库房温湿度进行人工调控。打开门窗或排风、换气扇等方法进行自然通风，用库房外的自然温湿度来调节库房内的温湿度；用增温、增湿或降温、降湿等机械设备进行调控，使原有温湿度有所改变。或者采用一些更为简便的人工方法来调节库房温湿度，如在库房内放置水盆、湿草垫或在地面洒水等以适当增湿；在库房内或装具中放置木炭、生石灰、氯化钙、硅胶等物品，以适当降湿。

（四）档案修复技术

档案修复技术包括去污、去酸、加固档案字迹的显示与恢复、档案修裱等。

（1）去污

档案在保存和利用过程中，常沾染各种污渍，如水印、泥斑、油斑、蜡斑、霉斑、墨水斑等。去污方法有：机械法，借助小刀、毛刷等工具，依靠机械力量，除去斑污；溶剂洗涤法，利用溶剂的溶解力清除斑污；氧化剂法，用氧化剂与档案上的霉、墨水、铁锈等污斑发生化学变化，使其有色物质被氧化失去颜色而去除。去污要根据污渍的种类、纸张和字迹的性质，采取不同的处理方法。

（2）去酸

去酸可以延长档案纸张的寿命，去酸的方法主要有含水溶液去酸、有机溶液去酸、气相去酸三类。

（3）加固

加固即用高分子材料黏合或附加在档案文件上使纸张强度增加，字迹得到保护。档案在加固之前，必要时需进行除污、去酸处理。

（4）字迹显示与恢复

对于那些褪变字迹和被遮盖的字迹要进行显示与恢复，方法主要有以下两种。

① 化学显示法，对含铁字迹用硫化铵法、亚铁氰化钾法等。

② 物理显示法，主要有缩微摄影、滤色镜摄影、斜光摄影、紫外线或红外线摄影及计算机图像处理等。字迹显示与恢复是档案保护中存在的难题，有待继续研究开发。

（5）修裱

档案修裱技术是使用黏合剂把选定的纸张"补"或"托"在档案文件表面，增加纸张强度，以达到修复目的，从而延长档案寿命，便于档案长期保存和利用。档案修裱必须尊重原件，既不能人为增删，也不许损坏。

（五）保管档案

档案保管内容及程序主要分为以下几个步骤。

步 骤

| 步骤一 | 排架编号 |

档案库房与装具均须统一编号，而且装具在库房中的排列应井然有序。库房编号一般是先编建筑物号，再编层号和房间号，可根据库房的多少和位置组合编制。编号方法一般是按某种顺序用阿拉伯数字编流水号。应结合建筑物的构成特点，按照唯一性、稳定性、易识别、易使用的原则对档案库房进行编号。

| 步骤二 | 定期检查 |

定期对档案实体状态和流动情况进行检查，查看档案是否发生虫蛀、霉变、字迹模糊等迹象，有无人为或自然及其他原因造成的损坏；库房是否存在危害档案的潜在隐患；档案的流动是否严格履行手续，摆放顺序是否错乱。通过定期检查，可以对档案保管中的漏洞，及时予以纠正。

| 步骤三 | 日常维护 |

档案保管过程中，可能存在各种疏漏和隐患，要加强防范，进行档案保管的日常维护，做到防火、防水、防潮、防霉、防虫、防光、防尘、防盗，防止各种不利因素的影响和破坏，延长档案的寿命。

| 步骤四 | 档案修复 |

对在档案保管和利用过程中，由于受不利因素的影响，出现纸张变脆或有污斑、字迹扩散或褪色、黏结成档案砖等情况，应采用一定的修复技术，进行档案修整，恢复其原来面貌，延长档案寿命。修复时使用的各种材料、方法不能有损档案载体材料。

相关链接

档案库房管理制度

一、严格遵守档案安全保密的有关规定，严防档案受到破坏。

二、认真保管档案，未经允许不准携带档案外出，不准外借档案，严防遗失。

三、加强库房安全管理，非库房管理人员未经许可不得进入。

四、库房内严禁吸烟，严禁存放易燃、易爆危险品，严禁存放非档案用品及个人物品。

五、库房内必须配备报警装置、灭火器材，由专人管理；灭火器材放在固定位置，定期进行检测，不准随便移动。

六、经常检查库房内电源线路及其他安全设施，及时排除各种隐患。

七、库房管理人员要妥善保管库房和档案柜钥匙，离开库房必须锁柜子、关灯、锁门。

八、库房内采取严格的"八防"措施，防火、防潮、防尘、防虫、防鼠、防盗、防高温、防强光。

九、定期对库房内档案进行清点，检查安全设备、温湿度情况、档案完好程度，做好清点检查记录，发现问题及时采取有效措施解决。

📋 任务实训

- 设计温湿度记录表，连续两周在固定时间测量档案室的温湿度，并将测量结果登记在温湿度记录表中。
- 参观档案室，了解档案保管环境、设备，观察保存档案使用的装具，弄清档案柜架的排列和编号方式。

第三节　档案统计

🖋 模拟情景

乔梅在对公司档案室保存的档案进行全面检查时发现，公司以往所保存的档案很混乱，有的缺少必要的标识，有的文件已经受潮、腐烂、被虫蛀。如何加强对档案的保管，改善档案保管条件，减轻档案损坏状况呢？乔梅整理思绪后，觉得目前自己必须做的一项工作就是对当前的档案保管基本情况及这些残缺的档案进行统计，为管理好档案提供依据。

▶ 任务驱动

1. 乔梅为什么要进行档案统计？
2. 乔梅怎样才能做好档案统计工作？

🧩 任务分解

➤ 了解档案统计的意义与内容
➤ 掌握档案统计工作的原则
➤ 统计档案

📑 任务解析

（一）档案统计的意义与内容

档案统计是运用统计的方法和技术，以档案工作领域中的现象为对象，以数据的形式准确反映档案工作的真实情况，揭示档案管理活动的规律。

1. 档案统计的意义

档案统计是档案事业建设的重要基础性工作，为档案管理的开展、预测与决策提供真实的分析数据。

（1）档案统计是科学管理档案的基础

通过档案统计，可以了解和掌握档案的形成、管理、利用和档案事业的发展情况，认识档案工作的普遍性规律，为档案管理提供必要条件。积极改进并高度重视档案统计工作，掌握和采用统计方法管理档案，才能够准确把握、分析档案管理存在的问题，用发展和创新的思想建设系统化、科学化及信息化的档案管理模式。

（2）档案统计是档案工作良性运行的保证

档案统计的数据能够准确反映馆（室）藏档案的数量，使用档案情况，档案部门工作量的大小，人力、物力、财力需求等。分析档案统计数据，发现问题，找出影响档案工作发展的因素和制约条件，提出指导性建议，使档案工作更科学、合理地发挥效益。

（3）档案统计是定量分析档案工作的手段

定量分析是依据统计数据，计算分析对象的各项指标及其数值。对档案工作的分析要兼顾定性与定量两方面，防止指导思想的片面性和工作上的失误。只有运用档案统计的定量分析方法，将档案管理情况用数字、表格形式表现出来，结合定性分析，互为补充，才能对档案具体业务做出客观具体的判断和有力的指导。对馆藏数量、利用量的精确统计，可以反映档案收集、利用工作的开展效果，进而对现状进行分析，预测档案工作的未来发展。

（4）档案统计是指导检查档案工作的依据

档案统计客观地反映着档案工作的发展水平。是规划档案管理活动，制定有关档案工作的方针、政策和计划，总结经验教训，实施指导监督，检查档案工作成效的重要参考。

2. 档案统计的内容

档案统计的任务是对档案和档案工作的发展情况进行统计调查、统计分析，提供统计资料，实行统计监督。档案统计的工作内容包括档案数量和档案工作的统计，具体如下。

（1）档案数量的统计

档案数量的统计主要是对档案馆（室）的档案总量、种类、形成时期、保管期限、制成材料、整理状况的统计。

（2）档案工作的统计

档案工作的统计主要是对档案工作结构规模与水平、档案业务、档案经费及机构建设、档案工作人员基本情况的统计。

（二）档案统计的原则

为了更好地完成档案统计工作任务，充分发挥档案统计工作的作用，档案统计工作必须遵循以下几项原则。

1. 准确性原则

准确性是档案统计的生命所在和根本要求。如果统计数字不准确，档案工作情况分析、政策研究、计划安排、业务指导就失去了可靠的依据，就会陷入盲目被动的局面，容易出现失误、造成损失。进行档案统计必须严肃认真，如实提供有关统计资料，反映客观真实情况，不得虚报、瞒报、拒报，不得伪造和篡改。

2．及时性原则

及时性是指档案统计的资料必须按时报送。档案统计是为了掌握档案工作的情况，解决遇到的问题。档案统计拖沓、延缓，会贻误有关工作的开展和进行、对整体档案工作造成不利影响。应该增强全局观念和责任心，切实遵守统计制度和纪律，严格按规定时限送交有关统计资料。

3．科学性原则

科学性是指用科学的方法和程序收集、整理、分析统计资料。制定通用的档案统计报表，规定统一的格式、口径和标准，明确统计的范围、内容、项目和要求，做到规范、标准。这样才能有利于统计资料的整理和分析，有助于提高档案管理水平。

4．规定性原则

档案统计必须遵循国家统计工作的要求，贯彻《中华人民共和国档案统计法》，执行档案相关的法律、法规、行政规章和各种标准及有关档案统计的规定。

（三）统计档案

按照档案统计的有关法规，可以将档案统计工作分为选定档案统计指标、档案统计调查、档案统计分析三个环节。

步 骤

步骤一　选定档案统计指标

档案统计指标是档案登记、统计与分析的基础，内容涉及档案馆（室）藏、档案利用、档案人员基本情况、档案教育等方面。应依据客观性、统一性、稳定性的原则，选定档案统计指标。

步骤二　档案统计调查

档案统计调查所获得的资料是大量、分散、原始的，必须进行整理，使之系统地反映档案工作的整体情况。要按照一定的标准，对档案统计资料进行分类、归纳，整理成为统计表，以反映现象之间的相互关系，为统计分析提供规范、系统的数据。

步骤三　档案统计分析

档案统计分析是根据档案统计的目的，对统计整理的结果进行分析研究，通过综合、提炼、归纳和概括，形成统计结论。档案统计分析的目的是发现规律、探究原因，得出明确可靠的结论，进一步提高档案的科学管理水平。

任务实训

● 教师提供关于本校档案管理情况的资料，学生选择适宜的统计方法，按照程序完成统计任务。

本 章 小 结

知识梳理

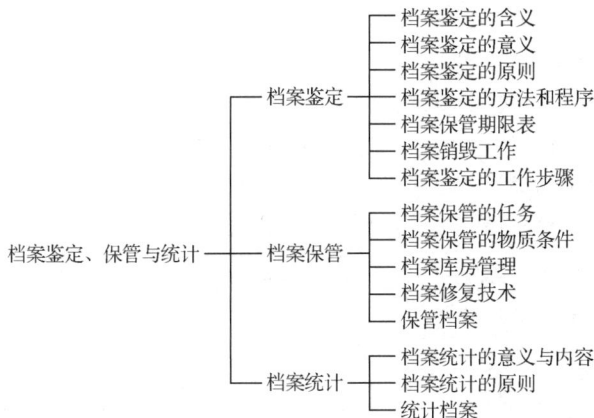

分析思考

1. 档案鉴定应注意哪些问题？

2. 如何保护档案以延长档案的寿命？

3. 如何做好档案统计工作？

目 标 检 测

一、名词解释

档案鉴定　保管期限　档案保管　档案统计

二、填空题

1. 档案鉴定必须从党和国家的根本利益出发，坚持_____、_____、_____的观点。

2. 档案保管适宜的温度为_____。

3. 档案统计工作内容主要有_____、_____两种。

三、单选题

1. 最常用的档案鉴定方法是（　　　）。

A. 经验鉴定法　　　　　　　　　　　B. 形式鉴定法

C. 结论鉴定法　　　　　　　　　　　D. 直接鉴定法

2. 确定档案保管期限的工作属于（　　　）。

A. 档案整理　　　　　　　　　　　　B. 档案鉴定

C. 档案保管　　　　　　　　　　　　D. 档案统计

3. 档案管理机构鉴定档案价值，确定档案保管期限的依据和标准是（　　）。

A. 档案登记表　　　　　　　　　　　　B. 档案统计表

C. 档案保管清单　　　　　　　　　　　D. 档案保管期限表

4. 档案修复技术包括（　　）。

A. 去酸　　　　　　　B. 加固　　　　　　C. 复印　　　　　　D. 修裱

5. 档案统计工作的原则包括（　　）。

A. 准确性　　　　　　　　　　　　　　B. 及时性

C. 形式性　　　　　　　　　　　　　　D. 科学性

四、问答题

1. 档案鉴定工作的意义是什么？

2. 如何理解档案鉴定工作的原则？

3. 如何鉴定档案的价值？

4. 档案保管期限表的类型有哪些？

5. 如何进行档案库房管理？

6. 如何延长档案寿命？如何对保管的档案进行日常维护？

7. 档案统计工作的意义是什么？

8. 档案统计工作的内容是什么？

9. 档案统计的原则有哪些？

阅读材料

机关文件材料归档范围和文书档案保管期限规定

第一条　为便于各级党政机关和人民团体（以下统称机关）正确界定文件材料归档范围，准确划分档案保管期限，使所保存的档案既能反映机关主要职能活动情况，维护其历史面貌，又便于保管和利用，根据《中华人民共和国档案法》《中华人民共和国档案法实施办法》制定本规定。

第二条　本规定中的机关文件材料是指机关在其工作活动过程中形成的各种门类和载体的历史记录。

第三条　机关文件材料归档范围：

（一）反映本机关主要职能活动和基本历史面貌的，对本机关工作、国家建设和历史研究具有利用价值的文件材料；

（二）机关工作活动中形成的在维护国家、集体和公民权益等方面具有凭证价值的文件材料；

（三）本机关需要贯彻执行的上级机关、同级机关的文件材料；下级机关报送的重要文件材料；

（四）其他对本机关工作具有查考价值的文件材料。

第四条　机关文件材料不归档范围：

（一）上级机关的文件材料中，普发性不需本机关办理的文件材料，任免、奖惩非本机关工作人员的文件材料，供工作参考的抄件等；

（二）本机关文件材料中的重份文件，无查考利用价值的事务性、临时性文件，一般性文件的历次修改稿、各次校对稿，无特殊保存价值的信封，不需办理的一般性人民来信、电话记录，机关内部互相抄送的文件材料，本机关负责人兼任外单位职务形成的与本机关无关的文件材料，有关工作参考的文件材料；

（三）同级机关的文件材料中，不需贯彻执行的文件材料，不需办理的抄送文件材料；

（四）下级机关的文件材料中，供参阅的简报、情况反映，抄报或越级抄报的文件材料。

第五条　凡属机关归档范围的文件材料，必须按有关规定向本机关负责档案工作的部门移交，实行集中统一管理，任何个人不得据为己有或拒绝归档。

第六条　机关文书档案的保管期限定为永久、定期两种。定期一般分为 30 年、10 年。

第七条　永久保管的文书档案：

（一）本机关制定的法规政策性文件材料；

（二）本机关召开重要会议、举办重大活动等形成的主要文件材料；

（三）本机关职能活动中形成的重要业务文件材料；

（四）本机关关于重要问题的请示与上级机关的批复、批示，重要的报告、总结、综合统计报表等；

（五）本机关机构演变、人事任免等文件材料；

（六）本机关房屋买卖、土地征用，重要的合同协议、资产登记等凭证性文件材料；

（七）上级机关制发的属于本机关主管业务的重要文件材料；

（八）同级机关、下级机关关于重要业务问题的来函、请示与本机关的复函、批复等文件材料。

第八条　定期保管的文书档案：

（一）本机关职能活动中形成的一般性业务文件材料；

（二）本机关召开会议、举办活动等形成的一般性文件材料；

（三）本机关人事管理工作形成的一般性文件材料；

（四）本机关一般性事务管理文件材料；

（五）本机关关于一般性问题的请示与上级机关的批复、批示，一般性工作报告、总结、统计报表等；

（六）上级机关制发的属于本机关主管业务的一般性文件材料；

（七）上级机关和同级机关制发的非本机关主管业务但要贯彻执行的文件材料；

（八）同级机关、下级机关关于一般性业务问题的来函、请示与本机关的复函、批复等文件材料；

（九）下级机关报送的年度或年度以上计划、总结、统计、重要专题报告等文件材料。

第九条　机关形成的人事、基建、会计及其他专门文件材料的归档范围和档案保管期限，按国家有关规定执行。

第十条　机关对应归档电子文件的元数据、背景信息等要进行相应归档。

机关应归档纸质文件材料中，有文件发文稿纸、文件处理单的，应与文件正本、定稿一并归档。

第十一条　机关联合召开会议、联合行文所形成的文件材料原件由主办机关归档，其他机关将相应的复制件或其他形式的副本归档。

第十二条　各机关应根据本规定，结合本机关职能和各部门工作实际，编制本机关的文件材料归档范围和文书档案保管期限表，经同级档案行政管理部门审查同意后执行。

有垂直领导关系的中央、国家机关应依据本规定，结合本系统工作实际，编制本系统的文件材料归档范围和文书档案保管期限表，并经国家档案局审查同意后执行。

第十三条　在编制本机关或本系统文件材料归档范围和文书档案保管期限表时，应全面分析和鉴别本机关或本系统文件材料的现实作用和历史作用，准确界定文件材料的归档范围和划分档案保管期限。

第十四条　本规定适用于各级党政机关和人民团体。军队系统、民主党派、企业事业单位可参照执行。

第十五条　本规定自颁布之日起施行，1987年颁发的《国家档案局关于机关档案保管期限的规定》和《机关文件材料归档和不归档的范围》同时废止。

第九章　档案检索、利用与编研

学习目标

知 识 点	能 力 点
● 档案检索概述	● 标引档案
● 档案利用的作用、方式与途径	● 检索档案
● 开放档案的含义及意义	● 提供档案利用
● 档案编研的内容	● 编制档案参考资料

第一节　档案检索

模拟情景

李文在大学读的是秘书学专业，毕业后就职于一所学校，从事档案管理的相关工作。他发现学校的档案在积累了一定数量后，由于只有案卷目录而没有其他形式的检索工具，在查找档案时经常出现速度慢甚至查找不到的问题，小李决定编制一些检索工具以解决查找档案的问题。经过分析以往查找档案的情况，他发现频繁查找的档案主要有学生学籍资料、学校的发文和内部资料，于是他决定编制人名索引、文号索引和专题目录等几种检索工具，为查找档案提供快速途径。在这几种检索工具编制完成投入使用后，明显提高了查找档案的效率，小李因此也得到了领导的表扬。

任务驱动

1. 面对工作中出现的问题，李文要做什么？他是怎么做的？

2. 作为秘书学专业的毕业生，李文今后该如何系统规范地解决学校档案检索问题？他需要做哪些事情？

任务分解

➢ 了解档案检索的内容与作用

➢ 了解档案著录的含义、内容

➢ 了解档案著录的注意事项

➢ 标引档案

➢ 了解常用的档案检索工具

➢ 检索档案

任务解析

检索是开发利用档案信息的基本手段，是档案信息经过收集、整理和日常维护管理等基础性工作向档案信息开发利用工作过渡的环节，是档案管理的一个重要部分。

（一）档案检索的内容

档案检索包括档案信息存储和查找两个具体过程。信息存储是指将档案信息具有检索意义的特征经过著录、编目，进行排列，形成各种检索工具和档案数据库；查找是指根据利用者的需求，搜取所需档案、提供信息线索的过程。简单地说，信息存储是查找的前提和基础，查找是信息存储的目的和宗旨，二者不可分割，联系密切。

（二）档案检索的工具

1. 档案检索工具的含义

档案检索工具是记录、报道、查找档案材料的工具。记录是指登录档案的外形和内容特征；报道是指介绍本馆（室）存有什么样的档案材料能供利用者选择和使用；查找是指根据著录项目提供的检索途径，把利用者所需的档案材料迅速、准确地提供出来。

2. 档案检索工具的种类

由于档案的内容和外形特点很多，人们利用档案的目的和要求各不相同，单靠一两种检索工具很难全面揭示出档案的内容和成分，也难以满足利用者的不同层次和不同角度的利用需要，所以在长期的档案检索实践中，便形成了不同种类、不同内容和不同形式的检索工具。根据不同的分类标准，可以将档案检索工具划分成不同的种类。目前，比较常用的分类方法如图 9-1 所示。

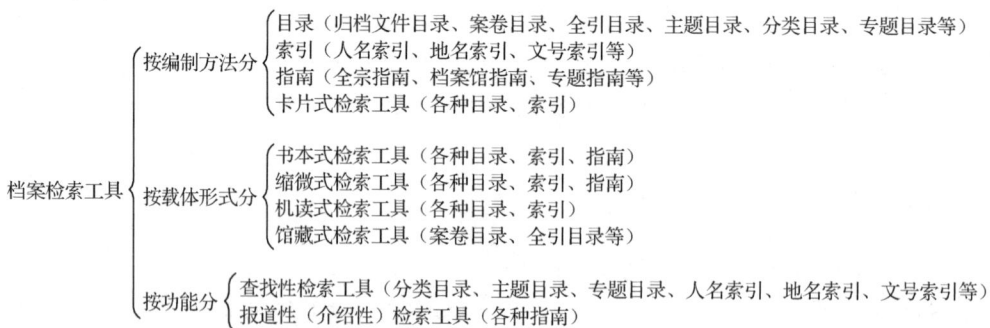

```
                  ┌ 按编制方法分 ┌ 目录（归档文件目录、案卷目录、全引目录、主题目录、分类目录、专题目录等）
                  │              │ 索引（人名索引、地名索引、文号索引等）
                  │              │ 指南（全宗指南、档案馆指南、专题指南等）
                  │              └ 卡片式检索工具（各种目录、索引）
                  │
                  │              ┌ 书本式检索工具（各种目录、索引、指南）
 档案检索工具     ┤ 按载体形式分 │ 缩微式检索工具（各种目录、索引、指南）
                  │              │ 机读式检索工具（各种目录、索引）
                  │              └ 馆藏式检索工具（案卷目录、全引目录等）
                  │
                  │              ┌ 查找性检索工具（分类目录、主题目录、专题目录、人名索引、地名索引、文号索引等）
                  └ 按功能分     └ 报道性（介绍性）检索工具（各种指南）
```

图 9-1　档案检索工具的种类

3. 常用的档案检索工具

上述档案检索工具中，我们经常利用的主要有归档文件目录、案卷目录、全引目录、主题目录、分类目录、专题目录、文号索引、全宗指南等。

（1）归档文件目录

归档文件目录是以件为单位，系统地登记录入归档文件的题名及其他特征并固定其排列顺序的检索工具。归档文件目录登录的内容一般包括件号、责任者、文号、题名、日期、页数、备注等项目。

归档文件目录能够固定文件在归档文件盒中的具体位置，巩固档案实体系统整理的成果，而且能够反映归档文件的基本情况，是检索具体档案文件的重要工具，其具体格式如表9-1所示。

表9-1　归档文件目录格式

件号	责任者	文号	题名	日期	页数	备注
1	省档案局	档发[20190103]3号	关于召开档案工作表彰大会的通知	2019130212	2	
2	…	…	…	…	…	

（2）案卷目录

案卷目录是指在档案实体整理过程中，对案卷进行排列与编号后，将案卷号、案卷题名及其他特征进行系统登记的检索工具。案卷目录的基本项目包括案卷号、标题、起止日期、页数、保管期限、备注等。

案卷目录的主要作用是：固定全宗内档案分类体系和案卷排列次序；反映和巩固档案整理工作成果；揭示全宗内档案内容成分；是查找利用档案的基本检索工具；是案卷清册，便于档案的统计和安全保管。其格式如表9-2所示。

表9-2　案卷目录格式

案卷号		标题	起止日期	页数	保管期限	备注
档案室编	档案馆编					

（3）全引目录

全引目录也称卷内文件目录汇编（集），是将全宗或全宗内的某一部分案卷目录和卷内文件目录合二为一，汇编而成的一种目录。

全引目录是一种文件级检索工具，完全利用原案卷目录和卷内文件目录，前面为案卷目录，后面为该案卷目录所包含的卷内文件目录，在案卷目录的备注栏内，列出其卷内文件目录的所在页号，在卷内文件目录的备注栏内填上案卷号，其格式如表9-3所示。

表9-3　全引目录格式

案卷号	案卷题名			起止日期	卷内页数	保管期限
顺序号	文号	责任者	文件题名	日期	页号	备注

（4）主题目录

主题目录是以若干能表达案卷或文件中心内容的主题词作为检索标识，将档案著录成卡片条目，按主题词的字顺序排列组织而成的。主题词是经过优选和规范化处理、能表达各种概念的词或词组。在我国，制定了统一的《中国档案主题词表》，可供制作目录时选用。

主题目录具有专指性、集中性、直观性、灵活性的优点，便于特性检索，可以弥补因受分类体系、归类标准、组卷质量等因素限制而造成的不便；其缺点是缺乏逻辑体系，系统性差，又由于每一条目往往标引若干个主题词，将同一形式的若干张卡片分别按不同主题词排列，因而造成卡片数量庞大，不便于编制和管理。

（5）分类目录

分类目录打破全宗及其原有的整理系统，按照档案内容、性质，采用等级体系的分类法组织而成。通常依据统一制定的检索分类大纲进行分类排列，如《中国档案分类法》。这种目录在揭示文件或案卷的内容和形式特征方面，具有分类系统、问题集中的特点，是沟通利用者与储存系统的基本媒介，是档案馆（室）中起主导作用的检索工具。

分类目录的编制方法首先以文件级或案卷级为单位著录成卡片条目，再按类别及分类号的顺序分别集中和排列，形成大类、类、项、目、细目层次分明的线性系统，其格式一般以《档案著录规则》的规定为准。

（6）专题目录

专题目录是指超越年度、全宗的界限，按照一定题目，将涉及同一专题的档案著录成卡片条目，并集中组合而成的检索工具。其针对性强，便于迅速查找专门需求的档案材料。

专题目录的编制程序为选题、选材、制卡，按问题、部门、时间、地域或其他特征设置类别体系，各类和类内再依照一定的顺序进行系统排列。为了便于日后的查考利用，专题目录的编制应以小的类别为基础。这一检索工具主要包括专题名称、文件题名、存放位置等项，如表9-4所示。

表9-4 专题目录格式

顺序	专题名称	文件题名	存放位置		
			目录号	卷（盒）号	页（件）号

（7）文号目录

文号目录是按年、作者、文号编制的检索工具。按文号查找文件，只要利用者提出文号，就可以迅速检索出文件。文号目录的编制方法比较简单，是比较适用的一种检索工具。

文号目录的著录项目有作者、文号、文件形成时间、文件标题、档号等。

（8）全宗指南

全宗指南是对一个全宗的档案的形成历史、内容范围、成分、数量等各个方面以叙述方式所做的全面介绍。全宗指南由立档单位和全宗的历史概况、全宗内档案内容和成分、辅助工具三部分组成。

① 立档单位和全宗的历史概况，包括立档单位和全宗的形成时间、经过、名称、性质、演

变情况，以及全宗内档案的来源、数量、所属年度、进馆时间、分类、完整程度、整理鉴定和被利用情况等。

② 全宗内档案内容和成分，主要包括档案来源（责任者）、内容、形式（种类、制成材料等）、形成时间、可靠程度、查考价值等，这些是全宗指南的主体部分。

③ 辅助工具，包括目次、机关简称表、人名索引、地名索引等。

（三）档案著录

1. 档案著录的含义

档案著录是指在编制档案目录时，对档案的内容和形式特征进行分析、选择和记录的过程。它是编制档案检索工具或建立档案信息数据库的基础和前提。通过它可以具体描述每份文件或每份案卷的特征，揭示其主题内容和价值，指明出处，区别相互之间的异同，从而便于更好地管理和利用档案。

2. 档案著录的主要内容

为了实现档案著录工作的规范化，国家档案局规定从 1999 年 12 月 1 日实施新的《档案著录规则》即《档案著录规则 DA/T 18—1999》，主要内容有著录项目、标识符号及著录项目细则等。

（1）著录项目

著录项目是指用以揭示档案内容和形式特征的记录事项。根据规定，档案著录项目有以下内容。

① 题名与责任说明项，包括正题名、并列题名、副题名及说明题名的文字、文件编号、责任者、附件 6 个单元。

② 稿本与文种项，包括稿本、文种 2 个单元。

③ 密级与保管期限项，包括密级、保管期限 2 个单元。

④ 时间项。

⑤ 载体类型及形态项，包括载体类型、数量及单位、规格 3 个单元。

⑥ 附注项与提要项，包括附注、提要 2 个单元。

⑦ 排检与编号项，包括分类号、档案馆代号、档号、缩微号、电子文档号、主题词或关键词 6 个单元。

（2）标识符号

标识符号是表示不同著录项目和著录含义的标志。为识别各著录项目、单元（小项）及其内容，应添加如下规定的标识符。

"–"置于稿本与文种项、密级与保管期限项、时间项、载体类型及形态项、附注项前。

"="置于并列提名前。

"："置于副题名及说明题名文字、文件编号、文种、保管期限、数量及单位、规格前。

"/"置于第一责任者前。

"；"置于多个文件编号之间、多个责任者之间。

"，"置于相同职责、身份省略时的责任者之间。

"+"置于每一个附件前。

"[]"置于自拟著录内容、文件编号中的年度的两端。

"（）"置于下列著录内容的两端：责任者所属机构名称、责任者真实姓名、责任者职责或身份、外国责任者国别及姓名原文、中国责任者时代、历史档案中的朝代纪年、农历、地支代月、韵目代日转换后的公元纪年。

"？"用于标记不能确定的著录内容，一般与"[]"号配合使用。

"—"置于日期起止、档号、电子文档号、缩微号各层次之间。

"……"用于节略内容。

"□"用于表示每一个残缺文字和未考证出时间的每一个数字。未考证出的责任者及难以计数的残缺文字用 3 个"□"号。

（3）著录项目细则

① 题名与责任说明项。题名项包括正题名、并列题名、副题名及说明题名的文字。若单份文件没有题名的，著录者可自拟题名，并加"[]"号括住。例如，一份 2020 年度的招生数据统计表没标题，归档时可以给这张表加个标题"[××学院 2020 年度招生情况统计表]"。

正题名。若单份文件题名不能揭示文件内容，应先按原题名著录，再另拟题名附后，并加"[]"。例如，"[××学院关于召开学期总结工作会议的通知]"。若单份文件题名太冗长，可只保留原重要信息，也可以在原意的基础上进行删节，节略内容用"……"表示。若案卷题名不能揭示案卷内容或过长，应重新拟写。

并列题名。并列题名是指用第二种或两种以上的语言文字书写的与正题名对照并列的题名。著录时按原文照录，前面加"="号。

副题名及说明题名的文字。副题名是解释或从属于正题名的另一题名，一般照原文著录，前面加"："号。例如，"怀抱初心，砥砺前行：××在××学院毕业生欢送会上的讲话"。题名前后对档案的内容、范围、时间、用途等进行说明的文字都叫说明题名的文字。必要时照原文著录，前面加"："号。例如，"：根据发言整理，未经本人审阅"。

② 文件编号。文件编号包括发文字号、科研实验报告流水号、标准规范类文件的统编号、图号等，著录时按原文照录，前面加"："号。例如，"：中办发[2019]6 号"。

③ 责任者。责任者有多个时，著录第一责任者（位于首位的），前面加"/"号；若同时著录其他责任者，中间用"；"号隔开。例如，"/河北省教育厅；河北省财政厅"。如果几个责任者身份、职责相同，著录时中间用"，"号隔开。例如，"河北省委，河北省人民政府"。责任者只有一个时，视为第一责任者，照原文著录。例如，"河北省教育厅"。

机关团体责任者必须著录全称或通用简称，不得著录"本省""本局"等。历代政权机关团体责任者，其前应冠以朝代或政权名称，并加"（）"号。例如，"（清）光禄寺"。

个人责任者一般只著录原文姓名，必要时可在姓名前加上时代、国别，在姓名后加上职务、真实姓名或译名原文，并加"（）"号。例如，"（美国）华盛顿""周泰（蒋介石）"等。

未署名的文件，应著录考证出的责任者，并加"[]"号；如未考证出，则著录为"□□□"。

文件的责任者不完整或有误时，应照原文著录，但在其后应附上考证出的责任者，并加"[]"号。例如，"刘[刘少奇]""陈独英[陈独秀]"。

如考证出的责任者证据不足，应在其后加"？"号，一并录于"[]"号内。例如，"[韶华?]"。

④ 附件。附件是正文后的附加材料，著录时只著录题名，前面加"+"号。若正文后有多个附件则应逐一著录，且每个附件题名前都要加"+"号。例如，"+应急管理部通知"。

⑤ 稿本与文种项。稿本包括正本、副本、蓝图、草图、底图、草稿、定稿、手稿、原版、修订本、影印本等，著录时依实际情况照录，前面加"·—"号。例如，"·—副本""·—蓝图"等。

文种依实际情况著录为命令、决定、指示、报告、通知、请示、批复、函、会议纪要、说明书、协议书、鉴定书、判决书、国书、照会、诰、敕、奏折等，前面加"："号。例如，"：命令""：判决书"等。

⑥ 密级与保管期限项。密级一般按文件当时所定的密级著录，对已升、降、解密的文件应著录新的密级，前面加"·—"号。例如，"·—绝密"。

保管期限一般按组卷时所定的保管期限著录。对已更改的著录新的保管期限，前面加"："号。例如，"：永久"。

⑦ 时间项。著录时间项时，若以单份文件为著录对象，则著录其形成时间；若以一组文件、一个（一组）案卷为著录对象，则著录最前一份文件的形成时间和最后一份文件的形成时间，中间用"—"连接，前面加"·—"号。例如，"·—20190927""·—20190509—20190919"。时间一律用 8 位阿拉伯数字表示，前 4 位数字表示年度，第 5、6 位表示月，第 7、8 位表示日。

如果文件上没有形成时间时，应著录考证出的时间，并加"[]"号。例如，"·—[20191129]"。如果没有考证出来，著录为"□□□"。

如果文件时间不完整或部分字迹不清楚时，仍照原文著录，缺少或字迹不清部用"□"补充，再将考证出的时间附在其后，并加"[]"号。例如，"·—200□□□□[20200906]"。

如果文件时间记载有误或有疑义时，仍照原文著录，再将考证出的时间附在其后，并加"[]"号，例如，"·—20200911[20200915]"。如果考证出的时间依据不足时，应在其后加"？"号，一并著录于"[]"号内。例如，"·—2020□□□□[20200608？]"。

⑧ 载体类型项。载体类型有甲骨、金石、简牍、缣帛、纸、唱片、胶片、胶卷、磁带、磁盘、光盘等，著录时除纸张一般不著录外，其他载体类型据实著录，其前加"·—"号。例如，"·—光盘"。

⑨ 载体形态项。数量用阿拉伯数字著录，单位用档案物质形态的统计单位进行著录，如"卷""页""张""册""盒"等，前面加"："号。例如，"·—光盘：2 盒"。规格是指档案载体的型号、尺寸等，著录时前面加"："号。例如，"·—16 页：A4"。

⑩ 提要与附注项。提要项是对文件或案卷内容的简要概括或评价，应写得简单明了，但一定要反映出其主要内容、重要数据等。提要一般不超过 200 字。附注项是对各个著录项目中的有关问题进行解释或补充的事项，必要时可以著录。著录时，每个附注项前加"·—"号。例如，"·—原件有缺损"。

⑪ 排检与编号项。排检与编号项是目录排检和档案馆（室）业务注记项。

（四）档案标引

档案标引，就是对文件或案卷内容进行主题分析，从自然语言转换成规范化的检索语言的过程，即对内容分析结果赋予检索标志的过程，分为分类标引和主题标引两种类型。分类标引是对档案内容进行分析和选择，并赋予其分类号标识。主题标引是对档案内容进行分析和选择，并赋予其主题词标识。档案标引是档案著录的核心内容，只有通过标引，才能使档案的内容特征和形式特征获得检索标识，才能组成各种各样的检索工具。

档案标引的步骤主要包括主题分析和概念转换两个方面，是指通过对档案内容进行分析、明确档案中所包含的主题内容，然后用检索语言将其准确、简明地表达出来。

步 骤

步骤一　主题分析

档案主题是通过对其外形特征和内容特征的分析得到的。所谓外形特征，是指文件或案卷上记载的显而易见的标识和特点，如责任者（作者）、发文字号、收文机关、形成时间、密级、保管期限、档号等项目；所谓内容特征，是指文件或案卷所叙述的内容、涉及的事物等属于什么主题。内容特征是根本依据，外形特征是其参考和辅助依据。

为了正确进行主题分析，还需要对主题的类型及其构成因素有一个大体的了解。依据档案的内容，主题的类型可分为单主题和多主题。单主题是指一件（卷）档案只表述一个问题。多主题又称并列主题，是指一件（卷）档案表述两个及以上的问题。

进行主题分析一般可采取以下方法。

① 阅读和理解题名。由于大部分文件或案卷涉及的主题比较单一、明确，而且文件或案卷题名具有特定的结构和语义要求，这就需要档案人员做到认真研读，准确理解。

② 阅读文摘、简介、前言、领导人的批语等，从中发现题名中未予以表达的主题内容。

③ 浏览正文，了解文件的大致内容。这对于全面揭示文件主题，特别是揭示隐含的主题概念有重要意义。

④ 查阅文件的外表特征，包括责任者、时间、载体、密级等，这有助于明确文件的形成背景、作用范围等，对确定文件主题也有一定意义。

步骤二　概念转换

概念转换是指在确定了文件的主题概念后，将其转换为检索语言标出的过程，也就是给出检索标识的过程。概念转换是档案标引结果的体现，如果在转换中发生误差，可能造成误检或漏检，从而影响检索效率。

分类标引概念转换的基本做法是：根据主题分析的结果，查找档案分类表，将相应类目的分类号作为检索标识赋予被标引的档案文件。

主题概念转换的基本做法是：根据主题分析的结果查找主题词表，将相应的主题词作为检索标识赋予被标引的档案文件。

步骤三　标引结果审核

审核工作是对标引结果的审查，这是档案标引工作不可缺少的步骤，是保证标引质量的重要措施。审核的内容主要包括档案主题确定是否正确，所选定的主题词和分类号是否确切表达了主题，主题词和分类号的选定是否符合标引规则和组配规则，著录有无错误等。对审核中发现的问题要及时进行记录，以便更改，同时也便于日后总结交流、积累经验。标引审核工作要选派精通业务的人员担任，也可由标引人员互审。

相关链接

档案资料目录中心

　　档案资料目录中心是集中管理若干档案馆档案（室）特定范围的档案资料目录并提供检索服务的专门机构。建立档案资料目录中心是我国当前实现档案馆横向联合，实现档案信息资源优势互补、互通有无的比较切实可行的方案，是整合国家档案信息资源及组建和开发档案信息市场的基础工作和基本条件之一。因此，在进行档案信息资源宏观配置管理、制定档案工作标准化和现代化目标时，应该对档案资料目录中心的问题给予足够的重视。

相关链接

专题目录与分类目录、主题目录的区别

　　专题目录在功能上与分类目录有相近之处，分类目录中的每一个类目都可以看作一个专题，不同的类目反映不同的专题，但专题目录可以将属于不同类目的分散的但反映同一专题的档案集中起来，同时专题的选择不受分类法体系和类目设置的局限，可以根据需要灵活设置。与主题目录相比，主题目录的专指性更强，检索功能更好，而专题目录涉及的范围比主题目录更为宽广、内容更为丰富、更具系统性。

（五）档案检索

　　档案利用者查找档案材料，总是根据各自的具体情况，从不同角度提出要求，有的从外形特征，有的从内容特征。档案工作人员要仔细分析，选择适当的检索工具和方法，准确提供档案，以满足利用者的需求。档案检索的具体步骤和方法如下。

步　骤

步骤一	分析利用需求，明确检索范围

　　在进行档案检索前，首先对利用者提出的问题，进行分析研究，弄清其查找意图和要求。只有把档案利用者来馆（室）查档的目的和所提问题的实质、内容、重点、深度、广度及涉及的时间、地点、人物都搞清楚了，才能明确检索档案的范围是某个全宗、某一年度、某一方面的文件，还是检索馆（室）有关某一专题的全部档案。这样就可以投入较少的时间精力，取得事半功倍的检索效果。如果分析研究未搞好，盲目检索，势必费时费力，事倍功半，既影响了

利用者的需要，又影响了档案馆（室）的声誉和档案作用的发挥。

步骤二	确定检索途径，选择检索工具

检索档案材料，总是要根据档案的外形或内容特征所提供的各个不同途径来查找。究竟采用何种途径，是只选择一个途径还是同时采用几个途径，应视检索的具体情况而定。

明确了检索范围和检索途径后，我们就可以确定选用何种检索工具。一般来说，应根据检索工具的特点和用途及档案利用者的查找需求，尽可能选用适用、高效的检索工具。为了正确选择检索工具，档案管理人员应当熟悉本馆（室）的各种检索工具，因为档案检索效率在很大程度上取决于档案管理人员对档案检索工具的熟练程度。

步骤三	把握检索方法，提供档案材料

进行档案检索时可采用的方法很多，主要有直观法、联想法、顺查法、倒查法、追溯法及分段法等。究竟采用什么方法，应根据检索要求的具体情况而定，并且可将多种检索方法结合运用。

为了进一步做好档案检索工作，档案馆（室）应重视检索情况与检索效果的登记。记录档案利用者查阅档案的目的和要求，统计档案利用服务的查全、查准、漏检、误检、拒借的情况，收集所查档案对工作、生产、科学研究的作用和效益，积累检索服务信息，利用登记内容对检索工作进行总结研究，使检索工作的开展有的放矢。

任务实训

- 到网上下载《高等学校档案管理办法》（中华人民共和国教育部令第 27 号）进行学习，根据文件上的高等学校档案分类法，与本学校档案馆（室）的档案分类进行对照。
- 到学校档案馆（室）了解常用的档案检索工具，并根据检索工具查找去年本校入学新生的录取分数及生源地分布情况。

第二节　档案利用

模拟情景

一个平常的下午，广州市国家档案馆工作人员焦急地等待着一位素未谋面的黄先生前来取一份馆内珍藏的地图复制件。黄先生是澳大利亚国家社会科学院、澳大利亚国家人文科学院、英国皇家历史学院三院院士，6 月中旬给广州市国家档案馆发了一份电邮称："我研究孙中山，到了深入追查乙未广州起义的有关地图阶段。经比较，最清晰明确的地图是 1907 年德国人绘制的广东省城内外全图，藏于广州市（国家）档案馆。"黄先生表明，他是为这幅地图专程到广州来，希望能获得此图清晰的电子版。由于他本人行动不便，只能在取地图复制件时一并提交利用档案所需的证明材料原件。而此时，距其离境仅有 2 个工作日。档案馆一边按要求对该图进行数字化加工，一边向省档案局递交携带档案复制件出境审批的申请。一场"接力"下来，原本需要 10 个工作日审批的事项，只用 2 天便完成了。当黄先生拿到档案复制件和允许其携带档案复制件出境的批文时非常高兴，向馆长赠送其撰写的《三十岁前的孙中山》一书表示敬意。

（摘自广州市国家档案馆网站）

任务驱动

1. 档案信息需求有哪些类型？黄先生此行是属于哪种类型的档案信息需求？
2. 档案利用有哪些方式和途径？广州市国家档案馆是如何提供档案利用的？

任务分解

➢ 了解档案利用的作用
➢ 了解档案信息需求的类型
➢ 了解档案利用的方式和途径
➢ 了解开放档案的含义及意义
➢ 为档案利用者提供档案利用

任务解析

（一）档案利用的作用

档案利用是档案部门通过有效的方式与方法，以馆（室）藏档案信息资源为基础，针对使用者的特定要求，直接提供档案原件或其复制件，或者提供经过加工的档案信息产品，以满足用户利用需求的一项服务工作。

档案利用是档案部门工作的核心，是档案工作者的根本任务，是档案工作全部活动的根本出发点和归宿点，是档案工作目的实现的基本途径，是档案价值实现的基本方式，是档案工作生存与发展的动力和源泉。

（二）档案信息需求的类型

档案利用者对档案信息需求是指档案利用者对档案信息内容、数量、质量和形式的需要和具体要求。档案利用者对档案信息的需求千差万别，依据不同的标准可将其需求划分为不同的类型。

1. 按所需档案信息的内容、性质划分

根据档案信息内容、性质的不同，可将档案信息需求分为查证性需求、资料性需求和情报性需求。查证性需求是指利用者为核对某一事实、证实某一规定而对档案信息的需求；资料性需求是指利用者在学习、工作、科研中将档案作为参考资料的需求；情报性需求是指利用者希望通过档案信息来确定某种信息、预测某事态的发展，了解真实情况的需求。

2. 按所需档案信息的目的和持续时间的长短不同划分

按目的划分，可将档案信息需求划分为现实需求、学术需求和文化需求。现实需求是指利用者为解决工作、生活中的具体现实问题而产生的档案信息需求；学术需求是指利用者为解决学术研究而对档案信息所产生的需求，要求档案信息服务具有系统性和全面性；文化需求是指利用者为增长知识、接受教育或文化休闲而产生的需求。

按档案利用者所需档案信息持续时间的长短不同划分，可分为长期需求、短期需求和瞬时需求。

3. 按所需档案信息的隐显程度不同和依赖程度划分

按档案利用者隐显程度不同划分，可将档案信息需求分为实际的需求、认识到的需求和表达出的需求。实际的需求是指由利用者的工作、环境、知识和目的等客观需要所决定的档案信息需求；认识到的需求是指档案利用者自己认识到的档案信息需求和被外界激发而认识到的档案信息需求，但不包括未被档案利用者认识和发现的档案信息需求，认识到的需求与实际需求可能相吻合，也可能不相吻合；表达出的需求是指档案利用者通过口头或书面形式表达出来的档案信息需求。

按档案利用者对档案信息的依赖程度划分，可分为硬性需求和弹性需求。硬性需求是指利用者必需的、非用档案不可的需求；弹性需求是指利用者对档案信息可有可无的需求。

（三）档案利用的方式和途径

1. 档案阅览

档案阅览，是指档案馆（室）设立专门阅览场所，为利用者提供档案服务的一种基本方式。因为档案是人们社会活动的直接历史记录，在份数上多为单份、孤本，而且有的档案内容往往具有一定的机密性，这就决定了档案提供利用主要采用在馆（室）阅览档案的方式。在阅览室查阅档案有专门的设施、有专人监护和咨询，既便于档案的保护和保密，又能为利用者提供较好的阅览条件。阅览室一般应配有必要的利用设施和相应的参考工具。阅览室还必须制定阅览制度，作为利用者共同遵守的行为规范。

2. 档案外借

档案外借，是指档案馆（室）按照一定制度和手续，暂时将档案借出馆（室）外使用的一种服务方式。对于特别珍贵的档案文件，残破、脆化等易损的常规文件，古稀文本，以及照片、影片、录音带、录像带等原件，不能借出馆外。对外借的档案必须制定与执行严格的规章制度。要履行一定的审批手续，进行必要的登记签字；还要控制借阅的期限和数量，严格执行催还和续借制度，避免因外借时间过长致使档案损毁；完善归还注销、清点检查制度，确保安全、完整地收回外借档案。

3. 制发复制本

档案复制方法主要有：复印、手抄、打字、印刷及摄影等。制发复制本应履行一定的审批手续，对制发范围和审批权限等应做出明确规定。为确保档案复制本的真实性，应在档案文件空白处或背面注明档案保管单位名称、档案原件编号，必要时，还要加盖公章以示负责。

4. 档案证明

档案证明是指档案馆（室）根据机关、团体、企事业单位或个人的申请，为证实某一事实在馆（室）藏档案内有无记载及如何记载而出具的书面证明材料。档案馆（室）不同于国家公证机关，它所制发的档案是证明某种事实在馆藏中有无记载及其记载情况，必须保证表述准确、真实、客观。

5. 档案咨询

档案咨询是档案馆（室）人员解答利用者提出的问题，指导利用者查阅档案信息的一项服务工作。咨询内容可以是事实性或知识性的，咨询方式有电话、来人、来函等。档案咨询一般分为接受咨询、咨询分析、查找档案、答复咨询、建立咨询档案等步骤。

6. 档案展览

档案展览，是档案馆（室）为配合各项工作的开展，按照一定主题，系统形象地展示与介绍馆（室）藏有关档案的内容、成分的一种提供利用的方式。在展出时，必须注意档案保护和保密工作。为了保护原件，展品一般宜用复制品。展出机密的档案，须经领导批准并规定参观者。

（1）档案展览的特点和作用

档案展览本身就是提供档案信息的现场，利用者可以从中得到较为集中和系统的材料，甚至发现难以找到的珍贵材料和线索；能在一定范围内组织较多观众参观，服务面比较广；经过选择和组织展出的典型材料，能以档案的原始性、真实性和形象性鲜明见长，起到主动、深刻的宣传教育作用。

（2）档案展览的组织工作

举办档案展览既是一项政治性、思想性较强的极其严肃的工作，又是一项具有科学性、艺术性的工作，必须认真细致地予以精心组织。首先，应明确举办档案展览的目的，拟定展出档案的内容和范围，并报请有关领导批准；其次，围绕档案展览的主题，精心查找和挑选展出档案材料；再次，进行细致的档案展出设计，对展出档案材料按专题、时间等进行分类排列，编写前言、各部分的标题、提要和介绍等；最后，做好档案展出的保护和保密工作。

（四）档案开放与公布

1. 档案开放的含义

档案开放，是指各级国家档案馆按规定将达到一定期限、无须控制使用的档案向社会公开，允许档案利用者在履行简便手续后即可利用。《中华人民共和国档案法》规定："国家档案馆保管的档案，一般应当自形成之日起满三十年向社会开放。经济、科学、技术、文化等类档案向社会开放的期限，可以少于三十年。涉及国家安全或者重大利益及其他到期不宜开放的档案向社会开放的期限，可以多于三十年。"《中华人民共和国档案法实施办法》对各类档案的开放做了更为具体的规定，根据规定，凡中华人民共和国公民和组织，持有介绍信或者工作证、身份证等合法证明，办理借阅、登记手续，均可利用开放档案，可以到档案馆阅览、摘录和复制档案。港、澳、台同胞和华侨利用国内已开放档案，如查取本人及其亲属历史证明，可持本人回乡证或身份证等有效证件，直接到有关档案馆查取；如利用其他开放档案，须经我国有关主管部门介绍及其前往的档案馆的同意。外国人或者外国组织利用我国已开放的档案，也要经我国有关主管部门介绍及其前往的档案馆的同意。

2. 档案开放的意义

① 档案开放有利于开发信息资源，服务现代化建设，是加快我国政治民主化进程的一个重要环节。公民依法利用开放的档案，这是广大人民群众能够享受宪法所赋予的政治民主权利的一种体现，是我国社会文明的一大进步，也是政治民主化的一种表现。

② 档案开放是实现档案馆由封闭型、半封闭型向开放型战略转移的重大措施。档案开放，扩大了档案利用的领域，为科学研究和各项工作的需要创造了条件。

③ 档案开放对档案馆工作的发展将产生巨大而深远的影响。档案开放既是思想观念的革新，又是工作上的一次改革，使档案馆工作从过去侧重搞档案的收集、整理等基础工作逐步转移到重点开展对档案内容的研究和利用上，使档案馆由过去一度单纯收藏档案的场所转变为传播知识、输出档案信息的基地。

④ 档案开放对促进历史研究及维护历史真实面貌发挥重大作用。系统公布和出版档案史料、利用档案编写参考资料和编史修志，为广大利用者利用档案史料提供了方便，也促进了历史科学的研究，为祖国保存世代流传的档案史料、维护历史的真实面貌等都发挥了重大作用。

3. 档案公布

档案公布是指属于国家所有的档案，由国家授权的档案馆或有关机关依法以各种形式将可以向社会开放利用的档案的全部或部分原文，或档案记载的特定内容，首次向社会公开发布的行为。

档案公布的形式，从内容上可以分为公布档案的全部原文、部分原文和档案记载的特定内容三种。档案公布的形式，从手段上来看，主要有七种形式，分别为：通过报纸、刊物、图书、声像、电子等出版物发表；通过电台、电视台播放；通过公众计算机信息网络传播；在公开场合宣读、播放；出版发行档案史料、资料的全文或者摘录汇编；公开出售、散发或者张贴档案复制件；展览、公开陈列档案或者其复制件。凡是国家授权的档案馆或有关单位依照上述七种形式公布档案的行为是合法行为，而无权公布档案的单位和个人，未经授权或批准，以其中任何一种形式公布档案，均构成违法行为。

相关链接

应熟悉并掌握与档案相关的法律法规

在解决各种纠纷时，档案具有无可替代的凭证作用，受经济利益的驱使，采用不正当手段获取档案证明的行为时有发生。查档接待人员应熟悉并掌握《中华人民共和国档案法》及其实施办法、基本的法律常识和档案查询利用的有关规定，熟知并严格遵守各种专业档案的查询、出证的相关规定，该出证的客观、如实地出证，不该出证的拒绝出证，避免私自出证和拒绝出证不作为案件的发生。

（五）提供档案利用

步 骤

| 步骤一 | 明确档案利用者的档案信息需求 |

只有明确利用者的档案信息需求，才能有针对性地为利用者提供服务，达到最佳服务效果。当档案信息需求不十分明确时，档案工作人员可以向档案利用者提供有效的档案检索工具、档案编研资料进行引导。

| 步骤二 | 确定档案利用者对档案材料利用的形式与方法 |

一般档案文件的利用，档案利用者可在档案馆（室）开辟的阅览室内查阅原件，也可根据需要向其提供复印件或出具证明。档案工作人员在提供档案利用时应正确把握档案利用与档案保密之间的关系，做好档案开放的工作。对于机密性较强的档案，利用者一般只能在档案阅览室查阅，不能外借或复印。为保护档案原件，档案资料一般不予外借，但在特殊情况下，经过批准，利用者可将档案原件暂时借出馆（室）外利用。

| 步骤三 | 提供所需档案资料 |

档案工作人员根据档案利用者的需求，全面、及时、准确、有效地为利用者提供所需资料，即使不能满足利用者的需求，也要做好解释工作或帮助其联系其他部门。对于一般性的咨询，档案工作者应热情地依照相关档案材料给予答复。

| 步骤四 | 进行档案利用情况登记 |

档案提供利用情况的登记，主要是通过利用档案登记簿和档案利用效果登记表来进行的。档案登记簿是档案馆（室）以借阅档案时间为顺序，逐次登记借阅档案内容、目的、数量等情况，反映档案提供利用情况的一种登记簿册，主要起统计档案提供利用情况的作用，也是借阅与归还档案的交接凭证。它是在利用档案结束后，以利用者为单位，由利用者及档案工作人员如实填写，由档案馆（室）存查。档案利用的相关表格有利用档案登记簿、档案利用效果登记表和档案借出登记簿，其格式分别如表9-5～表9-7所示。

表9-5　利用档案登记簿格式

序号	日期	查档单位	查档人	批准人	查档内容	调卷情况				备注
						全宗号	卷（盒）号	卷（件）号	结果	

表9-6　档案利用效果登记表格式

日期		单位		姓名		案卷或文件题名	
利用目的							
利用效果							

表9-7 档案借出登记簿格式

序号	借出日期	借阅单位名称与联系方式	利用目的	借出案卷						归还案卷		备注
				数量	全宗号	目录号	案卷（件）号	借阅期限	借出人签名	日期	签名	

在提供档案利用过程中，要求档案工作人员，一是要有正确的服务观念，为档案利用者服务；二是要充分研究和了解社会需要，熟悉馆（室）藏档案；三是要正确处理基础工作与利用工作的关系；四是要正确处理利用与保密的关系。只有这样，才能更好地提供档案利用服务，提高档案利用的效率。

任务实训

- 根据实训老师提供的一个往届毕业生的毕业信息，请你帮他查找到相关的学籍资料并开具学历证明、填写档案利用的相关表格。
- 到本校校史馆或档案馆实习，翻阅近一年内本馆的档案借出簿、利用档案登记簿及效果登记表，了解档案利用的相关情况。

第三节 档案编研

模拟情景

某市档案馆最近要接待一批秘书学专业的在读大学生来实习，领导安排编研科科长王永负责实习生档案编研部门的实习工作，他要结合馆藏档案编研实践，介绍相关情况，并组织学生参与编研。王科长专业精研、工作认真，出色地完成了这次任务，得到了领导、实习学生们的赞美和肯定。

任务驱动

1. 王永要从哪些方面来介绍档案编研？
2. 王永组织学生参与档案编研，可能会遇到哪些问题？他是如何克服的？

任务分解

➢ 了解档案编研工作的内容与作用

> ➤ 了解档案编研工作的原则
> ➤ 了解档案参考资料的种类及编写要求
> ➤ 编写档案参考资料

任务解析

（一）档案编研工作的内容、作用与原则

1. 档案编研工作的内容

档案编研工作就是档案部门以馆藏档案为主要对象，以满足社会利用需要为主要目的，在研究的基础上编辑史料、编写参考资料、参加编史修志及撰写专门著作的工作。档案编研工作的主要内容有以下方面。

（1）编辑历史档案史料和现行文件汇编

历史档案史料和现行文件汇编是指按照作者、专题、时间或内容等特征，将档案史料、现行文件进行汇编成册，在一定范围内使用或公开出版，属于一次性文献。

（2）编辑档案文摘汇编

档案文摘汇编是指根据一定的专题对档案原始文摘进行汇总编辑形成的编研成果。档案文摘是对档案原文的缩写，即以简练的文字概要地揭示档案文件的主要内容，不加任何评论与补充解释，是档案的二次文献形式。其特点是信息量大、针对性强、更新及时。

（3）编写档案参考资料及编修方志

档案参考资料是指档案馆（室）根据一定的选题及档案内容，加工编写而成的一种可供人们参考的档案材料加工品，如大事记、组织沿革、专题概要、统计数字汇集等。档案参考资料的编写是依据档案原件，但其表现形式已经改变了档案原件的面貌，属于三次文献。其特点表现为问题集中、内容系统、概括性强，介于档案文献与学术论著之间，内容具有参考作用，但不指明内容出处。

编修方志是档案馆（室）以馆藏档案为基础，参加历史研究、编修史书、撰写文章或著作及探索历史发展规律的工作。

2. 档案编研工作的作用

（1）档案编研工作是较高层次和较高效能的档案提供利用方式

档案编研工作中除专门的历史研究和编史修志外，基本属于提供档案利用的范畴。它的突出特点和作用集中表现为提供方式的主动性、档案材料的系统性、工作效果的研究性、发挥作用的广泛性，所以它是主动、系统、广泛地提供利用的一种有效方式和有力手段。

（2）开展档案编研工作是提高档案馆（室）工作水平的重要途径

做好档案的收集、整理、编目、鉴定等基础工作，是开展档案编研工作的基础和前提，而档案编研工作的开展既能检验各项基础工作的完成情况，又对它们提出新的要求，推动其不断发展。

（3）开展档案编研工作是保护档案原件和长远流传档案史料的有力措施

提供汇编的档案史料和编写的档案参考资料，可以减少利用者反复使用原件，避免档案遭到破坏和散失，有利于档案原件的世代流传。

3．档案编研工作的原则

（1）存真性原则

存真性原则是指档案编研工作要保证编研材料的真实性和可靠性。维护历史的真实面貌，是档案工作的共性要求。在编研工作中坚持存真性原则，最根本的就是要坚持实事求是的科学态度。

（2）实用性原则

实用性原则是指档案编研成品必须适合社会各方面工作的客观需要。从编研课题的选定、选材范围与标准、编研材料的加工方式、印制数量、发放与交流范围等，都应当在了解实际需求的基础上进行，切合实际需要，注重实用性。

（3）可行性原则

可行性原则是指档案编研工作必须在依托馆（室）藏档案的实际状况和必须遵守相关法规的前提下进行。任何编研课题的选定，除根据实际需要外，只有在馆（室）藏档案内容所覆盖的范围内才是可行的。此外，即使是馆（室）藏内容许可，由于受档案法规制度的限制，凡属不符合开放利用规定范围内的档案，都不可选用。

（二）几种常见档案参考资料的种类及编写

档案参考资料是档案编研工作的主要内容，档案参考资料的种类主要有大事记、组织沿革、统计数字汇集、专题概要（含会议情况简介）等。

1．大事记

大事记是党政机关、企事业单位、社会团体按照时间顺序简要地记载一定历史时期的重大事件和重要活动的档案参考资料。作为一种公务文书，它忠实地记载着一个地区、一个部门的重要工作活动和重大事件，因此，它可以为本地区、本部门的工作总结、工作汇报、工作统计和上级机关掌握相关情况提供系统的、轮廓性的材料。因此，大事记具有史料价值，可以起到录以备查的作用。

（1）大事记的种类

① 从范围和性质上，可分为机关大事记、国家或地区大事记、专题大事记、个人生平大事记（亦称个人生平年谱）等。

② 从内容上，可分为综合性大事记与专题性大事记。

③ 从编写形式（体例）上，可分为"以时系事"的大事记、"以事系时"的大事记和"时事结合"的大事记。

④ 从体裁（表现形式）上，可分为条目式大事记、表格式大事记。

⑤ 从名称上，可分为大事记述、大事年表、大事年谱、大事月表、大事日志等。

（2）大事记的内容结构

大事记的格式单一、固定，由标题和主体两部分组成。此外，还可以根据大事记的编写目的、对象、篇幅大小、年限长短等因素，设置前言或编辑说明、目录、材料出处和注释等。大事记主体主要由大事时间和大事记述两部分组成。

① 大事时间。一般要求记载准确的日期，不用或少用"最近""近日""月初""上旬"等不确定的日期来记述，而且对每件大事均须写明某年、某月、某日，然后再按大事发生的时间顺序先后进行排列。对某些大事时间的记述，甚至还要写明确切的时、分、秒。对某些历史事

件除写明公元年号外，同时还须标明朝代年号。

② 大事记述。通过对许多重大历史事件的记述，以反映历史发展的概貌及其规律。在大事记中应选用确属重大事件的材料，避免事无巨细地罗列材料。总结，在记述大事时，应注意如下几个问题。

● 一条一事。大事记述要求一条一事，不能将若干事件放在一个条目中综述。即使在同一时期内有许多事件需要记载，也应该各立条目，或在该日期之下分段记述，以保证条目清晰、便于阅读。

● 大事突出，要事不漏，小事不要。编写大事记时，应坚持大事突出、要事不漏的原则，记载要事是对大事的补充、衬托，使大事记内容完整、充实。

2. 组织沿革

组织沿革是指系统地记载一个机关、地区或专业系统的体制、组织机构和人员编制变革情况的档案参考资料。组织沿革主要包括如下内容：地区、专业系统或机关的历史概况、行政区划、建制变更情况；机关成立、合并、撤销的时间、原因，机关名称的变更，办公地点的迁移；机关的性质、任务、职权范围、隶属关系及领导人的任免情况；机关内部组织机构的设置及变化情况，职权范围，机构负责人的姓名、任职情况；机关及内部组织机构人员编制规模的扩大或缩小情况。

（1）组织沿革的种类

组织沿革的种类有以下三种。

① 机关组织沿革，记载一个单位的工作、生产发展及其体制、内部组织机构和人员编制的演变情况。

② 地区组织沿革，记载一定地区内所属的党、政机关和群众团体等各种组织的设置及其变化或行政区划的演变情况。

③ 专业系统组织沿革，记载某一专业系统所属组织机构的设置及其变化情况。

（2）组织沿革的体系

组织沿革的体系有以下三种。

① 编年法。编年法是按年代顺序逐年编列出某一机关、地区或专业系统的内部组织机构设置及其负责人情况的方法，适用于组织机构常有变化的机关、地区或专业系统的组织沿革的编写。

② 系列法。系列法是以组织机构为主线，对每一组织机构及其主要负责人的沿袭变化的始末进行系列编写的方法，适用于组织机构相对稳定、变化不大的机关组织沿革的编写。

③ 阶段法。阶段法是根据机关、地区或专业系统的发展史上的重大变化，自然地分为若干阶段，然后在每一个阶段内再划分为若干系列进行编写的方法。

（3）组织沿革的形式

组织沿革的形式有文字叙述的形式、图表的形式和图文并茂的形式。对历史沿革部分、主要职能部分和任务部分通常多用文字叙述，对机构、人员的变化情况则多用图表。这样图文并茂，既能减少篇幅，又条理清楚，便于查找。

华东理工大学的组织沿革

1997.01 ～ 2001.12

华东理工大学是教育部直属的一所以工科为主体、化工特色鲜明、工理经管文法多学科协调发展的全国重点大学。1997 年 10 月 25 日，经国家教育委员会和上海市人民政府共同协商，决定共同建设华东理工大学。这是继 1995 年国家教育委员会与中国石化总公司联合共建、共管该校后在办学体制上的又一新突破。华东理工大学成为国家教育委员会、中国石化总公司和上海市人民政府三家共建、共管的学校，但在建制上仍为教育部所属的重点高校之一。

1　组织机构沿革

1.1　党群组织机构沿革

1.1.1　党委委员会及党委机构设置

1997 年 10 月 10 日，召开校第八次党员代表大会，大会选举产生了第八届党委会，委员 19 名，党委常委 9 名，徐凤云任党委书记，潘洪祺、张玉峰、卢冠忠任党委副书记。校党委的日常工作机构设置为党委办公室、组织部、宣传部、统战部、人民武装部、学生工作部、党校、老干部办公室及保密委员会。

1999 年 4 月，为适应学校改革发展的需要，分别对组织部与党校、宣传部与精神文明办公室、老干部办公室与退管会实行合署办公。

……

1.1.2　纪律检查委员会

1997 年 10 月 10 日，召开校第八次党员代表大会，大会选举产生了第三届纪律检查委员会，委员 9 名，严洁任专职书记，毛信庄任纪委副书记（兼）。

……

1.2　行政组织机构沿革

随着学校体制改革的进一步深化，为使学校更好地为地方经济建设服务，1997 年 3 月，学校决定撤销后勤办公室，成立后勤服务总公司筹备小组；1997 年 4 月，将物资处和实验室管理处合并为实验室与装备处，国有资产办公室挂靠在实验室与装备处。

1999 年 4 月，为进一步深化机关人事制度改革，贯彻精简高效的原则，建立与学校改革发展相适应的校级机关管理体制，校级行政机构进行了新一轮调整，如下：

△　归并

对外联络办公室归入校长办公室；"211 工程"办公室归入研究生处，后又归入科技处；安全环保办公室归入实验室与装备处；政策研究室归入高教研究所。

△　校产办转制

校产办转制，对外保留名称，不再属于管理序列。

△　校部直属单位

校部直属单位有图书馆、档案馆、出版社、电教中心、高教研究所。

△ 建立中心、划出机关

科技成果转化中心挂靠在科技处；财务结算中心挂靠在财务处；人才交流中心挂靠在人事处；勤工助学中心、心理咨询中心、第二课堂挂靠在学生工作处；校报编辑部挂靠在宣传部；学报编辑室挂靠在科技处；教材供应中心挂靠在教务处；复印中心挂靠在校长办公室。

至此，学校主要行政机构趋于稳定。

……

（摘自华东理工大学档案馆网站）

3. 统计数字汇集

统计数字汇集（又称基础数字汇集）是以数字的形式反映某一单位、某一地区或某一方面的基本情况的档案参考资料。

统计数字汇集内容简明扼要、形式灵活，在制订计划、总结经验及撰写工作报告时可随时翻阅其有关数字、数据，其利用极为方便。同时，它包含的各种数字、数据，可供相关人员作历史研究参考，因此，它又具有重要的史料价值。

（1）统计数字汇集的种类

① 从范围上，可分为一个机关（包括团体、企事业单位）的统计数字汇集、一个地区的统计数字汇集和一个专业系统的统计数字汇集。

② 从时间上，可分为一年的统计数字汇集和多年的统计数字汇集。

③ 从内容上，可分为综合性统计数字汇集和专题性统计数字汇集。综合性统计数字汇集是系统地记载某一单位、某一地区或某一系统的全面情况的统计数字汇集，它包括的范围广、篇幅较长。专题性统计数字汇集是系统地记载和反映某一方面或专题的基本情况的统计数字汇集。

（2）统计数字汇集的编写要求

编写统计数字汇集的材料必须准确可靠，对统计报表、调查的数字要认真核对。一般应使用统计部门的材料，同时征询业务部门的意见，请它们参加核实。

编写统计数字汇集可以由档案部门牵头，与统计部门及有关业务部门合编，以保证各种数据的完整、准确，提高汇集的质量。

4. 专题概要

专题概要是以文字叙述的形式简要地记述和反映某一方面的工作、生产或其他社会现象、自然现象的产生、发展、变化情况的档案参考资料，如××市改革开放以来利用外资的基本情况、××省历届人民代表大会简介等。

专题概要用途很广，它既可为机关领导和有关人员系统、扼要地提供某一方面的工作、生产和其他方面的历史材料，又能为编写地方志、历史研究和科学研究等提供具有参考价值的素材。

会议基本情况简介（又称会议简介）是专题概要的常用形式之一，它是利用会议文件简要叙述会议过程、反映每一次会议基本情况的档案参考资料。

（1）会议简介的种类

① 按会议的内容性质主要分为党代会、人代会、政协会、工代会、团代会、妇代会及其全体委员会或常委会的会议简介，还有一些重要的工作会议、专业会议的会议简介。

② 从形式上可分为文字叙述式会议简介、条目式会议简介和表格式会议简介。

（2）会议简介的内容及编制方法

① 会议简介的内容主要包括会议的届次，召开的时间、地点、主持人、参加人（代表分配名额和列席范围），会议的议程和开法，讨论和决议事项，选举结果等，必要时还可加述对会议简介的评价。

② 会议简介的编制方法是按时间或届（次）的先后，将每次会议的内容、议题、决议事项等依次编排陈述。既可一年一编，也可随时积累，逐渐形成。

（三）编写档案参考资料

一般而言，档案参考资料的编写可分以下几个步骤进行。

步 — 骤

步骤一	制订编写计划

编写计划主要包括以下内容：档案参考资料的名称（题目）和编写目的；档案参考资料涉及的内容、时间、地点和范围等；档案参考资料的结构和形式；档案参考资料编写的组织工作和时间安排等。

步骤二	收集材料

收集材料的方法是：一般可先利用档案馆（室）的案卷目录、分类目录、专题目录、全宗指南等检索工具，了解馆（室）藏档案中哪些是编写档案参考资料需要的材料；然后，将初选的准备利用的案卷从档案库房里调出来进行阅读、抄录。必要时，还可以从有关书刊、资料中收集、补充材料。

由于编写档案参考资料也属于公布档案内容的性质，在选择材料时，必须注意保密问题。机密材料的选择与否，需要根据所编参考资料的印发对象和范围来确定。

步骤三	综合编写

该步骤是编写档案参考资料的关键环节。档案参考资料的叙述内容和结构是由档案参考资料的种类及其用途决定的。一般的档案参考资料是以专题结合时间和地区的形式分为若干章节，有层次地叙述档案的内容。需要注意的是，档案部门编写参考资料，要避免过多议论，主要是综合原始的档案材料。

为了便于利用者使用，还须为档案参考材料编写序言、目录、注释及指明材料的出处。此外，必要时还可为档案参考材料编写人名索引、地名索引、机关名称简称表等辅助材料。

相关链接

序言的作用

序言（前言、导言、说明、编辑说明、编者的话等）用来说明编写档案参考资料的目的和用途、档案参考资料的材料来源和可靠程度、选择材料的原则和编写结构及在编写过程中遇到的须交代和说明的问题等，以帮助读者顺利、正确地利用参考资料。

任务实训

● 到本校校史馆或档案馆了解本校的发展历史，根据了解的情况编写本校或本系的组织机构沿革。

本 章 小 结

知识梳理

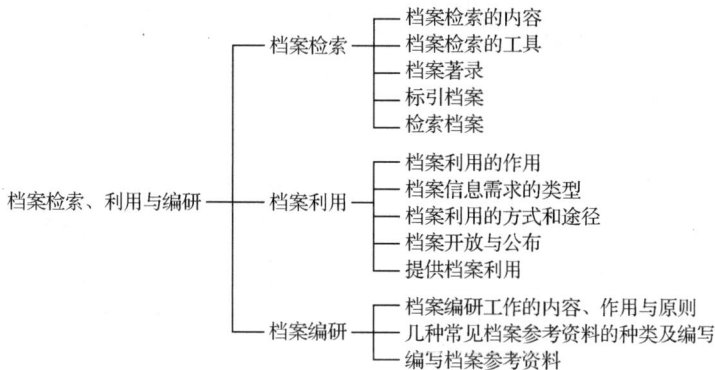

分析思考

1．怎样进行档案检索？

2．如何更好地提供档案利用？

3．档案编研工作的内容及其作用是什么？

目 标 检 测

一、名词解释

档案检索　档案著录　档案标引　档案利用　档案参考资料　大事记　组织沿革
统计数字汇集　专题概要

二、填空题

1．档案检索工具为用户提供了＿＿＿＿和＿＿＿＿，利用者可以根据自己的特定需要，按照一定的检索方法，从检索工具中查找所需的档案材料。

2. 档案检索主要包括两方面内容，_____和_____。

3. 档案著录格式主要有两种类型，一种为_____；另一种为_____。

4. 我们经常利用的检索工具主要有_____、_____、全引目录、主题目录、分类目录、专题目录、文号索引、全宗指南等。

5. _____是档案工作的中心任务，是实现档案工作为社会服务的直接手段。

6. 按利用者所需档案信息的内容、性质不同，档案信息对利用者所起的作用也不同，利用者的档案信息需求可分为_____、_____和_____。

7. _____是实现档案馆由封闭型、半封闭型向开放型战略转移的重大措施。

8. 档案编研工作就是档案部门以_____为主要对象，以满足社会利用需要为主要目的，在研究的基础上编辑史料、编写参考资料、参加编史修志以及撰写专门著作的工作。

9. 大事记主要由_____和_____两部分组成。

10. 组织沿革的体例有_____、_____和_____。

三、选择题（1~7 为单选题，8~10 为多选题）

1. 案卷目录是在档案实体整理过程中，对案卷进行排列与编号（　　），将案卷号、案卷题名及其他特征进行系统登记的检索工具。

A. 之前　　　　　B. 之后　　　　　C. 同时　　　　　D. 当中

2. 下列著录项目符号，表示并列题名的是（　　）。

A. +　　　　　B. □　　　　　C. /　　　　　D. =

3. 档案馆指南属于（　　）检索工具。

A. 查找性　　　B. 报道性　　　C. 馆藏性　　　D. 存储性

4. 档案材料外借，必须经过（　　）才能外借。

A. 批准手续　　B. 登记手续　　C. 签名手续　　D. 电话请示

5. 档案复制本分为（　　）。

A. 正本和副本　B. 正本和摘录　C. 副本和摘录　D. 复印和摘录

6. 档案人员提供咨询服务是以（　　）为依据。

A. 事实　　　　B. 材料　　　　C. 记录　　　　D. 档案

7. 大事记就是按照（　　）简要地记载一定时期内发生的重大事件的参考资料。

A. 人物事件　　B. 时间顺序　　C. 重大问题　　D. 历史时期

8. 检索语言作为检索专用的人工语言，与自然语言比较，具有（　　）特征。

A. 单一性　　　B. 简洁性　　　C. 规范性　　　D. 专门性

9. 档案检索工具按编制方法可分为（　　）。

A. 目录　　　　B. 问题　　　　C. 索引　　　　D. 指南

10. 档案编研工作的主要内容包括（　　）。

A. 公布档案、编纂档案史料和汇编现行机关档案文集

B. 编写各种档案参考资料

C. 以馆藏档案为基础，参加历史研究和编史修志，撰写专门文章和著作

D. 以馆藏档案为基础，编写历史小说

四、问答题

1. 档案著录包括哪些内容？

2. 如何进行档案标引？

3. 试述档案利用工作在整个档案工作中的地位。

4. 档案利用的方式和途径有哪些？

5. 编写大事记有哪些具体要求？

6. 常见的档案参考资料有哪些？

📖 阅读材料

新媒体时代档案的宣传

微博是实时简短信息分享、传播和获取的平台。通过微博，人们能够发表言论，进行互动。目前，我国很多知名企业、组织机构和名人都在微博上进行了注册和认证，同时拥有大量的粉丝，关注度极高。而现阶段，应用最广泛、时效性最强的是微信平台，这是一款通过网络快速发送语音短信、视频、图片和文字，支持多人群聊的手机聊天软件。很多企业开发了自己的App（Application），通过微信公众平台进行业务办理和企业宣传。因此，档案宣传企业要加大对这些传播媒介的利用，通过这些信息时效性强、传播速度快、有着一大批受众、能够进行有效交流互动的平台，来增强档案的社会影响力，只有这样才能促进档案宣传工作，并将更多档案文化信息发布出去，比如，发布相关历史背景下的档案图片和影像资料，或者通过直播档案活动的开展，拉近受众与档案的距离。

第十章 特殊载体档案的管理

学习目标

知 识 点	能 力 点
● 电子文件的特点、种类 ● 电子档案的特点	● 归档电子文件 ● 整理电子档案 ● 管理照片档案 ● 管理录音录像档案

第一节 电子档案的管理

模拟情景

广通集团近年不断发展扩大，随着信息技术的发展与广泛应用，公司档案信息化建设也存在越来越多的问题。由于档案管理人员忽略了电子档案的重要性，所以在日常办公过程中不会及时对收集上来的数据整理归档，因制度不健全，待移交的电子文件的真实性、完整性、安全性及电子文件的有效性等缺乏前端规划、后端检查；由于安全保障不够，许多人为与自然因素都对电子档案数据造成损坏。

任务驱动

1. 档案管理人员如何将电子文件归档？
2. 整理电子档案要注意哪些方面？

任务分解

➢ 了解电子文件的特点、种类
➢ 了解电子文件的收集、登记要求
➢ 了解电子文件的归档要求、归档时间与归档模式
➢ 归档电子文件

➢ 整理电子档案

➢ 了解电子档案的备份、转换与迁移

➢ 了解电子档案的保管与利用

任务解析

（一）电子文件的特点、种类

随着信息技术的发展、新技术产品的使用和推广，社会进入高科技信息时代，计算机技术已被广泛应用于各个领域。面对日益高涨的信息化改革浪潮，以传统手工作业为主的档案行业自然也不能置身事外，电子文件的出现为我们提高档案管理水平、充分发挥档案的信息效应提供了良好的机遇。

2016 年 8 月 29 日，国家质量监督检验检疫总局与国家标准化管理委员会联合发布了新的国家标准《电子文件归档与电子档案管理规范》（GB/T 18894—2016），2017 年 3 月 1 日开始实施。新标准将电子文件定义为国家机构、社会组织或个人在履行其法定职责或处理事务过程中，通过计算机等电子设备形成、办理、传输和存储各种数字格式的信息记录，电子文件由内容、结构、背景组成。描述电子文件和电子档案的内容、背景、结构及其管理过程的数据称为元数据。

上述这个概念揭示了电子文件的基本属性：一是电子文件是计算机文件的一种，具有计算机文件的一切特征；二是电子文件是文件记录的一种，具有特定的用途效力。电子档案是指具有凭证、查考和保存价值并归档保存的电子文件，电子文件是电子档案的前身，电子档案是电子文件的衍生物。并非所有的电子文件都是电子档案，只有经过筛选、甄别、归档并具有利用价值的电子文件才有可能成为电子档案。

1. 电子文件的特点

（1）电子文件的数字化信息形态

电子文件是在计算机中产生和处理的，其信息形态是数字化的。在计算机内部，无论是传输还是存储等处理，电子文件均以数字编码的形式存在，计算机采集处理信息一般是先对自然形态的信息模式进行拾取，得到信息模拟物理量，再对信息模拟物理量进行转换获得信息的数字编码，然后对信息的数字编码进行存储、传递、编辑等加工处理。当需要输出信息给人们使用时，则将上述过程进行逆行处理，即可恢复原来的信息形态。

（2）电子文件对设备及标准的依赖性

电子文件从生成、传输到存储都是通过计算机实现的，电子文件的运作环境对标准化的要求很高，无论是信息加工、存储、传递、检索，还是软件的运行，载体的更换都会受到标准的制约。例如，制作生成要有代码标准，存储要有机读载体的格式标准，传输要有网络通信协议标准，查找要有检索语言标准等。

（3）电子文件载体的非直读性

与纸质文件不同，存储于某一载体上的电子文件，在制作时是把可识别的文字、图形等传输到计算机中换成二进制码来表示的。计算机内形成的电子文件，记录到载体上的是数字编码序列，因而不能直接观看其内容，必须由相应的计算机软硬设备将载体上的编码序列读取出来，然后转变成人能识别的形式，显示在屏幕上或打印到纸张上，人们才能知晓其内容。

（4）电子文件的物理结构与逻辑结构之间的关系具有复杂性

电子文件的物理结构是指其存储在载体上的位置及分布情况。例如，文件的正文、图形、批示、附件等各自在载体上的存储位置。电子文件的逻辑结构是指其自身的结构，例如，文件中的文字排列、章节构成、各页的先后顺序、插图标号等。对于电子文件来说，其物理结构和逻辑结构往往是不一致的。同一个电子文件中的正文、图形、批示、附件等可以不在载体上连续存放，甚至可以存放在不同的载体上，而不影响其正常的显示输出。在电子文件的传输、载体转换等信息处理过程中，其物理结构经常发生变化，而逻辑结构却可以保持不变。在电子文件归档时，如何保持其物理结构和逻辑结构的复杂关系，是保证电子文件不被破坏而必须注意的关键问题之一。

（5）电子文件的信息与载体相分离

纸质文件的内容与载体是不可分离的整体。例如，墨迹必须依附在纸张上才能形成文字或图形。电子文件则不然，其内容存放的位置不是固定的，而是可以发生变化的，甚至可以从一个载体转换到另一个载体，其内容却不发生任何变化，还可以通过网络传给远方的一个或多个接收者。这就形成了电子文件的信息与载体相分离的特征。这个特征给电子文件的保管带来许多新问题，处理不好会直接影响其可靠性、真实性和完整性。

（6）电子文件的信息共享性和不安全性

对一份纸质文件来说，通常只能在某时某地供能接触到它的人阅读，而电子文件可以不受这种限制。电子文件由于不受物理载体的限制，所以对信息获得者来说，可以产生一种共享的感觉，从而摆脱时间和空间的制约。随着网络化的发展，不安全性已成为限制其发展的最大障碍，面对这个问题，不应只当作工程技术问题解决，而必须从政府行为和社会行为上综合采取措施，才能有效。

（7）电子文件的易更改性

电子文件在起草阶段或做其他处理时的突出优点是增、删、改都很方便，改后又不留痕迹。电子文件信息与载体的可分离特征，也造成了电子文件被传递或更换至其他载体时，存在着被改动的可能。处理后得到的电子文件是否与原来一样，存在着认定上的困难。也就是说如果没有采取专门的技术措施，就很难确定新、老电子文件的一致性。由此看来，电子文件的易更改性给其归档后形成的电子档案的保管工作，带来了纸质文件所没有的新问题。

2. 电子文件的种类

电子文件根据不同的分类标准，有不同的分类方式。

（1）根据电子文件信息的存在方式和用途进行划分

① 文本文件，是指用计算机文字处理技术生成的文字文件和表格文件。文字型电子文件以 XML、RTF、TXT 为通用格式。

② 图像文件，是指通过扫描仪、数码相机等外部设备获得的文件。扫描型图像文件以 JPEG、TIFF 为通用格式。

③ 图形文件，是指采用计算机辅助设计或绘图工具获得的静态文件。

④ 数据库文件，是指采用数据库系统制作的数据文件及可能产生的各种相关辅助文件。

⑤ 声音文件，是指通过音频设备获得并经计算机处理的文件。音频电子文件以 WAV、MP3 为通用格式。

⑥ 多媒体文件，是指用计算机多媒体技术制作的文件，将声音、图像、图形、影像等至少两种形式结合在一起的复合信息形式。

（2）根据载体的异同进行划分

可以把电子文件分为光盘文件、硬盘文件、软盘文件和磁带文件。

相关链接

电子档案"单套制"管理的发展趋势

2016年国家档案局在《全国档案事业发展"十三五"规划纲要》中提到，在有条件的部门开展电子档案单套制（电子设备生成的档案仅以电子方式保存）、单轨制（不再生成纸质档案）管理试点。这一提法改变了长期以来电子文件管理中同时保存纸质和电子两份不同载体档案的做法，预示着电子文件管理工作即将发生重要改变。

电子档案"单套制"是指对由电子设备生成的电子文件，在进行归档时只保存电子档案，而不再生成和保存纸质档案的归档制度。在我国电子文件管理发展了20多年以后，这种制度才刚开始崭露头角，并且在社会发展和科技进步的推动下有望成为未来电子文件归档的趋势。今天，越来越多的人认识到，过去数十年来保存纸质和电子两套文件的做法是从纸质时代到电子时代过渡的产物，"双套制"便捷利用的先进性逐渐隐去，日渐被诟病为浪费办公物料和存储空间的多余操作。为了解决"双套制"日渐落后的现状，学界和实践部门开始探索新的电子档案保存策略。随着电子文件管理信息技术的不断完善，电子文件取得和纸质文件同等的地位，其单独作为电子档案归档保存并具有和纸质档案同等的效力是指日可待的。尽管如此，从"双套制"向"单套制"的转变并不能一蹴而就，问题的关键不在于是否减去那份对应的纸质档案，而在于如何在整个文件生命周期中赋予电子文件以等同于纸质文件的效力和地位。

——摘自沈欣瑜《电子档案"单套制"背后的电子文件管理思想转变》，

《档案管理》，2017（6）

（二）电子文件的收集

1. 电子文件的收集要求

电子文件的形成到电子文件的归档有一段时间间隔，在这一段时间内，电子文件有被更改的可能，即使修改也能不留一点痕迹。因此，为保证归档电子文件的真实性，电子文件的收集积累工作必须从电子文件的形成阶段就开始。

在业务系统电子文件拟制、办理过程中完成电子文件的收集。声像类电子文件，在单台计算机中经办公、绘图等应用软件形成的电子文件的收集由电子文件形成部门基于电子档案管理系统或手工完成；应齐全完整地收集电子文件及其组件，电子文件内容信息与其形成时保持一致，以公务电子邮件附件形式传输、交换的电子文件，应下载并收集、归入业务系统或存储文件夹中，应由业务系统按照电子文件元数据归档范围要求，在电子文件拟制、办理过存中采集文书、科技、专业等类电子文件元数据。

2. 电子文件的登记

及时将收集的电子文件登记在《电子文件登记表》上（如表 10-1 和表 10-2 所示），以便于统计及查询。

表 10-1　电子文件登记表（首页）

文件特征	形成部门				
	完成日期			载体类型	
	载体编号				
	通信地址				
	电话			联系人	
设备环境特征	硬件环境（主机、网络服务器型号、制造厂商等）				
	软件环境（型号、版本等）	操作系统			
		数据库系统			
		相关软件（文字处理工具、浏览器、压缩或解密软件等）			
文件记录特征	记录结构（物理、逻辑）		记录类型	□定长 □可变长 □其他	记录总数 / 总字节数
	记录字符、图形、音频、视频的文件格式				
	文件载体	型号： 数量： 备份数：		□一件一盘　□多件一盘 □一件多盘　□多件多盘	
制表审核	填表人（签名） 　　年　　月　　日 审核人（签名） 　　年　　月　　日				

表 10-2　电子文件登记表（续页）

第　　页

文件编号	题名	形成时间	文件稿本代码	文件类别代码	载体编号	保管期限	备注
…	…	…	…	…	…	…	…

注：电子文件稿本代码：M–草稿性电子文件；U–非正式电子文件；F–正式电子文件。电子文件类别代码：T–文本文件；I–图像文件；G–图形文件；V–影像文件；A–声音文件；O–超媒体链接文件；P–程序文件；D–数据文件。

（三）电子文件的归档

电子文件的归档是将具有凭证、查考和保存价值且办理完毕、经系统整理的电子文件及其元数据管理权限向档案部门提交的过程。档案管理部门应明确各门类电子文件及其元数据的归档范围、时间、程序、接口和格式等要求。

1. 归档要求

文件形成部门或信息管理部门应定期把经过鉴定符合归档条件的电子文件向档案部门移交，并按档案管理要求的格式将其存储到符合保管期限要求的脱机载体上。

归档时，应对电子文件实施全程和集中管理，确保归档文件的真实性、可靠性、完整性与可用性。真实性指电子文件的内容、逻辑结构和形成背景与形成时的原始状况相一致；可靠性指电子文件的内容能完全、正确地表达其所反映的事务、活动或事实；完整性指电子文件的内容、结构和背景信息齐全且没有破坏、变异或丢失；可用性指电子文件可以被检索、呈现或理解。

2. 归档时间与方式

电子文件形成或办理部门应定期将已收集、积累并经过整理的电子文件及其元数据向档案部门提交归档，归档时间最迟不能超过电子文件形成后的第二年 6 月底前；电子文件的归档应基于安全的网络环境或专用离线存储介质，采用在线归档或离线归档方式，通过电子档案管理系统客户端或归档接口完成电子文件及其元数据的归档；归档时应结合业务系统、电子档案管理系统运行网络环境及本单位实际情况，确定电子文件及其元数据归档接口并做出书面说明。

3. 归档范围

归档部门应明确各门类电子文件及其元数据的归档范围、时间、程序、接口、格式等要求，执行规范的工作程序，采取必要的技术手段，对电子文件归档和电子档案管理全过程实行监控。

（1）电子文件归档范围

反映单位职能活动、具有查考和保存价值的各类电子文件及其元数据都应收集、归档。文书类电子文件的归档范围可按照《机关文件材料归档范围和档案保管期限规定》《企业文件材料归档范围和档案保管期限规定》等执行；照片、录音、录像等声像类电子文件的归档范围可参照《照片档案管理规范》等执行；科技类电子文件的归档范围可按照《科学技术档案案卷构成的一般要求》等执行；邮件类电子文件的归档范围可按照《公务电子邮件归档与管理规则》等执行；网页、社交媒体类电子文件的归档范围可参照《机关文件材料归档范围和档案保管期限规定》等执行。

（2）电子文件元数据归档范围

元数据是指描述电子文件和电子档案的内容、背景、结构及其管理过程的数据。档案部门应将电子文件元数据与电子文件一并收集、归档，文书类电子文件元数据按照《文书类电子文件元数据方案》等标准执行，至少包括题名、文件编号、责任者、日期、机构或问题、保管期限、密级、格式信息、计算机文件名、计算机文件大小、文档创建程序等文件实体元数据；记录有关电子文件拟制、办理活动的业务行为、行为时间和机构人员名称等元数据，应记录的拟制、办理活动包括发文的起草、审核、签发、复核、登记、用印、核发等，收文的签收、登记、初审、承办、传阅、催办、答复等；科技、专业、邮件、网页、社交媒体类电子文件应归档元数据也可参照《文书类电子文件元数据方案》执行。

4．归档格式

电子文件归档格式应具备格式开放、不绑定软硬件、显示一致性、可转换、易于利用等性能，能够支持同级国家综合档案馆向长期保存格式转换。

电子文件应以通用的格式形成、收集并归档，或在归档前转换为通用格式。版式文件格式应按照《版式电子文件长期保存格式要求》执行，可采用 PDF、 PDF/A 格式，以文本、位图文件形成的文书、科技、专业类电子文件的正本、定稿、公文处理单应以版式文件格式进行归档，其他电子文件、电子文件组件可以以版式文件、RTF、WPS、DOCX、JPG、TIF、 PNG 等通用格式归档。

以数据库文件形成的科技、专业类电子文件，应根据数据库表结构及电子档案管理要求转换为 ET、XLS、DBF、 XML 等任一格式归档，或参照纸质表单或电子表单版面格式，将应归档的数据库数据转换为版式文件归档。照片类电子文件以 JPG、TIF 等格式归档；录音类电子文件以 WAV、MP3 等格式归档；录像类电子文件以 MPG、MP4、FLV、AVI 等格式归档；珍贵且需永久保存的可收集、归档一套 MXF 格式文件；公务电子邮件以 EML 格式归档；网页、社交媒体类电子文件以 HTML 等格式归档；专用软件生成的电子文件原则上应转换成通用格式归档。

（四）归档电子文件

电子文件的具体归档步骤如下。

— 步 — 骤 —

| 步骤一 | 清点登记 |

电子文件的形成或办理部门、档案部门可在归档过程中基于业务系统、电子档案管理系统完成电子文件及其元数据的清点、鉴定、登记、填写电子文件归档登记表等主要归档程序，同时清点、核实电子文件的门类、形成年度、保管期限、件数及其元数据数量等。

| 步骤二 | 归档鉴定 |

对电子文件的真实性、可靠性、完整性和可用性进行鉴定，鉴定合格率应达到100%，包括电子文件及其元数据的形成、收集和归档是否符合制度要求，电子文件及其元数据是否能一一对应，数量是否准确且齐全，格式是否符合归档格式的要求。以专有格式归档的，其专用软件、技术资料等是否齐全、完整；加密的电子文件，其解密后的电子文件及其元数据是否经安全网络或专用离线存储介质传输、移交；电子文件的离线存储介质是否无病毒、无损伤、可正常使用等。

| 步骤三 | 导入系统 |

档案部门应将清点、鉴定合格的电子文件及其元数据导入电子档案管理系统，系统自动采

集电子文件结构元数据，通过计算机文件名建立电子文件与元数据的关联，在元数据管理过程中记录登记行为，登记归档电子文件，依据清点、鉴定的结果，按批次或归档年度填写电子文件归档登记表，完成电子文件的归档。

| 步骤四 | 移交、接收 |

保管期限为永久的电子档案及其元数据自形成之日起 5 年内应向同级国家综合档案馆移交，移交工作按照《电子档案移交与接收办法》和同级国家综合档案馆的要求执行。纸质、银盐感光材料等各门类传统载体档案应以数字副本及其目录数据移交进馆，以确保移交年度内数字档案资源的完整性。对归档电子文件，应按有关规定进行认真检验，并在检验合格后将其如期移交至档案馆等档案保管部门，进行集中保管。文件形成单位在移交电子文件前，及档案保管部门在接收电子文件前，均应对归档的每套载体及其技术环境进行检验，合格率达到 100% 时方可进行交接。档案保管部门验收合格，完成《归档电子文件移交、接收检验登记表》的填写、签字、盖章环节。登记表一式两份，一份交电子文件形成单位，另一份由档案保管部门自存。归档电子文件移交、接收检验登记如表 10-3 所示。

表 10-3　归档电子文件移交、接收检验登记表

检验项目	单位名称	
	移交单位：	接收单位：
载体外观检验		
病毒检验		
真实性检验		
完整性检验		
有效性检验		
技术方法与相关软件说明登记表、软件、说明资料检验		
填表人（签名）	年　　月　　日	年　　月　　日
审核人（签名）	年　　月　　日	年　　月　　日
单位（印章）	年　　月　　日	年　　月　　日

相关链接

公务电子邮件的归档范围与要求

1. 归档范围

凡是反映本单位工作活动且具有查考利用价值的公务电子邮件均属归档范围。载有相同信息的纸质文件属于归档范围的，则该份电子邮件也应归档。

公务电子邮件在归档时，应包括以下部分：

a）邮件发送人、接收人的具体情况（姓名、职务、所属部门和公务电子邮箱）；

b）发送、接收邮件的时间；

c）邮件密级；

d）邮件的题名；

e）邮件的正文、附件；

f）邮件的收发日志；

g）发送、接收邮件的软件名和版本号。

2. 归档要求

办理完毕且具有保存价值的公务电子邮件应及时从原有邮箱中迁移出来，进行逻辑归档，保存到专门的电子文件管理系统中。需要归档的电子邮件不可长期保存在公共邮箱内。发送或接收具有保存价值的公务电子邮件后应立即将电子邮件打印成纸质文件，打印后存档到纸质文件管理系统中。

采用物理归档的公务电子邮件应采用或转换为本标准规定的标准格式，如无法完整、准确地转换，应将相关的应用程序一并归档。一般情况下电子邮件和附件作为整体进行归档，经加密的公务电子邮件应解密后明文归档。

摘自中华人民共和国国家档案局《公务电子邮件归档与管理规则》

（五）整理电子档案

电子文件是电子档案形成的基础，电子文件归档以后即形成电子档案。

整理电子档案是指按照一定的原则和方法，将收集、积累的电子文件分门别类地进行存储、编目的过程。电子档案整理包括以下两个层次。

1. 对分类、排序的组织

应在电子文件拟制、办理或收集过程中完成保管期限的鉴定、分类、排序、命名、存储等整理活动并同步完成会议记录、涉密文件等纸质文件的整理。可以以件为管理单位整理电子文件，也可根据实际情况以卷为管理单位整理电子文件，整理活动应保持电子文件内在的有机联系，建立电子文件与元数据的关联。在整理过程中，可能会遇到文件格式需要重新编排和重新组合，这种格式转换有可能损坏数据，损害作为证据的电子文件的真实性。因此，解决这一格式转换问题，并保证电子文件的真实性、完整性，是归档人员和档案管理部门整理电子档案的一项重要任务。

2. 组织建立数据库

组织建立数据库的主要工作内容首先是对电子文件进行分类和编号。一个单位的电子文件类别是多种多样的，对这些电子文件要进行分门别类地管理，就要进行科学地分类。要按门类划分要求，结合本单位的实际和电子文件内容制定分类编号方案。分类编号就是按照分类编号方案的规定对电子文件进行划分，并给每份电子文件一个固定的、唯一的号码，从而使全部电子文件成为一个有机的整体。其次是对电子文件的登记。电子文件的整理是电子档案管理和利用等工作的基础。

与纸质文件相比较，电子文件在数据库中是以虚拟形式存在的，经过对电子文件的科学整理，构成有序的虚拟状态，通过检索，可以提取电子文件并在计算机屏幕上显示出来，数据库是存取电子文件的"虚拟文件库"。无论在任何环境条件下，都要拷贝一份进行保存，并对软硬件环境做说明。有些必须以纸质文件存在的，可输出纸质文件进行保存。对整理好的电子档案，需要填写《归档电子文件登记表》，如表 10-4 所示。

表 10-4　归档电子文件登记表

单位名称		
归档时间		电子文件门类	
归档电子文件数量	卷　件　张　分钟　字节	
归档方式	□在线归档　　□离线归档	
检验项目	检验结果	
载体外观检验		
病毒检验		
真实性检验		
可靠性检验		
完整性检验		
可用性检验		
技术方法与软件说明 登记表、软件、说明资料检验		
电子文件形成部门（签章）	档案部门（签章）	

整理电子档案的基本步骤包括以下几个方面。

------------------------------------ 步 — 骤 ------------------------------------

步骤一	电子档案分类

分类是使电子档案有序化的过程，先要制定分类方案，然后按照年度、保管期限、机构等进行分类。

步骤二	电子档案存储

电子档案分类以后按类别代码选择不同的存储载体进行存储保管，电子档案的存储载体有光盘、硬盘、磁盘等形式。

步骤三	电子档案编目

将整理好的电子档案的各项内容填写在《归档电子文件登记表》上。

（六）电子档案的归档鉴定

电子档案的归档鉴定工作，是指鉴别档案的价值，确定其保管期限，并据此删除、销毁已收集积累但无保存价值的电子文件，以保证归档电子档案的准确性、完整性与系统性，是确定档案属性的工作。

1. 电子档案的鉴定内容

（1）归档电子文件的原始性、准确性、完整性

主要鉴定是否是形成时的，或通过审批更改的电子文件；是否是产品定型技术状态或经过事务处理并有结果的电子文件；是否是组成完整系统的电子文件。

（2）确定电子档案的价值和保管期限

这主要取决于电子档案内容所含信息的价值及社会对它的需要，要根据国家关于档案保管期限表确定其保管期限。

电子档案归档的鉴定，主要是在归档前，电子档案形成部门在档案部门的协助下，对归档的电子文件内容进行鉴定。鉴别电子档案的价值，同时对其记录的载体进行检查、检测，对所需的软硬件环境做出说明，并根据电子档案的内容价值划分保管期限，提出在保管期限内配套的技术环境要求。在电子档案管理过程中也需要鉴定，主要任务是对已到保管期限的电子档案重新审查鉴定，把失去保存价值的电子档案剔除销毁。这两个阶段的鉴定工作是互相联系、相辅相成的。归档时的鉴定是基础，电子档案管理过程中的鉴定是前一阶段鉴定的继续和补充。

2. 鉴定归档电子档案的注意事项

（1）确定电子档案的原始性、真实性

电子档案的更改非常容易，而且可以做到不留痕迹，电子文件从形成到归档有一段较长的时间，所以，在归档时，要鉴别归档的电子文件是否就是形成时的、有效的电子文件。若电子文件在记录系统中有记录，可与记录系统所记载的形成、修改、批准时间等进行对照来鉴别其原始性、真实性。如载体传递，是用有无登记、记录等管理制度来确认其原始性、真实性。

（2）鉴定和检测要相结合

电子文件是电子文件的内容、电子文件内容的记录载体和显示电子文件内容的计算机软硬件平台的组合。有了这个组合，我们才知道电子文件的内容是什么。如果电子文件的记录载体有病毒或损坏，软件与硬件平台不一致，记录载体不能被计算机软硬件平台确认，

那么无论上述哪一种情况都无法知道电子文件的内容。因此，归档说明中说明的电子文件生存的软硬件平台环境能否准确读出归档的电子文件内容，以及存储载体和软硬件平台技术条件的一致性与否，均应进行检查。这是保证电子文件内容在保管期限内存在、显示的首要技术条件。

（七）电子档案的备份

数据备份是容灾的基础，是指为防止系统出现操作失误或系统故障导致数据丢失，而将全部或部分数据集合，从应用主机的硬盘或阵列复制到其他存储介质的过程。档案管理部门应该根据单位电子档案管理和信息化建设实际，在确保电子档案的真实、完整、可用和安全的基础上，统筹制定电子档案备份方案和策略，实施电子档案及其元数据、电子档案管理系统及其配置数据、日志数据等的备份管理。

1. 电子档案近线备份与灾难备份

电子档案宜采用磁带备份系统进行近线备份，并定期对电子档案及其元数据、电子档案管理系统的配置数据和日志数据等进行全量、增量或差异备份。电子档案数量达到一定量且条件许可时，可实施电子档案管理系统和数据库系统的热备份，本单位建设灾难备份中心时，应将电子档案及其元数据、电子档案管理系统的灾难备份纳入规划之中，进行同步分析、设计和建设。

2. 电子档案离线备份

电子档案离线备份应采用一次性写入光盘、磁带、硬磁盘等离线存储介质，电子档案离线存储介质至少应制作一套。也可根据异地备份、电子档案珍贵程度和日常应用需要等实际情况，制作第二套、第三套离线存储介质，并在装具上标识套别。此外，还应对离线存储介质进行规范管理，按规则编制离线存储介质编号，按规范结构存储备份对象和相应的说明文件，标识离线存储介质。禁止在光盘表面粘贴标签，离线存储介质的保管除参照纸质档案保管要求外，还应做防写处理，避免擦、划、触摸记录涂层，应装盒，竖立存放或平放，避免挤压，远离强磁场、强热源，并与有害气体隔离。

（八）电子档案的转换与迁移

1. 电子档案转换与迁移的主要情况

出现以下但不限于以下情况时，应实施电子档案及其元数据的转换或迁移。

① 电子档案当前格式将被淘汰或失去技术支持时，应实施电子档案或元数据格式的转换。

② 因技术更新、介质检测不合格等原因须更换离线存储介质时，应实施电子档案或元数据离线存储介质的转换。

③ 支撑电子档案管理系统运行的操作系统、数据库管理系统、台式计算机、服务器、磁盘阵列等主要系统的硬件、基础软件等设备升级、更新时，应实施电子档案管理系统、电子档案及其元数据的迁移。

④ 电子档案管理系统更新时，应实施电子档案及其元数据的迁移。

2. 电子档案转换与迁移应注意的问题

应在确保电子档案的真实、可靠、完整和可用的基础上，实施电子档案及其元数据的转换或迁移。应按照确认转换或迁移需求、评估转换或迁移风险、制定转换或迁移方案、审批转换或迁移方案、转换或迁移测试、实施转换或迁移、评估转换或迁移结果、报告转换或迁移结果等步骤实施电子档案或元数据的转换或迁移。应在确认转换或迁移活动成功实施之后，根据本单位实际情况对转换或迁移前的电子档案及其元数据进行销毁或继续留存的处置。电子档案及其元数据库的转换、迁移活动应记录于电子档案管理过程元数据中，并填写电子档案格式转换与迁移登记表（见表 10-5），并重新对经过格式转换后的电子档案及其元数据进行备份。

表 10-5　电子档案格式转换与迁移登记表

单位名称		
管理授权		
责任部门		
管理类型	□格式转换　　　　□迁移	
源格式或系统描述		
目标格式或系统描述		
完成情况 操作前后电子档案及其元数据 内容、数量一致性情况等		
操作起止时间		
操作者		
填表人（签名） 年　月　日	审核人（签名） 年　月　日	单位（签章） 年　月　日

（九）电子档案的保管与利用

1. 电子档案的保管

由于归档电子文件以脱机方式保存，在实际使用中基本还是使用移动硬盘进行保存。光盘比磁盘有更好的抗干扰能力和结构稳定性，有利于归档电子文件的长期保存，因此，提倡档案部门配备光盘刻录仪，将归档电子文件转储到光盘上。移动硬盘和光盘的保护是当前归档电子文件载体保护的重点，具体保护措施（以光盘的保护为例）介绍如下。

① 规范排放和使用。光盘的存放应置于盒中并直立放置，避免大量堆叠，以防光盘翘曲，在使用过程中应避免摩擦和划痕造成光盘的损坏。

② 保持良好的温度、湿度环境。高温会使光盘氧化、变形或老化，潮湿会使光盘片基霉变。因此，要求光盘存放在无强磁场干扰、无震动、无尘、无腐蚀气体和温湿度适中的环境中，环境空气相对湿度控制在 20%～50%，温度控制在 17℃～20℃。

③ 注意避光。光盘材料的塑料保护层对紫外光极为敏感，阳光的直射会使光盘过早老化。因此，光盘要十分注意避光。不管磁盘还是光盘，定期复制是当前延长电子文件寿命的有效措施。

对磁性载体每满 2 年、光盘每满 4 年进行一次抽样机读检验，抽样率应不低于 10%，如发现问题应及时采取恢复措施。对磁性载体上的归档电子文件，应每 4 年转存一次，原载体同时保留时间不少于 4 年。

2. 电子档案的利用

（1）电子档案提供利用的方法

电子档案的提供利用应严格遵守国家相关保密规定。应根据工作岗位、职责等要求在电子档案管理系统中为利用者设置相应的电子档案利用权限，利用者应在权限允许范围内检索、浏览、复制、下载电子档案、电子档案组件及其元数据。电子档案及其元数据的离线存储介质不得外借，其使用应在档案部门的监控范围内。对电子档案采用在线方式提供利用时，应遵守国家有关信息安全的相关规定，从技术和管理两方面采取严格的管理措施。

对档案部门来说，电子档案提供利用的方式一般有提供拷贝、通信传输、直接利用三种。

① 提供拷贝，档案部门向利用者提供载体拷贝时，应将文件转换成通用标准文档存储格式，由利用者自行准备恢复和显示的软硬件平台。当利用者不具备利用电子文件的软硬件平台时，也可以向这些利用者提供打印件或缩微品。

② 通信传输，即用网络传输电子档案。这一方法比较适合馆际之间的信息资源交流及向相对固定的查档单位提供档案资料，可以通过点对点数字通信或互联网络来实现。

③ 直接利用，是利用档案部门或另一检索机构的计算机，在档案部门的网络上直接查询的一种方法。其特点是：可为利用者提供技术支援；与通信传输相比减少了大量的管理工作；可以使更多的读者同时利用同一份电子档案。这种利用方式取决于档案馆网络系统中可供直接利用的信息资源的多少。

（2）电子档案的利用管理

由于电子档案可提供利用的方式与其所依赖技术的多样化，导致利用工作的复杂性。因此，加强电子档案的利用管理，就显得特别重要。利用管理的内涵很丰富，从信息安全的角度出发，主要有对用户及提供利用者的管理、对提供利用载体的管理及利用中的安全保密措施等，具体如下。

① 使用权限的审核。电子档案利用所涉及的人员有档案载体的保管人员、数据系统的管理人员、利用者及维护操作人员等。由于他们各自工作性质和责任的不同，因此需要对他们进行使用权限的审核。审核应由利用的决策者执行。首先，要根据各类人员级别、层次进行使用权限的认定，并依此向利用系统注册登录。在利用中，由系统自动判定当前使用者身份的合法性及其可以使用功能的范围，并由系统自动对其使用各种功能操作的路径进行跟踪与记录。其次，在电子档案存储载体的使用上，要根据电子档案内容的密级和开放程度，来确定其可使用的程度，在使用中依据利用者背景情况和利用目的来决定对他的授权。

② 拷贝的提供与回收。提供电子档案拷贝是一种主要的利用方式，但必然带来利用时间与利用地点的分散，如果管理不好，将会造成档案信息无原则的散失。因而，必须采取有效的措施和方法，对其进行严格管理。应依据利用者的需求，确认使用权限后再给予拷贝，原则上尽量避免把载体上存储的电子档案信息全部拷贝，并通过技术手段防止所提供拷贝的再复制。除经过编辑公开发行的电子出版物外，对那些提供利用的拷贝必须进行回收。要有完善的提供拷贝手续，提供者和利用者双方应对提供拷贝的内容进行确认，并对使用载体的类型、数量、使用时间、最后回收期限及双方责任人等情况进行登记。对回收来的拷贝，应做信息内容的消除处理。

③ 利用中的安全措施。电子档案在利用中的保密与安全是十分重要的，而且同纸质档案相

比，更加难以控制。因此，在电子档案的利用过程中，应注意以下几点。

- 采用的利用方式，应视利用者的情况而定，不能无原则地向所有利用者提供全部利用方式，应依据电子档案内容的密级层次，进行有效的管理。一般情况下，对于内容不是完全开放的电子档案，不宜用拷贝的方式提供利用，对于提供拷贝的制作，必须在有效监控下进行。
- 采用通信传输或直接利用等利用方式时，对有密级的信息内容要进行加密处理，并对所使用的密钥进行定期或不定期的更换；系统应对利用的全过程进行有效的跟踪监控，并自动进行相关记录，作为对利用工作查证的依据；利用的系统应有较强容错能力，避免由于误操作带来不可挽回的损失。

电子档案的利用与管理工作意义重大，做好以上各方面的工作，就能准确、快捷、安全、完整地向用户提供各种方式的服务，满足用户的需求。

相关链接

刻录光盘的选择与注意事项

在存储电子档案时，根据规定可以选择只读光盘、一次性写入光盘、磁带、可擦写光盘、硬磁盘等，市面的品牌有索尼、联想、威宝、啄木鸟等，在购买刻录光盘时一定要购买品牌光盘。

在刻录时将刻录参数设置为"不可续刻"，同时将"刻录结束后检验数据"项选中，刻录速度不可选择最大，以保证刻录数据的可靠。

刻录完毕后，将光盘放入盒子，存储电子文件的载体或装具上应贴有标签，标签上应注明载体序号、全宗号、类别号、密级、保管期限、存入日期等项目。决不允许在光盘上粘贴口取纸一类的小纸贴。

任务实训

- 收集不同种类的电子文件，如图形文件、声音文件、文本文件等，并进行物理归档。
- 将收集的电子文件进行整理分类、编目、登记，学习填写《归档电子文件登记表》，并使用光盘刻录保存。

第二节　声像档案的管理

模拟情景

为了加强对公司特殊载体档案的管理，乔梅根据公司的实际情况制定了《广通集团公司电子档案管理办法》《广通集团公司声像档案管理办法》，并对本公司各部门及个人在社会实践活动中直接形成的，对公司有保存价值的录音、录像、照片、影片等进行了收集、整理和归档，为公司的档案利用、企业文化宣传做出了贡献。但在实际工作过程中，却出现了画质受损、音质改变等未能完美解决的技术问题。

任务驱动

1. 乔梅如何对照片、录音、录像文件进行归档？
2. 应如何保管声像档案？

任务分解

➢ 了解声像档案的载体和特点
➢ 了解照片档案的管理
➢ 了解录音录像档案的管理

任务解析

（一）声像档案概述

声像档案是指机关、团体、企事业单位及个人在各种活动中直接形成的有查考价值的，以磁性材料、感光材料为主要载体并以影像、声音为主要反映方式的历史记录，包括照片、录音带、录像带、光盘等。需要注意的是，要编制文字说明，针对记录内容、记录内容的产生过程及相应支持软硬件的"文字说明"。这些是声像档案不可缺少的部分。

1. 声像档案的记录形式及载体

声像档案不同的记录形式有不同的载体，根据载体材质的不同主要分为以下几种，如表 10-6 所示。

表 10-6 声像档案记录形式及载体

声像档案形式	保管单位	载体
金属模板	张	主要是唱片
胶片	本或卷	主要是照片底片、电影胶片、幻灯片等
磁粉	盒	主要是录音带、录像带；计算机硬盘和磁带等
光反应材料（有机染料与金属化合物）	张	主要是 CD-R 与 DVD-R 光盘等

不同载体对保管条件的要求不同，在实际工作中应针对不同的载体采取不同的保管措施，当然，软磁盘、可擦写光盘不能作为档案载体。

2. 声像档案的特点

（1）客观纪实性

声像档案采用了声音、图像为记录传递方式，彻底改变了传统档案单纯依靠文字，缺乏直观性、形象性、纪实性等特点，使人们能够通过多种渠道、多种方式传递信息，直观地记录事物的原貌，既可以作为文字记录的补充，又极大地丰富了档案信息的载体，拓宽了档案工作的内涵。

（2）生动形象性

声像记录和文字说明是形意结合的整体，它们互相依存、互相印证、互相补充。声像档案是以画面的可视形象，生动地展现在人们面前，而且配有音乐、语言，便于利用者理解和接受，使利用者具有身临其境的感觉。

（3）超时空性

一般载体的档案，作为相互交替信息的工具，在时间与空间上是有限的。而声像档案由于依赖于先进的科学技术和快速的传送手段，它的时间感与空间感比一般档案强烈，甚至可以进行超越时空的远距离传送，这是其他形式档案望尘莫及的。

（二）照片档案的管理

照片档案是国家机构、社会组织或个人在社会活动中直接形成的以静止摄影、影像为主要反映方式的有保存价值的历史记录。照片档案一般包括底片、照片和说明三个部分。

1. 照片档案的收集与归档

（1）照片档案收集的原则

① 以我为主。以本单位形成的并能反映本单位职能活动的照片材料作为收集重点。

② 突出主题。能反映出重要活动、会议等的主要内容、场景、人物的实况。

③ 质量精良。进行精心挑选，选择主题鲜明、影像清晰、画面完整、未加修饰裁剪的声像材料。

④ 内容齐全。照片档案要有照片、底片、文字说明（含事由、时间、地点、人物、背景、摄影者等），而且照片与底片相符。

（2）照片档案收集的方法

① 集中收集。有计划、有针对性地进行阶段性收集，这是照片档案收集的重要途径。

② 定向收集。向某项活动的主办、承办单位或参与活动的单位和个人进行重点收集。

③ 直接参与收集。派员直接参与现场拍摄。

④ 随时收集。档案人员平常要注意收集有关活动信息，发现线索及时跟踪，及时收集。

（3）照片档案收集与归档的范围

① 记录本单位主要职能活动和重要工作成果的照片。

② 有关领导人或著名人物参加本单位、本地区的重大公务活动的照片。

③ 本单位组织或参加的重要外事活动的照片。

④ 记录本单位、本地区重大事件、重大事故、重大自然灾害及其他异常情况和现象的照片。

⑤ 记录本地区地理概貌、城乡建设、重点工程、名胜古迹、自然风光及民间风俗和著名人物的照片。

⑥ 其他具有保存价值的照片，如题字、证书、牌匾、奖状等实物的照片。

（4）照片归档的要求

① 对属于收集与归档的照片，应按照规定日期向本单位档案机构或档案工作人员归档、集中整理；对具有归档价值的照片，其摄影者或承办单位应及时整理，向档案室归档，一般不应跨年度。

② 对存有真伪疑义的照片应采取必要措施进行鉴定。

③ 对反映同一内容的若干照片，应选择其主要内容照片归档。主要照片应具备主题鲜明、

影像清晰、画面完整、未加修饰裁剪等特点。

④ 底片、照片、文字说明应齐全。

⑤ 底片与照片影像应一致。

⑥ 对无底片的照片应制作翻拍底片，对无照片的底片应制作照片。

⑦ 归档的数码照片应是用数字成像设备直接拍摄形成的原始图像文件，不能对数码照片的内容和 EXIF 信息进行修改和处理，数码照片应为 JPEG、TIFF 或 RAW 格式，推荐采用 JPEG 格式，反映同一场景的数码照片一般只归档一张。

2. 照片档案的鉴定

对于收集到的照片，应首先对其进行鉴定，考证其是否具有档案价值，这是继档案收集工作之后的一个重要工作环节，主要是以照片所包含信息的质量及价值为依据进行分门别类的鉴定，具体可以从以下两个方面来鉴定。

（1）鉴定照片的范畴和质量

照片是否需要保存首先应从全局考虑，从便于利用的角度考虑，特别是历史照片和重大会议的照片要认真选择。同一内容的照片只需选取一两个角度，按照专题进行整理取舍，选取拍摄质量好、艺术性强和具有代表性的照片，归档照片应加工制作精良，无损害物质残留，数量不必多，忌面面俱到。

（2）考证照片的真实度

对选中的每张照片要做进一步的考证，确定照片所反映的各类要素，如拍摄时间、地点、事由、背景、人物、摄影者等，对已有文字记录的要进行核实，对无文字记载的要了解后补正。

3. 照片档案的整理

（1）照片的分类

应在全宗内按保管期限-年度-问题进行分类。跨年度且不可分的照片，也可按保管期限-问题-年度进行分类。分类方案应保持前后一致，不应随意变动。

（2）照片的排列

应在分类方案的最低一级类目内，根据问题，结合时间、重要程度等进行排列。为便于提供利用，照片排列及入册时应同时考虑不同保密等级照片的定位。

（3）照片的编号

照片号是固定和反映每张照片在全宗内的分类与排列顺序的一组字符代码，由全宗号、保管期限代码、册号、张号或全宗号、保管期限代码、张号组成。保管期限代码分别用"1、2、3"或"Y、C、D"对应代表永久、长期、短期。"张号"即按某一全宗保管期限内底片的顺序从"1"开始依次编号。照片号的格式有以下两种。

格式一：全宗号-保管期限代码-册号-张号

格式二：全宗号-保管期限代码-张号

（4）照片的入册

照片册一般由 297mm×210mm 大小的若干芯页和封面、封底组成。芯页以 30 页左右为宜，有活页式和定页式两种，应按照分类、排列顺序即照片号顺序将照片固定在芯页上，组成照片册。对于照片册放置不下的大幅照片，可将其放入专用的档案袋或档案盒中，按照照片号顺序排列。如竖直放置，应首先将照片固定在专用的纸板上，再放入袋、盒中；如水平放置，照片的堆放高度不宜超过 5cm；一般以竖直放置为宜。册内备考表项目包括本册情况说明、立册人、检查人、立册时间。册内备考表应放在册内最后位置。

（5）单张照片说明的填写

单张照片说明应用横写格式，分段书写。其要素有题名、照片号、底片号、参见号、时间、摄影者和文字说明。题名应简明概括、准确地反映照片的基本内容，人物、时间、地点、事由等要素要尽可能齐全。参见号是指与本张照片有密切联系的其他载体档案的档号。照片的拍摄时间用 8 位阿拉伯数字表示，第 1～4 位表示年，第 5～6 位表示月，第 7～8 位表示日。摄影者一般填写个人，必要时可加写单位。文字说明应综合运用事由、时间、地点、人物、背景、摄影者等要素，概括提示照片影像所反映的全部信息；或仅对题名未涉及的内容做出补充，其他需要说明的事项亦可在此栏表述，如照片归属权不属于本单位的，应注明照片版权、来源等。

对大幅照片的说明可另外附纸书写，与照片一同保存。一组联系密切的照片中的大幅照片，应随该组照片一同在册内编号，填写单张照片说明，并注明其存放位置。

（6）组合照片说明的填写

一组（若干张）联系密切的照片按顺序排列后，可拟写组合照片说明。采用组合照片说明的照片，其单张照片说明可以从简。组合照片说明应概括提示该组照片所反映的全部信息内容及其他需要说明的事项，应在组合照片说明中指出所含照片的起止张号和数量，同组中的每一张照片均应在单张照片说明的左上角或右上角标出组联符号。组联符号按组依次采用"①""②""③"等依次排列序号，同组中的照片其组联符号相同，如册内只有一组照片和其他散片时，组联符号采用"①"，组联符号不宜越册。整理照片时因保管期限或密级的不同，有些同组的照片可能会被分散到不同的照片册内，应在组合照片说明中指出这些密切相关照片的保管期限、册号和组号，组合照片说明可放在本组第一张照片的上方，也可放在本册所有照片之前。

4．照片档案的保管

照片应在能关闭的装具中保存，如存储柜、抽屉、有门的书架或文件架等。装具应采用不可燃、耐腐蚀的材料，避免使用木制及类似材料。木制材料易燃烧、易腐蚀，还可能挥发出某些有害气体，促使底片、照片老化或褪色。照片档案的保管应有单独库房，温度控制在 12℃～14℃，湿度保持在 40%～50%，底片、照片应恒温、恒湿保存。长期储存环境，24 小时内温度的周期变化应不大于正负 2℃，相对湿度变化应不大于正负 5%；中期储存环境，24 小时内温度的周期变化应不大于正负 5℃，相对湿度变化应不大于正负 10%。储存库的气压应保持正压状态，做到防火、防尘、防有害气体、防高温、防高湿、防光、防虫，保持库房清洁。每隔两年应对底片、照片进行一次抽样检查，不超过五年进行一次全面检查。若温、湿度出现严重波动，应缩短检查的间隔期。检查中应密切注意底片、照片变形、变脆、粘连、破损、霉斑、褪色等变化情况，另外还应注意包装材料的变质问题，并做好检查记录。若发现问题，应查明原因，及时采取补救措施。

5. 照片档案的利用

照片档案的保存价值在于利用，只有积极开发照片档案的利用价值，为本单位提供各种有价值的信息资源，才能充分体现出照片的珍贵和档案本身所具有的历史价值。

（1）定期公布照片档案目录，提供借阅、复制服务

由于分工的不同，通常情况下由于利用者对照片档案不甚了解，所以利用程度就比较低。因此，档案部门应该通过各种方式、途径，或通过网络定期公布最新照片档案目录，为利用者提供照片档案的借阅、复印、扫描、刻录等服务，最大限度地发挥照片档案的作用。

（2）围绕主题，举办照片档案图片展览、编辑出版画册

由于照片档案具有形象、直观、真实的特点，因此，照片档案能为本单位的发展、提高单位的影响力和知名度做好宣传工作。

相关链接

数码照片档案著录项目及说明

数码照片档案应至少包括全宗号、保管期限、年度、部门、照片组号、张号、参见号、摄影者、时间、组题名、文字说明、文件格式、开放状态等著录项目。

全宗号：档案馆给立档单位编制的代号。

保管期限：照片所划定的保管期限，包括永久、30 年、10 年。

年度：形成年度，采用 4 位阿拉伯数字标识。

部门：归档部门，采用部门全称或规范化简称，并保持一致和稳定。

照片组号：为 4 位阿拉伯数字，同一年度内的照片组从"0001"开始顺序编号。

张号：为 4 位阿拉伯数字，同一组内数码照片从"0001"开始顺序编号。

参见号：与本张照片有密切联系的其他载体档案的档号。

摄影者：照片的拍摄单位或拍摄人。

时间：数码照片拍摄时间。采用 8 位阿拉伯数字标识，依次为年代 4 位，月和日各 2 位，不足的在前补"0"。

组题名：本组照片所共同反映的主要内容。

文字说明：本张照片的说明，包括人物、地点、事由等要素。

文件格式：本张照片的计算机文件类型，包括 JPEG，TIFF 或 RAW。

开放状态：本张照片是否开放的标记，开放为"Y"，不开放为"N"。

摘自中华人民共和国档案局《数码照片归档与管理规范》

（三）录音录像档案的管理

录音录像文件是指国家机构、社会组织或个人在履行其法定职责过程中，采用不同记录载体形成的以声音成影像为主要呈现方式的记录信息。录音录像电子文件是指具体的通过计算机、数字化转换等电子设备形成、传输和存储的数字音频和数字音视频文件，由内容、结构、背景组成。录音录像档案则是具有凭证、查考和保存价值并归档保存的录音录像文件。

1. 录音录像档案的收集

（1）录音录像档案的收集范围

录音录像主要收集范围以记录本单位主要职能和基本历史面貌的、具有保存价值的录音录像文件为主，具体包括：工作活动、重要会议、外事活动、重点工程、重要人物等；主办或承办的本地区政治、经济、文化、体育与社会事业等重大活动；上级领导和著名人物来本单位进行检查、视察、调研等工作或参加与本单位、本地区有关的重大活动；组织或参与处置的重大事件，包括重大自然灾害、重大事故、突发事件等；记录本地区地理概貌、城乡建设、名胜古迹、自然风光、民风民俗和人物宣传的录音录像文件；执法部门或司法部门职能活动形成的录音录像文件以及其他具有保存价值的录音录像文件。

（2）录音录像档案的收集要求

① 录音录像文件应客观、系统地反映主题内容，画面完整、端正，声音和影像清晰。② 原始的录音录像文件素材和后期编辑制作的录音录像文件都应收集保存。③ 录音录像文件的整理和著录工作应由文件形成部门来完成，完成后再向档案部门进行归档。④ 应对模拟信号录音录像文件进行数字化转换，建立目录数据库。⑤ 有多件录音录像电子文件反映相同场景或主题内容的，应挑选一件影像清晰、人物端正、声音清楚、画面构图平衡的进行收集、归档。⑥ 录音电子文件归档格式为 WAV、MP3、AAC 等，音频采样率不低于 44.1kHz；录像电子文件归档格式为 MPG，MP4，FLV，AVI 等，视频比特率不低于 8Mbps，珍贵的录像电子文件可收集、归档一套 MXF 格式文件。⑦ 重大活动筹备、实施过程中形成的各种文字材料、重要实物等应与相应的录音录像文件一并收集、归档。

2. 录音录像档案的整理

（1）基本要求

以件为单位对录音录像电子文件进行整理，通过规范命名、著录建立录音录像电子文件与目录数据直接的一一对应关系。按照录音录像文件记录的工作活动时间顺序对记录载体进行排列、编号、标示。

（2）保管期限划分与分类

对记录同一工作活动和主题的录音录像文件统一划分保管期限，保管期限分为永久、定期30年、定期 10 年，国家或行业主管部门有专门规定的，应从其规定。可按照年度-保管期限或保管期限-年度的分类方法对录音录像文件进行分类。同全宗内确定了分类方法后一般不再变更，分类体系保持一致。

（3）存储结构

按照分类类目逐级建立、命名文件夹，在最低一级分类类目文件夹集中存储该类目下的录音录像电子文件。离线归档载体的存储结构与计算机存储器中的存储结构应保持一致。

（4）文字材料的整理

文字材料应与录音录像电子文件同步整理、编目、归档保存，整理要求按照文书档案有关要求进行。

3. 录音录像档案的归档

归档工作内容包括录音录像文件及其元数据的归档，包括清点、鉴定、登记和填写《录音录像文件归档登记表》等步骤。采用在线方式归档的，应基于电子档案管理系统完成归档程序；

以离线方式归档的，由交接双方借助专用计算机手工完成相关步骤。清点、核实录音录像电子文件、原始载体及其记录或存储的录音录像文件、目录数据数量的一致性；清点、核实原始载体编号与标示、原始载体是否完好无损并可正常使用;清点、核实重大活动文字材料、重要实物的数量；鉴定、检测录音录像电子文件格式、著录的规范性，录音录像电子文件、原始载体等是否感染计算机病毒；以离线方式归档的，完成清点、鉴定工作后，应将录音录像电子文件及目录数据导入电子档案管理系统并挂接，建立录音录像文件与目录数据的一一对应关系。

4. 录音录像档案的审核、档号编制与命名

完成归档程序后，应对录音录像文件的整理、著录结果予以审核并确认，由电子档案管理系统按预设规则自动为录音录像档案编制档号。

档号编制规则有两种：全宗号-档案门类代码·年度-保管期限代码-件号，全宗号-档案门类代码·保管期限代码-年度-件号。

完成档号编制后，应由电子档案管理系统自动使用档号为录音录像电子档案重新命名，同时更新计算机文件名元数据值。

5. 录音录像档案的保存

应与其他门类电子档案一并规划、设计和建设录音录像电子档案及其元数据的在线存储与备份系统，实施在线存储与近线备份、离线备份，开展日常管理和运行维护。在档案库房配备档案柜等装具，对录音录像档案原始载体、离线备份载体进行集中保管。保管要求参照电子档案的保管要求。

定期对录音录像档案原始载体、离线备份载体进行检测，当光盘参数超过三级预警线、硬磁盘出现 异常情况时，应立即实施原始载体和离线备份载体转换或更新，建立管理台账并归档保存。

6. 录音录像档案的利用、统计与移交

利用者应在权限允许范围内对录音录像档案进行检索和利用，未经授权不得擅自复制。记录了人物影像、在版权保护期内的录音录像档案的利用应符合国家有关规定。

按照国家有关档案统计工作要和本单位实际工作需要，必须开展录音录像档案室藏量、利用、移交等情况的统计。统计项目与其他门类基本相同，但针对录音录像电子档案的特点，增加了字节数、时间长度等统计项。

属于国家综合档案馆接收范围的录音录像档案，应依法按期向同级国家综合档案馆移交。按照《电子档案移交与接收办法》规定，一般自电子档案形成之日起 5 年内由档案移交单位向同级国家综合档案馆移交。需移交的档案一般指保管期限为永久的档案。

相关链接

录音录像档案的数字化处理

数字技术出现之前，录音录像档案多由模拟信号形成并依赖专门的读取设备。随着时间的推移，受自然衰变和保管条件等诸多因素的影响，录音录像档案正在慢慢受到损坏。同时，由于技术发展等原因，许多种类的读取设备正在或者已经消失，如果不及时采取措施抢救这些珍

贵的档案信息资源，将给国家和社会造成无法弥补的损失。因此，利用传统读取技术和计算机等数字技术相结合的方式，将录音录像档案进行数字化处理，形成数字档案资源，达到抢救及保护珍贵档案资源并提供方便、有效利用的目的，已成为必然趋势。

录音录像档案数字化工作包括组织与管理、档案出库、数字化前处理、数据库建立、信息采集、音视频处理、数据挂接、数字化成果验收与移交、档案归还入库等。由国家档案局技术部、国家档案局档案科学技术研究所等部门和单位共同起草制定的档案工作行业标准 DA/T 62—2017《录音录像档案数字化规范》已于 2017 年 8 月 2 日正式发布，自 2018 年 1 月 1 日起实施。

任务实训

- 宏利秘书事务所在经营业务活动中形成了大量的照片档案，作为本所的秘书，你如何将这些照片整理归档？写出归档步骤。
- 收集自己所在系或班本年度大型活动的照片 5～8 张，按照逻辑顺序进行排列、分类、筛选、编号，再编写总说明、分说明，并制作照片卷内目录。

本 章 小 结

知识梳理

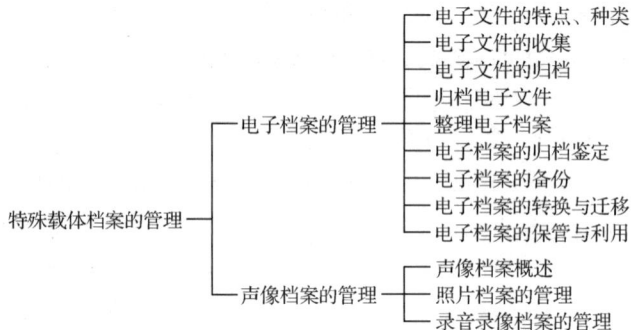

分析思考

1. 电子档案是否能完全取代纸质档案？
2. 照片档案收集的范围有哪些？
3. 如何利用录音录像档案？

目 标 检 测

一、名词解释

电子文件　电子档案　声像档案　照片档案

二、填空

1. 描述电子文档案的内容、背景、结构及其管理过程的数据称为_____。
2. 电子档案的提供利用，一般有三种方法：即_____、_____、直接利用。

3. 以胶片为载体的声像档案主要有照片底片、_____、_____等。

4. 照片档案的利用有提供借阅、复制、_____等。

三、单选题

1. 下列不属于照片档案组成部分的是（ ）。

A. 底片   B. 照片

C. 说明   D. 标题

2. 归档的电子公文，应按本单位档案分类方案进行分类、整理，并拷贝至耐久性好的载体上，一式（ ）套。

A. 一   B. 两

C. 四   D. 三

3. 照片档案文字说明的部分包括事由、时间、地点、人物、背景、（ ）六要素。

A. 摄影者   B. 单位

C. 数量   D. 像素

4. 下列不宜作为照片档案利用的是（ ）。

A. 拍卖   B. 借阅复制

C. 图片展览   D. 出版画册

四、问答题

1. 电子文件有哪些特性？

2. 如何保管电子档案？

3. 如何保管录音录像档案？

4. 照片档案的鉴定包括哪些方面的内容？

阅读材料

蓝光存储在电子档案长期存储中的应用研究

当前档案行业信息化快速发展，电子档案大量产生，随之而来的电子档案长期存储的方式亦多种多样，但各种方式都有自己的优点和缺点。从安全性、易用性、经济性等各方面综合评价，蓝光存储具有长期存储的特殊优势，在电子档案的长期保存和电子档案的异质异地备份方面具有良好的应用前景，是电子档案长期存储的首选方式。

蓝光光盘在电子档案长期存储领域具有以下优势。

（1）采用无机材料记录膜。无机材料的物理稳定性远远高于有机材料的物理稳定性，从而为数据的长期记录提供了物质基础。

（2）一次追记型记录方式。记录时利用激光加热记录膜使其相变，相变不可逆，保证写入数据的安全性。

（3）非接触记录方式。读写头与光盘不接触，无磨损，记录信息不会因反复读取而产生衰减，可靠性高；与磁带的接触式方式相比，非接触的光盘记录方式对于数据归档具有更高的可靠性。

（4）采用非磁性记录方式。利用激光改变相变材料的状态进行数据记录或读取，且状态不可逆，可靠性高；与硬盘、磁带的磁性记录方式相比，光盘的相变记录方式对数据归档来说具有高可靠性；完全不受电磁波、磁场、海水等自然环境因素的影响，具有高耐久性。

（5）长寿命存储介质。基于 ISO/IEC 1963—2013 进行艾林模型的加速老化实验显示，在 30℃，70%RH 的环境及介质数据存活率 95%的条件下，介质寿命超过 50 年，与硬盘、磁带存储介质相比，蓝光光盘对于数据长期归档具有更高的可靠性。

目前蓝光光盘库一般采用 100GB 或 300GB 蓝光光盘，采用光盘匣技术将多张光盘放置在一起以保证单位体积内存储容量最大化。目前单台设备最大可达 PB 级。存储介质的近线保存确保了数据响应的及时性。蓝光光盘介质本身的高可靠性从物理上保障了数据的安全性，用蓝光光盘存储的数据可常温保存、无须空调等苛刻的保存条件，可以防磁、防水、防潮、防黑客攻击，因此是目前长期存储最安全的手段。同时，目前 RAID 技术在蓝光上的应用又进一步从逻辑上保证了数据的安全性，即使单张光盘损坏，数据也不会丢失，避免了因单一故障导致数据无法恢复的情况。数据长期存储在蓝光光盘中无须像磁带那样不定期倒带处理和数据迁移，也不需要像磁盘阵列那样当硬盘寿命到期后更换硬盘。这是一种静态长期保存，跟纸质文件的保存状态是一样的。

（摘自庞海涛、王红林、周传辉《蓝光存储在电子档案长期存储中的应用研究》，

《档案学研究》2017 年第 3 期）

参 考 文 献

[1] 吕天纵. 文书基础[M]. 北京：高等教育出版社，2000.

[2] 赵国俊. 公文处理基础[M]. 北京：中国城市出版社，2002.

[3] 韩英. 现代文书学[M]. 青岛：青岛出版社，2003.

[4] 费文升. 文书撰拟与处理[M]. 合肥：合肥工业大学出版社，2005.

[5] 赵映诚. 文书与档案管理[M]. 北京：高等教育出版社，2003.

[6] 文杰. 办公室文秘工作标准[M]. 北京：蓝天出版社，2004.

[7] 陆予圻，朱小怡，范明辉. 秘书文档管理[M]. 上海：复旦大学出版社，2005.

[8] 叶黔达，柯世华. 现代公文写作技巧[M]. 成都：四川人民出版社，2003.

[9] 潘春胜. 文书与档案管理[M]. 北京：中国财政经济出版社，2005.

[10] 刘国能. 档案利用论[M]. 北京：档案出版社，1996.

[11] 国际档案理事会工作组. 现代档案与文件管理必读[M]. 北京：档案出版社，2003.

[12] 美国档案工作者协会. 档案工作的理论与方法[M]. 北京：档案出版社，2003.

[13] 周连宽. 档案管理法[M]. 北京：档案出版社，1996.

[14] 王云庆，苗壮. 现代档案管理学[M]. 青岛：青岛出版社，2002.

[15] 黄志康. 新编文书与档案管理教程[M]. 长沙：湖南科学技术出版社，2007.

[16] 郑崇田. 文书档案管理学基础[M]. 长春：吉林大学出版社，1985.

[17] 丁栋轩，刘海平. 文书档案管理基础[M]. 北京：科学普及出版社，2007.

[18] 刘家真. 档案管理实务[M]. 北京：中国广播电视出版社，2004.

[19] 王向明. 档案文献检索[M]. 上海：上海大学出版社，2001.

[20] 中国科学技术情报研究所. 中国汉语主题词表[M]. 北京：科学技术文献出版社，1991.

[21] 李光泉. 档案工作基础[M]. 济南：山东大学出版社，2003.

[22] 范立荣. 秘书国家职业资格培训教程[M]. 北京：海潮出版社，2003.

[23] 王健. 文书学. 3 版[M]. 北京：中国人民大学出版社，2015.

[24] 倪丽娟. 文书学. 3 版[M]. 北京：高等教育出版社，2014.

[25] 冯惠玲，刘越男. 电子文件管理教程[M]. 北京：中国人民大学出版社，2017.8.

[26] 王灵. 电子文件管理理论与实务[M]. 北京：电子工业出版社，2017.5.

华信SPOC官方公众号

欢迎广大院校师生 **免费**注册应用

www. hxspoc. cn

华信SPOC在线学习平台

专注教学

教学课件
师生实时同步

数百门精品课
数万种教学资源

多种在线工具
轻松翻转课堂

电脑端和手机端（微信）使用

SPOC

测试、讨论、
投票、弹幕……
互动手段多样

一键引用，快捷开课
自主上传，个性建课

教学数据全记录
专业分析，便捷导出

登录 www. hxspoc. cn 检索 华信SPOC 使用教程 获取更多

华信SPOC宣传片

教学服务QQ群： 1042940196
教学服务电话：010-88254578/010-88254481
教学服务邮箱：hxspoc@phei. com. cn

电子工业出版社·
PUBLISHING HOUSE OF ELECTRONICS INDUSTRY
华信教育研究所